わが人生を語る

保利耕輔回顧録

佐賀新聞社

画家池田清明氏に依頼し、西鎌倉のアトリエに通って描かれた肖像画。
国会の衆議院委員会室に飾られている

祖父母と共に。東京で

父に甘える耕輔。剣つき鉄砲を
ねだった頃

パリのホテルで囲碁

パリのアパートで父母と共に

講演会出席のため唐津に来ていただいた金丸信先生と

初当選組。大平首相に招かれた

園遊会で王毅中国大使(現外相)夫妻と。赤坂離宮で

衆院選当選を決め花束を掲げる保利夫妻

北朝鮮訪問から帰国して羽田空港で会見

第2次海部内閣で初入閣

議院運営委員会理事としてレーガン大統領ご夫妻をお迎えする

橋本龍太郎首相に佐賀県選出議員団が陳情

教育基本法改正後、教育三法の審議で特別委員長を務める

自民党憲法改正推進本部の看板掛け

旭日大綬章を受章し喜ぶ家族４人。手前右が美繭夫人。後列右から
長女順子さん、次女祐子さん

わが人生を語る

保利耕輔 回顧録

目次

発刊にあたって　佐賀新聞社社長　中尾清一郎

はじめに

第5章　国会事始め

第6章　農林族

第7章　昭和から平成へ

第8章　激動の自民党

第9章　自社さ3党協議

第10章　自民復活政権

第11章　試練の国家公安委員長

第12章　教育問題への熱意

第13章　郵政選挙と離党

第14章　党四役と下野

第15章　憲法改正

発刊にあたって

佐賀新聞社社長　中尾　清一郎

私のような地方新聞社の社長が何人か集まると、地元選出の有力国会議員の評価が話題に上り、大物政治家の意外なエピソードも聞けて興味は尽きません。かく言う私は「佐賀県は保利耕輔先生です」と自信を持ってお話しすることができました。政治と関係の深い業界ですから、先代・保利茂衆議院議長の存在感の大きさもさることながら、保利耕輔先生の実直さ、誠実さをほめられるとこちらまで嬉しくなってしまうので、不思議なものです。

保利先生が惜しまれつつ勇退されて、すぐに回顧録執筆の話が持ち上がりました。先生には「書き溜めたものもあるから」と快諾いただき佐賀新聞での連載が始まりました。一般に功成り名遂げた政治家の回顧は自慢話に傾きがちですが、保利先生のそれは（予測されたことですが）事実を淡々と書き綴り、時には驚くほど内情に踏み込んで政策の意思決定、現代史の転換点が生々しく明らかになっていきました。これも保利先生のお人柄、功罪取り混ぜて後世の教訓とすべきという人生観の賜物と、深く感じ入りました。

先生の自治大臣時代、奥様の美蒴夫人と私は音楽と美術という共通の趣味がありましたので麻布のレストランにお誘いしたことがあります。当日になって保利大臣が「家内に急用ができたので私が代理で来ました」とお越しになり、ＳＰも付くのでレストランも大慌て、しかし楽しい会食になったのはよき思い出です。

私事になりますが私の祖父と保利茂先生は親しく、早世した父と耕輔先生は同年でした。若くして社長となった私に、先生は何かとお心を配って頂きました。生前の父が「保利さんぐらい中身のあるスピーチをする人を知らない」と話していたのを記憶しています。先生のお人柄の底流にはフランスで過ごし、お金や物にとらわれない豊かさ、芸術の癒しの効用を深く理解されたヨーロッパ的教養体系があります。それはとりもなおさず、自然と歴史に育まれた私たち佐賀県人が目指すべき郷土の理想に他なりません。

私たちは保利耕輔というステーツマンを持ったことを長く誇りにしたいと思います。

平成29年8月

はじめに

本書は平成28（2016）年4月1日から161回にわたって佐賀新聞紙上に連載していただいた「わが人生を語る」と題する小文を出版したものである。主として政治家としての経験談を書いたものだが、政治の世界に入る前の人生経験や社会体験が政治家としての考え方や行動に少なからず影響していると考え、生涯を通しての記述とした。

80年を超える長い人生は、いくつかの段階に分けられる。まず小学校までの幼少期、そこでは戦争中の厳しい教育環境や生活もあった。次いで新制中学、高校、さらには大学での学生時代の体験もあり、戦後の民主主義教育を徹底して受けた。中・高・大在学中、私は陸上競技に熱中し、体力と気力を養うことができ、後の人生に大きな影響を残した。

大学を卒業した昭和33（1958）年、「鍋底景気」といわれた不況の中で幸い、ベアリングのトップメーカーである日本精工（NSK）に入社することができた。8年間の国内営業部門の後、貿易部に転属し、輸出業務に携わった。昭和49（1974）年にはフランスに出向して現地法人NSKフランスS・Aの社長に就任し、フランス以南の各国への販売に従事した。5年を経過した昭和54（1979）年、父の没後、帰国し佐賀県有志の人々と自民党本部の強い説得を受け、生前父が反対だったにもかかわらず同年10月の衆議院選挙に立候補した。温かい声援を受けて初当選し、政治への道を歩み始めた。

政治家としては種々の経験を積み、連続当選12回、大臣や党役員などとして35年活動し、平成26（2014）年11月21日、衆議院が解散されたのを機に私は政界を引退した。その間、政治家としてさまざまな苦労もあったが、喜びもあった。しかし何と言っても私を信頼し常に支えていただいた有権者の皆さまのご理解とご支援には頭の下がる思いである。また、いつも温かくご指導いただいた先輩議員諸氏、陰で支えてくれた秘書の皆さん、また、長いこと黙って世話をしてくれた家族に対し心からの感謝の念をささげたい。

保利　耕輔

「わが人生を語る　保利耕輔回顧録」は２０１６年４月１日から２０１７年３月２日まで佐賀新聞に連載されました。

第1章

政治家への道

東京からの緊急電話／父の葬儀／眠れぬ夜／この馬鹿者！／出馬準備／自民党公認／選挙態勢に入る／呑舟之魚不游枝流／父の最後の街頭演説／いざ出陣！／選挙運動初日／誠実、清潔、責任／10万5990票

東京からの緊急電話　父の最期看取れず残念

リーン、リーン。フランスの朝6時すぎ、家の電話がけたたましく鳴った。取り上げてみると、東京の妹喜久子からの国際電話であった。泣き声で「お父さんが死んじゃったの」と言ったきり後が続かない。私は「お母さんは大丈夫か。すぐ帰国する。取り乱すな」と伝えた。日本時間、昭和54（1979）年3月4日午後2時すぎであった。

当時私はフランス日本精工（NSKフランスS・A）の社長としてパリで仕事をしていた。数名の日本人社員に対しては日ごろ、「社命を受けて外国で働いている以上、肉親が危篤であっても帰国は許されない」と言っていたが、親の死去となればやむを得ない。すぐ帰国の準備に入った。

まず日本行きの飛行機の手配である。しかしその日は日曜日で切符の手配がつかない。やむを得ず日本航空支店長の自宅に電話をした。幸い支店長夫人がおられて早速手配をしていただき、当日の午後12時55分発の切符が取れた。

次に社員に自宅に来てもらい事の次第を説明した。「葬式が済んだらすぐ戻るのでしばらく会社のことをよろしく頼みます」とお願いし、仕事の引き継ぎをしたり、書類を渡したりした。それからとりあえず身の回りのものを準備し喪服も整え、妻に後のことを頼んでドゴール空港へ向かった。

当時、わが家は私共夫婦と長女順子との3人暮らし。順子はフランスのリセで高校3年の課程を修了し、現地人でも難しいとされるバカロレア（大学入学資格試験）に挑戦していた。従って妻と娘は帰国せずパリにとどまることにした。次女祐子は2年ほど前に帰国し、目黒区祐天寺の父の家に寝泊まりして東京の雙葉学園に通っていた。

私は東京に向かう日航機の中で、これから起こるであろういろいろなことを考え一睡もできなかった。葬儀はどうなるだろう、あちこちのあいさつはどうしたらいいか、会社への連絡、母は元気だろうか、そしてフランスの会社は大丈夫かなど考え続けた。そして翌日午前11時50分、成田に到着し、そのまま祐天寺の家に戻った。

父は慈恵医大病院から戻り、寝床に眠るように横たわっていた。その厳しい表情を見て、その最期を看取《みと》ることができなかったことを申し訳なく思い、静かに手を合わせた。その日の夕方から自宅での通夜が始まった。

最晩年の父と。ブラジル・リオデジャネイロのコパカバーナで

父の葬儀　「保守の守護神」印象強く

昭和54（1979）年3月5日、目黒区五本木の自宅で通夜が営まれた。座敷に祭壇を設け、庭にはテントが張られ地元からもたくさんの人が参列した。私は祭壇の前に座って母と共に答礼をしていたが非常に寒い日だった。翌6日には自宅での葬儀が行われ、家の前は車でいっぱいになり、近所にご迷惑をおかけした。警官の方々には交通整理をしていただいた。葬儀の後出棺の際には、霊柩車の前で集まっていた方々やご近所の皆さんに丁寧にあいさつをした。

そのあと、父が長年住み慣れた五本木の家を後にして、五反田近くの桐ケ谷斎場に行き、棺のふたを開け最後の別れをした。その時、1台のタクシーが乗り付けた。中から著名な政治家が息を切らせて駆け付けて棺に向かって合掌し、1通の封書を棺の中に入れ丁寧に一礼して無言のまま立ち去った。棺のふたは閉じられ、荼毘《だび》に付され父はこの世から姿を消していった。そして遺骨は五本木の家に戻った。

3月8日、築地本願寺で自民党葬としての通夜が営まれることになり、私は遺骨を抱いて車に乗った。車列は党本部の前を通り、国会議事堂を1周した。党本部でも国会でも職員が多数出て車列に対し合掌している姿を見て胸が熱くなるのを覚えた。遺骨は築地本願寺の大ホールに置かれ、通夜が行われた。葬儀委員長は大平正芳党総裁（首相）であった。

翌9日には本葬が営まれ、地元佐賀県唐津市の菩提寺である万徳寺の住職も加わって読経をしていただいた。式には国会議員や官界、経済界などから多くの方々が参列し、特に米国のマンスフィールド大使や中国の符浩大使ら外国の要人も参列された。式では大平総裁が弔辞を読まれたが、その中で父を「保守の守護神」と言われたことは強い印象を参列者に与えたのではなかろうか。

私は式の結びに喪主として「天皇陛下には勅使をもってお参りいただき…」に始まるお礼のあいさつを申し上げた。慣れないことで緊張したが、何とか形をつけることができ「ホッ」とした。

自宅に戻っても弔問客が相次ぎ、特に周恩来首相の夫人である鄧穎超氏もおいでいただき、お茶を飲みながら母と女性らしい話を続けていた。また思想家の安岡正篤氏、本願寺の前門主にも焼香をしていただいた。かくして無事葬儀を終えることができ、あとはお礼回りをした。急な帰国と緊張の中での行事が続き、いささか疲れを覚えた。

大平正芳総裁が弔辞を述べた保利茂氏の自民党葬＝東京の築地本願寺（1979年3月9日）

眠れぬ夜　後継要請、苦しい立場

父は葬儀はできるだけ簡単に、そして弔辞はいらないと言っていたようである。しかし地元後援会のたっての要請で3月18日、唐津・東松浦合同葬が今は取り壊された城の近くの体育館で行われ多くの方に参列していただいた。続いて佐賀市でも市村記念体育館で盛大な葬儀が営まれた。

地元葬に先立って3月16日には衆議院本会議場で社会党の三宅正一副議長によって追悼演説が行われ、私は母と一緒に傍聴した。心に響く見事な演説でその原稿は現在私のところにある。これは三宅副議長ご自身がお書きになったものと聞いている。

一連の行事の進行中、誰が父の後を継ぐかが世間の話題になっていた。東京での自民党葬の通夜の時も「次は君がやるんだろう?」と声を掛けられた。多くの先生方から同じような話があった。しかし私は一会社員で社命を帯びて外国で社長として責任がある立場であり、明確に否定していた。

しかし断れば断るほど父の後を継げとの声は日増しに強くなってきた。特に地元唐津の市長や東松浦郡の町村長からの要請は真剣そのものだった。さらに市長は唐津の青年と共に私のところへ来て熱心な要請が連日のごとく続いた。

そして地元の方々は自民党本部にも働き掛け、私を説得するよう頼んでいた。特に父と親しかった自民党国対委員長の金丸信先生にも働き掛け、それを受けて金丸先生は私が寝泊まりしている目黒区五本木の家においでになった。

「お父さんがやり残した仕事があるだろう。松浦川の治水はどうするんだ。上場開発事業は始まったばかりじゃないか。道路の問題だってあるだろう。これらをやるのは君しかいない」。強い調子で説得された。

私は「先生、私は会社の社員です。社員としての務めがあります。責任ある立場ですから会社も簡単には認めないでしょう」と申し上げた。先生は「じゃあ、私が会社に行ってお願いしよう。会社に行くから案内しなさい」と言われ後日、会社を訪問された。しかし会社も話は聴きながらも即答はせず、その場はそれで終わった。

三宅正一副議長の追悼演説を聞く遺族

後で聴くと会社にも2派があり、「受けて立つべし」という人と、「あのドロドロした政界に保利君のような人を入れることは見ていられない」という人があった。フランスにいる妻は「私は絶対に嫌よ。政治家と結婚したつもりはありませんからね」と大反対。私は苦しい立場に立ち眠れぬ夜が続いた。

この馬鹿者！　父の一喝胸に熟考

父が亡くなる2カ月少し前、暮れから正月にかけて妻と長女を伴って休暇を取って一時帰国をした。父は衆議院議長の公邸にいた。病気がかなり進んでいて食も細くなり具合が悪そうだった。私は妻と娘に「おじいちゃんは病気が悪そうだから、これが最後になるかもしれないよ」と耳打ちした。

その時、私は久々に父と碁を打った。父は日本棋院の六段の免状を持ち、若い時から碁が好きだった。私は五目置いても歯が立たなかったが、この日は数目私が勝った。父は「気力のちょっと衰えたごたるな」と笑っていた。これが父と打った最後の碁になった。

私は「お父さんは77歳になって体調もあまり良くなさそうだが、次の人は誰かいるの？」と尋ねた。父は指を折りながら「あれがおるじゃろ、これもおるじゃろ」と4、5人の名前を挙げた。しかし決定的な話はなかった。そこで私が余計なことを言ってしまった。「まさか僕におはちが回ってくることはないでしょうね」。そう言うと父は顔色を変え背を伸ばし一喝した。

「馬鹿者！　おまえは何をつまらないことを考えているのかっ」。私をにらみつけた。政治はそんな生易しいものではないと言っているようでもあり、一度落選した経験から選挙の苦労は一筋縄ではいかないと言っているようでもあり。近親者に大きな迷惑を掛けることになると言っているようでもあり、父の気持ちはよく分かるように思えた。

そのようなこともあったので父の死後、いくら説得されても決して「やる」とは言えなかったのである。

しかし4月も半ばを過ぎ、菩提寺である唐津市山本の万徳寺にお参りするため寺を訪れた際、本堂に集まった市町村長や青年部の皆さんにこんこんと説得を受けた。「これだけの人々に自分は頼まれ期待されているのに背を向けていいものだろうか」と思い始めたが、なお父の言葉が気にかかっていた。

その頃、パリにいる妻とは連日のように電話で連絡を取っていたが妻の様子が少し変わってきた。いわく「あなたが本当にやらなければならないと考えるならばおやりなさい。皆に言われるから仕方がないからやるというのならやめなさい」。それで決心がついた。4月23日、金丸信先生が料亭に席をつくって地元の市町村長と私を呼んだ。その席で私は自分自身の責任で皆さんの要請をお受けする旨を断言した。

父茂氏と話し合う耕輔氏。茂氏は厳しくしかった

出馬準備　会見、あいさつ回り

父は昭和54（1979）年元旦、衆議院議長としての宮中参賀の務めを果たし、1月25日の国会開会式に臨み、その後衆議院での代表質問を2日間務めた時点で議長を辞任した。私はその時はパリに帰任していて議長としての父の最後の姿は見ていない。

父の病状は次第に悪化し慈恵医科大学病院に入院、母がつきっきりで看病していた。私は母と頻繁に電話で連絡を取り病状を尋ねていた。その病院には中国の鄧小平副首相が見舞いに来てくれたことは新聞で知っていた。病室の父とパリから国際電話で話した時、ほんの短い時間だったが「中国の人は古い友人を大事にするんだね」と語っていたのは今も耳に残っている。

私は母との電話で「1週間ぐらいしたら仕事を片付けてお父さんに会いに行くよ」と言うと、母は「まだ大丈夫よ、気にしないでね」と言う。それから間もなく父は息を引き取った。

妹からの父の死を告げる緊急の電話、急きょの帰国、自民党葬、地元葬儀、次期衆議院選挙に立てとの地元の要請、要請に対する否定的対応、熟考の末の出馬決断などは前に述べた通りである。

決断に当たって気にかかった言葉は二つ。それは父の「馬鹿者！」とたたきつけるように私をしかった言葉、それと妻の「あなたが本当にやらなければならないと考えるならばおやりなさい。皆に言われるから仕方がないからやると言うのならおやめなさい」という言葉であった。

出馬を決めた以上記者会見をして立候補宣言をしなくてはならない。4月27日、日帰りで唐津へ行き市役所で記者発表をした。忙しくはあったが万徳寺で墓参りをし、唐津、多久、佐賀などであいさつ回りをして東京に戻った。さらに次の日は竹下登先生や西村英一先生に会って立候補の決意を伝え、応援をしていただくようお願いした。

中国の鄧小平副首相と父茂氏（右）。「中国の人は古い友人を大事にするんだね」

しかしその時点ではまだ日本精工の一社員であり、会社に行き幹部に会って立候補することを報告した。反応はさまざまだったが「やる以上頑張れ」と声を掛けてもらった。

父の秘書を務めていた山田隆敏、吉田功、宮下礼子の諸君は父の仕事の整理を兼ねて今はなくなってしまった赤坂見附のホテル・ニュージャパンに仮事務所を設置していた。私が出馬することを決め事務所は選挙準備態勢に入った。しかし私は現地法人の社長としてやるべき仕事が残っていた。記者会見から3日目、パリに向け旅立ったのである。

自民党公認　田中派回り、目白詣でも

出馬の記者会見をしてその3日後にフランスに向かうなどと言うことは常識では考えられないことだと思う。しかし現地法人の社長としてしっかりとけじめをつけておく事はどうしても必要だった。特に社長交代に関わる手続きは重要で、準備をして株主総会を開き社長交代の決議をした。大使館への届け出や銀行への手続きもある。また日本人社会へのあいさつなど目まぐるしく動いた。

2人の娘のうち次女は既に帰国し試験を受けて元の雙葉学園に戻っていた。長女はフランスのリセ（高校）を卒業しバカロレア（大学入学資格試験）を受ける準備のため家内と共にパリに残っていた。

5年間住んでいたヌイイのアパートは次の社長に譲り、娘と家内のためにブローニュの森の南のはずれに家具付きの小さなアパートを貸りた。2人はそこでしばらく過ごすことになり、父の葬儀には帰国できなかったのである。

私は5月下旬には東京に戻り、日本精工の幹部との会合や政治家の方々へのあいさつを精力的に行った。金丸信先生の所属する田中派の田中角栄先生の目白のお邸にも伺った。

田中先生は「ほう君が保利さんの息子さんか」と言って会ってくださった。そのほか党三役の方にも会って立候補予定のあいさつをさせていただき、また父がお世話になっていた東京の支援者の会社も訪問した。

6、7月は東京と佐賀を往復しながら地元の人々に会い濃密なあいさつ回りを重ねた。

特に7月1日には自民党の県連大会があり、私を含め5人が自民党県連の公認推薦候補に認定された。その5人は三池信、山下徳夫、大坪健一郎、愛野興一郎の各先生、それに加えて私、保利耕輔であった。

ただし私については党員になったばかりで何の実績もないため、難色を示す意見もあったと聞いている。それに対し私を支援してくださる方々は「よし、それなら無所属ででも立候補させよう」と鼻息も荒かったらしい。結局、5人の公認推薦者の中に私も入れていただいた。当時はまだ中選挙区の時でよく「佐賀全県1区、定員5名」と新聞やテレビでも伝えられていた時代だった。

父の最後の選挙は昭和51（1976）年であったから、いつ解散、総選挙になってもおかしくない情勢で、金丸先生からは「選挙は近いぞ、しっかり準備をしておけ」と言われていた。

唐津市で記者会見し、衆院選出馬を表明する保利耕輔氏（中央）。その3日後にフランスへ会社の残務整理に戻った＝1979年4月27日

選挙態勢に入る　残務整理、退社に寂しさ

「選挙は近いぞ」という金丸信先生の言葉もあり昭和54（1979）年の6月、7月、8月は東京と佐賀県の間を頻繁に往復し、あいさつ回りを続けた。一方、日本精工を正式に退社することになり、人事部長と相談して6月30日付で退社する手続きを取ってもらった。思えば昭和33年に大学を卒業してそのまま就職してから21年2カ月仕事をさせていただき、いろいろと勉強していかに物作りの仕事が大切かと学んできただけに、いざ退社となると一抹の寂しさを感じた。

後援会の設置は金子勝商氏が中心になって精力的に行われた。特に金子氏の昭和バスは労働組合も応援して全社挙げて力を入れていただいたことは終生忘れ得ぬことだ。佐賀県は決して大きな県ではないが、全県一区であったから東は鳥栖、基山から南は白石、嬉野、太良に至るまで、そして西は有田、伊万里まで駆け回った。

主たる地盤は唐津市と東松浦郡であり国道203号沿いの地域であった。そうした地域をくまなく回ること、そしてそこここにあいさつをすることは慣れない私にとってはつらいことでもあったが、44歳の若さをフルに発揮して頑張った。

父の代からの桑原太運転手には随分苦労をかけた。太良であいさつしていると人が集っているからすぐ呼子に戻ってくるようにと連絡が入った。当時は高速道路はまだ整備されておらず、一般道を飛ばして駆け付けた。途中のつづら折りの道を左右に揺られながら急いでも

らったが、私は「桑原さん、背中の皮がむけるよ」と言ったこともあった。

そんな中、フランスの自宅の整理、税務署、銀行口座の整理、会社従業員の送別会などの用件で1週間ほど渡仏し、片付けた。そして「もうパリに来ることもないだろう」と思いつつ日本に戻った。妻と娘はバカロレア（大学入学資格試験）のこともあり、もうしばらくパリにとどまっていた。その娘、順子はパリでバカロレアに合格し畳半分ほどもある大きな免状を持って帰国、上智大学に面接だけで入学を許された。

私は会社の仕事の整理を終え、選挙の準備に本腰を入れた。ポスターやチラシの作成、選挙公報の原稿、後援会、青年部や女性部の会合、諸団体へのあいさつなど目まぐるしい日程をこなした。特に唐津城下にあった旧体育館では超満員の席で音楽家の黛敏郎氏に来ていただき、盛大な決起大会が催された。だが私はまだまだ慣れない一青年だった。

いよいよ選挙戦スタート

呑舟之魚不游枝流　父が目指した「保守本流」

昭和54（1979）年9月に入り政局は次第に慌ただしさを増した。7日、大平内閣は衆議院を解散し、9月17日告示、10月7日投票でいよいよ私にとって初めての選挙戦が始まることになった。

この際、少しさかのぼって若干の経過を見てみよう。父が官房長官や幹事長を務めた佐藤内閣は7年8カ月続き、懸案だった沖縄返還を成し遂げて退陣した。その後、佐藤派の大黒柱として活動していた「今太閤」と称された田中角栄氏が「日本列島改造論」を世に出して首相になり、「庶民宰相」としてマスコミからもてはやされた。

しかしオイルショックや狂乱物価などに見舞われ、これらの困難な問題を克服するため挙党態勢を組んだ。すなわち福田赳夫氏が蔵相、そして三木武夫氏が副総理として田中内閣を支えた。

だが、田中首相の金権政治に対する世の批判は強くなり、三木氏が閣僚辞任を表明、福田蔵相も閣外に出る動きを見せた。父は福田氏に何度も会って辞任を思いとどまるよう説得を重ねたが結局、福田氏は閣僚を辞任する意向を固めた。

父は落胆し両氏の辞表提出に先立って自身が務めていた行政管理庁長官を辞任した。一般の人には分かりがたい行動であったが、当時フランスにいた私に母が持ってきた父の手紙に次のような記述がある。

『三十年の政治生活を貫いて来た私の考えを進退を決することによって訴えたいという念慮によるもの、新聞や週刊誌も今度は比較的素直に取り上げてくれたのでこれで良しという感じです。八月二五日、佐賀と唐津の二ケ所で「時局を訴える。」という標題で唐島基智三、斉藤栄三郎両君の来援を願い徹底しておきたいと計画しています』

そして加えて『今度のことで何とか福田君を日本の大黒柱にして見たいと考え配慮してきたけれども正直淋しくもある当分様子を冷静に見ていたい今の心境です』と書かれていた。

田中首相は金権政治に対する批判やロッキード問題もあり昭和49年11月に退陣、そのあと椎名悦三郎自民党副総裁による、いわゆる「椎名裁定」によって三木内閣が誕生する。クリーン・イメージを強調しようとする措置だった。

父は三木氏の政治姿勢に対してはいささか懐疑的でいわゆる「バルカン政治」を最も嫌っていた。父の目指すところは吉田茂首相以来の「保守本流」であり、好きな言葉は列子の「呑舟《どんしゅう》の魚《うお》は枝流に游《およ》がず」であり、時々色紙に書いていた。

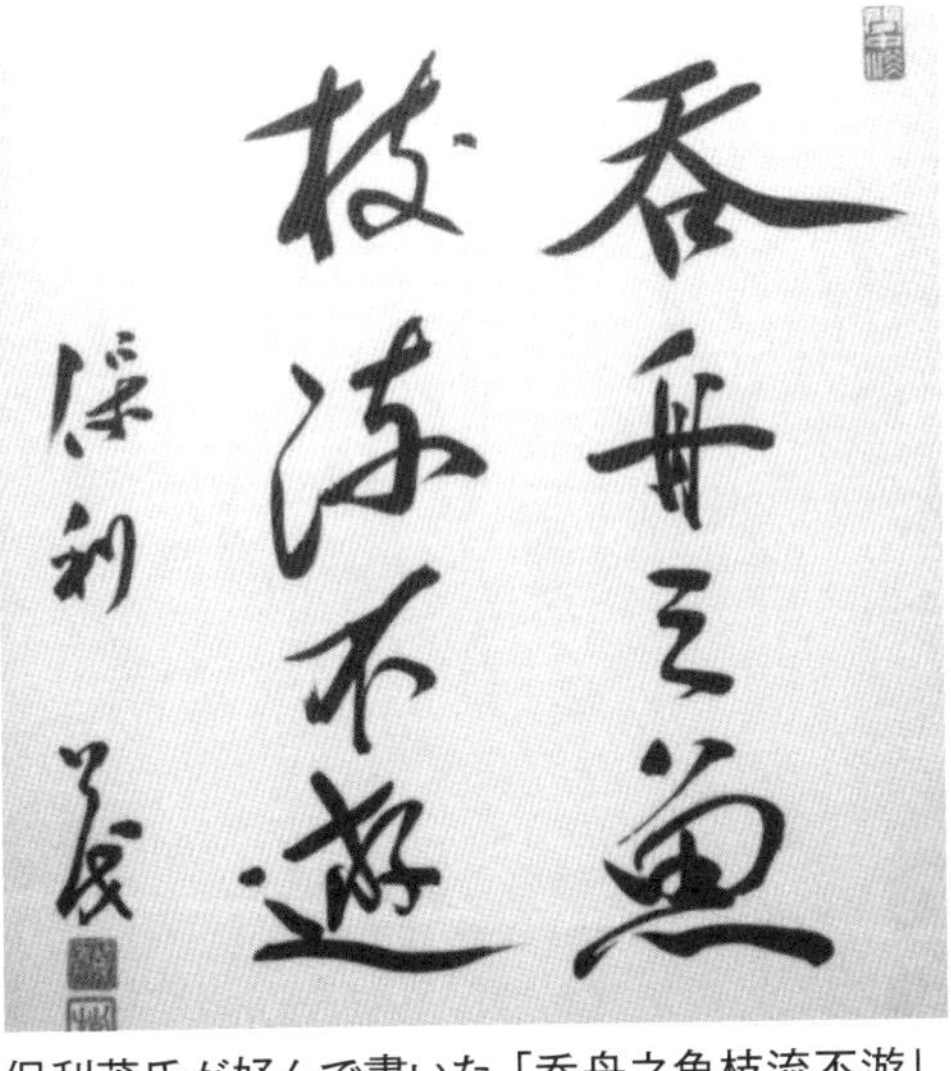

保利茂氏が好んで書いた「呑舟之魚枝流不游」の色紙

父の最後の街頭演説　痛々しさ感じつつ支え

父は田中内閣の福田赳夫蔵相の辞任を思いとどまらせようと努力したが成功せず、よほど悔しかったようだった。私はその時期フランスにいて父の動きは知らなかったが、手紙でその悔しさをわざわざ伝えてきたぐらいだったからよほどのことだったのだろう。

角福調整に失敗した父は「福田君の辞任を思いとどまらせることができなかった今、田中内閣における私の存在理由は全くなくなったと思われるので、曲げて辞表を受け取ってほしい」と言ったと、田中角栄首相が父の追想集に記述している。加えて「彼の目にキラリと光るものを見た」とも述べている。

その後、船田中氏を会長に挙党協（挙党体制連絡協議会）が結成され、自民党が一致結束して党の刷新を求める決議をした。結局、三木武夫首相による解散は行われず、昭和51（1976）年12月5日の任期満了選挙になり、自民党は過半数割れとなった。

この選挙は事実上、父の最後の選挙になった。私は会社の許しを得てフランスから一時帰国し選挙を手伝った。父は75歳を目前にしており元気ではあったが、私は内心痛々しさを感じていた。大した力にはならなかったが、父のそばについているだけでよいと思っていた。

運動最終日、父は唐津の大手口で最後の街頭演説をした。私は父のそばに立ち手のひらに入る小さなレコーダーでその演説を録音した。40年前のそのテープは今でも聴くことができ私の宝物である。実に力強い声で国を思い、郷土を愛する心情を訴えている。そして「自民党の乱れは国の乱れ」と切々と語っている。また激しい選挙運動を乗り切ったことを次のようにも述べた。「この体をうんと使ってみた。そして体力テストに完全に合格した」

12月5日選挙の結果が出て、24日三木首相は辞任した。同日開かれた選挙後の特別国会で父は第59代衆議院議長に推挙された。続いて首班指名選挙で福田氏が首相に指名され福田内閣が発足した。

議長として２人の首相を指名した保利茂氏。手前は福田赳夫氏

その後のことは、私はフランスで仕事をしていていてほとんど何も知らない。そして昭和53年11月27日に総裁予備選挙があり、大平正芳氏が現職総理である福田氏を破った。その時、福田氏は「天の声にも変な声がある」と言ったと伝えられている。かくして大平内閣が誕生した。父は衆議院議長として福田、大平の2人の首相を指名したことになる。これは議会史上珍しいこととされている。

いざ出陣！　熱心な応援に重責痛感

父は議長として2人の首相の指名を行ったが、一方体調は次第に悪化していた。ほとんど慈恵医大病院に入院していて医者の手当てを受けていたが議長としての務めは果たしていた。大平内閣の成立を見届け、明けて昭和54（1979）年1月、通常国会での施政方針演説と各党代表質問には議長としての采配を振るっていた。そして各党の代表質問が終わったところで議長室に大平正芳首相を招き入れ、議長の辞意を表明した。

あとで知ったのだが、その頃の父の病状について故岸本弘一氏が『一誠の道』の中で克明に書いている。父は昭和54年3月4日午後1時51分息を引き取った。パリから急きょ帰国した私に岸本氏は「耕輔さん、あなたがいてくだされば良かった」とささやくように言ってくれたが、それは実感だったと思うし、私も父に申し訳なく思っている。

それから10日ほどたって衆議院本会議場で社会党の三宅正一副議長によって追悼演説が行われた。政治家並びに人間としての純粋さと大きさをたたえ、実に情感のこもった名演説だった。それに先立ち父の後を継いだ灘尾弘吉議長によって議場総員起立のなか弔詞が朗読された。

「多年憲政のために尽力し特に院議をもってその功労を表彰された議員従二位勲一等、保利茂君は先にしばしば国務大臣の重任に就き、また本院議長の要職に当たり終始政党政治の確立に努めるとともに国会の運営に心魂を傾けられました。その功績は誠に偉大であります。衆議院は君が長逝を哀悼し謹んで弔詞をささげます」。母と私は傍聴席に入れてもらい、これらの様子を聴いた。

これだけの業績もあり政界で重きをなしていた父の後を受けて立候補を決めるのであるから容易なことではなかったし、父には「馬鹿者」としかられたことも気掛かりだった。しかしいったん決断した以上、前に進むしかなかった。

それに瀬戸尚市長も金子勝商後援会長も火の玉のようになって準備をしていただき、頭の下がる思いだった。県議会議員、市議会議員、青年部、女性部の皆さんも熱心に応援し、私はますます責任の重大さをひしひしと感じていた。

昭和54年9月17日、唐津神社の境内は人々で埋め尽くされ、林立するのぼり旗の中で出陣式が行われた時の光景は今も目に焼き付いている。「あれだけ渋っていた耕輔さんを引っ張り出したのだから、何としても上がってもらわなければ」と人々は口々に話していた。

のぼり旗が林立し、大勢の支援者が出陣を見送った＝唐津市の唐津神社境内（１９７９年９月）

選挙運動初日　マイペース守り奔走

昭和54（1979）年9月17日、選挙戦の火ぶたが切って落とされいよいよ本番に突入した。私は「精いっぱい全力で頑張り抜きます」と言って選挙カーに乗り込んだ。

私は父の選挙を4回、少しではあるが手伝ったことがあり大体の流れは心得ていた。9月下旬はまだ暑い。ネクタイを締め背広をきちんと着て、人を見れば車から降りて握手を求める。

スケジュールに基づき回っていくとたくさんの人が集まっている。握手をしている時の外の暑さ、逆にフルに冷房を入れた車中。車から出たり入ったりの繰り返しは決して楽ではなかった。20日間をどうやって頑張り抜くかなど考えながら終日8時まで走り回り、それが終わると各地での個人演説会、集会でのあいさつなどが待っている。

私はつくづく考えた。20日間は長丁場である。最初から全力を出していたら後半はきっとばてる。ペース配分を考えて途中でのびないようにしようと、ひそかに考えた。

しかし、応援団は気が気ではない。「耕輔さんなちょっと元気のなか、もう少し頑張ってもらわないかん」という声も聞こえてきた。私は内心「そうだろうな」と思いつつもマイペースを守るよう心掛けた。と言っても「ここ」というところでは元気を出していたのは当然のことであった。

途中でテレビによる政見放送の録画撮りもあり、慣れない私にとっては苦痛だった。テレビカメラのレンズに向かって親しげに語り掛けるなどということは私にはつらい仕事で、しかも1回こっきりの録画でやり直しはさせてもらえないし、時間もしっかり守らなければならない。

市議会議員や県議会議員、政治秘書の経験もなく、官庁に勤めたこともない私にとっては、何をどう話したらいいか分からぬまま、ただ「皆さまのために頑張ります」としか言えなかったように思う。

選挙運動初日、街頭演説する保利耕輔氏＝有田町

さらに当時行われていた立会演説会もやりにくかった。経験のある各党候補者が次々と政見を発表していく中で、私は政策の話はほとんどできない。ただ新人候補者が小生意気にいろいろしゃべることはかえって良くないとも考えた。

一日の行動を終わってもすぐ家に帰れない。選挙事務所にいったん戻って集まっている人々にあいさつしてから家に帰り、夕食を取るという日程をこなしていた。選挙カーに乗っている「ウグイス嬢」も大変である。

誠実、清潔、責任　35年一貫、心の支柱

私が最初の選挙をするにあたって選んだ言葉、つまり標語は三つで、それは「誠実」「清潔」「責任」であった。誠実は父親ゆずりの言葉で「百術は一誠にしかず」の精神をとった。清潔は私はあまり好きな言葉ではないが、精神的にも資金的な面でも批判を受けることのないよう努めること。責任は自分で決めたことは自分自身に責任があるということで独立自尊の精神と一体のものだ。

この三つの標語は35年の政治生活を通して一貫して使い、私の活動の心のバックボーンになった。そして最後の段階ではこれに「信頼」という言葉を加えた。長い政治活動の中でこれを裏切る行動はなかったと自負している。

次にシンボルカラーを何にするか。私は自分で考えて「青と緑」と決め、旗を作りバッジも作ってもらった。青は清らかな水を表し、緑は大地を表す色と考えたが、この2色はどのようにも解釈できた。

「水と緑の豊かな郷土」とも、「大空と大地」とも言えた。そして私の心の中では「玄界灘と虹の松原」というイメージを抱いていた。この2色は35年を通じて、これまた一貫して変わることはなかった。

佐賀県は小さな県であるが全県一区となればすべての地域に顔を出さなくてはならない。票が出ようが出まいが関係ない。しかし地区によっては先輩の先生方の地盤のところもあ

り、気を使いながらの選挙活動をしなくてはならない。

唐津と東松浦郡は父以来の堅い地盤である。選挙カーが通ると皆、手を振ってくれるし、家から飛び出して来てくれる。日本有数の支持率の高い七山村ではどんなに山の中でも、遠い谷の方から大きな日の丸を振って応援してくれる。こちらもそれに応えて大きなマイクのボリュームをいっぱいに上げて「ありがとうございまーす。保利耕輔でーす。コースケをよろしくお願いしまーす」と叫ぶ。しかし一歩地盤の外に出るとそうはいかない。言葉は悪いが敵地に入ると「ぴしゃっ」と窓を閉められてしまうこともあった。中選挙区制の中では自民党同士が戦うため、致し方ないことだった。

20日間の選挙戦、私は激しく運動しながらも努めてリラックスして走り回った。9月下旬、野には彼岸花がいっぱいだった。それを眺めながら、フランスの田園地帯の風景を思い出していた。

シンボルカラーは最後まで青と緑

10万5990票　握手で力頂き国会へ

選挙運動は支援者が総掛かりで行う。電話などいろいろな方法で候補者への支持を呼び掛ける。女性部はチラシに選挙管理委員会からもらう証紙を皆で集まって貼る。認められた大量のはがきの宛名書きをする。台所当番は朝早くから忙しい。青年部は告示とともにポスター張りをする。選対事務所には支援者がひきもきらず来てくれるので幹部はその対応に追われる。まさに「戦場」そのものだ。

候補者自身は日中走り回り一人も残さないように握手する。フランスから戻ったばかりの私は、握手は頭を下げず、相手の目を見て片手でする習慣がついていた。これは一部批判を受けた。つまり握手は両手を差し伸べて相手の手をおしいただくのだという。

「話はたいていぶんでよかけん。しっかり握手ばせんですか」と言われ、100人いれば100人、200人いれば200人、一人残らず握手をする。少し離れたところに立っている人を見付けると、そばに寄っていって握手をする。もし一人でも握手漏れが出ると後で「俺にはさっさんだったばい」と言われる。だから漏れが出ないように注意するし、ウグイス嬢にも注意をしていてもらう。

そんな具合だったので選挙が終わった後、NHK福岡でのインタビューの時、手のひらを広げて「この手を何人の人に握ってもらったことか。その人たちの力を頂いて国会で活動するのですね」と言い、しげしげと自分の手を見たのはまさに実感だった。

父が残していた言葉「人の世の人の情けに生きるわれ、人の世のため誠つくさん」の気持ちがよく分かるように思えた。

しかし20日間の選挙運動は長い。前にペース配分を考えたと述べたが、それは私の学生時代の陸上競技の考え方に基づく。長距離競走で、スタートと同時にすっとばして走る選手のことを「安馬の先っぱしり」といって、本命の選手がやることではないとされていたのを思い出したのである。

衆院佐賀全県区でトップ当選しバンザイも弾む保利耕輔氏＝１９７９年10月７日、佐賀市の事務所

人に元気がないと心配をかけた節もあったが、ペース配分を守ることを誰にも言わず実行した。そして最後の3日間は自分の持つ力を出し切って運動し、ゴールに飛び込んだのである。「もっと元気を」と言っていた人々も「どこからあんな力が出てきたのか」とびっくりしていた。長距離競走はゴール寸前の勝負でもある。そして10月7日投票の結果、10万５９９０票を頂いて当選した。これは父の票だったともいえよう。

第２章
青春時代

父と母のこと／戦争・疎開・終戦／中高時代・砲丸入門／大学進学／日吉キャンパス／慶應大学競走部／円盤投げへ転向／大学生活卒業／日本精工入社／スキーに誘われる／菅平の鈴蘭／人生の岐路／結婚・新婚旅行

父と母のこと　引っ越し多く苦労

父の経歴や生き様などは元衆議院議長秘書官の岸本弘一氏著「一誠の道」や保利茂伝刊行委員会による「追想・保利茂」などの本に詳しく載っている。苦学して中央大学の夜間部を卒業し、報知新聞、東京日日新聞（現・毎日新聞）の記者を経て昭和９（１９３４）年、福岡県出身の山崎達之輔農林大臣の秘書官になった。昭和19年12月に佐賀県で行われた衆議院の補欠選挙に当選し、政治の道に入ったとされる。

昭和６年９月に母豊子と結婚し、昭和９年９月に長男である私が生まれた。父は山崎農相にお願いして「耕輔」と命名していただいたという。耕輔の「耕」は農林省にちなんで付け、「輔」は達之輔先生の輔の字を頂いた。

父母はもちろん、祖父母にとっても男の初孫だったことから随分かわいがられた。父母が結婚した当時、父は新聞記者だったので、しばしば引っ越しをしたという。

かつて母にその引っ越しの状況を尋ねたことがある。結婚当初の赤坂丹後町、一転して芦屋郷の本、芦屋西良手、東京に戻って淀橋区諏訪町、中野大和町、麹町三番町（秘書官官舎）、牛込矢来町、牛込喜久井町と続く。戦時中の疎開先、佐賀県唐津市の大名小路、終戦後の新宿区諏訪町、そして目黒区の五本木が最後の住まいになったと語ってくれた。計11カ所10回の引っ越しだった。

母は多少の苦労はあっても決して愚痴をこぼすことはなかったが、引っ越しの多さには苦労したようだ。それも父はある日突然「おい引っ越しするぞ」とだけ言って、あとは全部母に任せていたそうである。

引っ越しの多さのためか、わが家には家具は少なく仏壇はなかった。母は古流生花の免状を持っていて農相邸に伺って花を生けるのが日課で、そんな時よく私を連れて行った。山崎農相の奥さまは私をかわいがってくださり、厚く切った羊羹を頂いたり、「今に南洋からゴムが来るからボールをあげましょう」など声を掛けてもらったりした。

山崎達之輔農林大臣ご夫妻

父は幼い私をよく飯田橋のボート場に連れて行ってくれた。その記憶を記したのが「東京・昭和十五年」というエッセーである。戦前の両国国技館に連れて行って双葉山や男女の川の相撲を見せてくれた。祖父母が上京する時、父は私を連れて赤れんがの東京駅に迎えに行った。襟に白い布を付けて赤い線の入った三等車にちょこんと座り、迎えを待っている祖母の姿が印象的だった。

戦争・疎開・終戦

一家で聴いた玉音放送

昭和16（1941）年はわが国にとっても、私自身にとっても、忘れられない年である。12月8日には米英軍と戦争が始まり、私自身にとっては4月に初めて学校に上がった年である。その年4月から従来の小学校は国民学校と改められた。そして国民学校は昭和22年4月からまた元の小学校となった。昭和9年生まれの私は国民学校に入り、国民学校を卒業した唯一の世代である。

1年生の12月に始まった戦争は次第に厳しさを増し、やがて都会の子どもたちには疎開が奨励され、母と4人の子どもたちは昭和19年1月に唐津に疎開した。私と上の妹喜久子は今の市役所にあった唐津国民学校に転校した。

そこで今では考えられないような厳しい戦時教育を受け終戦を迎えた。5年生の夏のことだった。終戦の直前、父は東京から帰ってきた。父はこの時すでに代議士になっていた。父の帰唐を描写したのが松浦文連に出したエッセー「父帰る」である。

8月15日昼ごろ、父と共に一家そろって玉音放送を聴いた。子どもでもあり、ラジオの調子も悪くよく聴き取れなかったが、「耐え難きを耐え、忍び難きを忍び」という天皇陛下のお声ははっきり分かった。

終戦の翌年、昭和21年、父の勤めのこともあり、家族一同は東京に戻ることになった。私は一人先に戻り、中野区の親戚の家に世話になり、そこから大塚にある東京高等師範学校附属国民学校に復校した。翌年3月に国民学校を卒業、その年から義務教育となった同附属中学校に進学した。

もっとも学校は空襲で完全に焼けてしまって、壁も天井も真っ黒にすすけた焼け残りのビルを借りて授業が行われた。程なくバラック建ての木造校舎ができたが、実に粗末なものであった。

この中学校で大げさに言えば、私の人生を形づくる上での変化が起こる。当時の東京はどこもかしこも焼け跡だらけで大きい石、小さい石や焼け焦げたれんががゴロゴロ転がっていた。

男の子たちは遊びにれんが投げをやって誰が一番遠くまで投げるか競い合っていた。私は運動神経は極めて鈍かったが、体が大きかったので遠くまで投げることができた。それを見ていた陸上部の友達が私を陸上部に引っ張り込み、強引に憲法発布記念で開かれた文京区陸上競技大会の砲丸投げの選手に仕立ててしまった。こうして私は陸上競技の道にのめりこんでしまったのである。

父は東京で働き、唐津に疎開した保利家族（中央が耕輔氏。右は母豊子さん）

中高時代・砲丸入門

瞬発力付け記録伸ばす

私はある日、父母に「今度陸上部に入ったよ」と報告した。すると両親とも笑って「耕輔が陸上部だってぇ。おまえは運動会の徒競走はいつもビリだったね」。そう言いながらも母は古道具店でボロボロのスパイクを買ってくれた。私は「陸上部では絶対に走らない、という約束で入ったんだよ」と言うと、母は「そのうち走るようになるわよ」と笑った。

砲丸投げの面白いところは、砲丸と巻き尺があれば1人でも練習できることである。初めのうちは毎日のように記録を付け、5センチでも1センチでも記録を伸ばすことが楽しみだった。この競技は体の瞬発力を付けることが大切だと分かり、短距離の選手に交じってスタートダッシュを練習した。

やがて高校に進み記録も伸び、東京都の大会では砲丸投げで入賞するまでになった。同時に足も鍛えられて800メートルリレーのメンバーになり、東京の大会で2位になることもあった。

一方勉強の方はさぼりがちで、英語や代数などの学力は全く伸びなかった。しかし、どういうわけか漢文と幾何は成績が良く、通知表にはいつも「秀」が付けられた。当然のことながら体育も同じマークが付いた。

学校では昔から全校挙げて、あらゆる運動種目について学習院との定期戦が行われていた。野球、水泳、陸上、バスケット、バレーその他の試合があり、全校生徒が選手あるいは応援団として参加した。

今の天皇陛下は私たちと同世代で、皇太子殿下の時、馬術の一選手として試合に参加されていた。たまたま学習院内の売店で一緒にサイダーをラッパ飲みしたことを、懐かしく思い出す。

勉強で国語の時間は「古文組」と「漢文組」に分かれた。ほとんどの学生は古文を取り、漢文組はごく少数だった。私は漢文を選択し、先生が調子を付けて読んでくださるのが面白く、心を引かれた科目で欠かさず授業を受けた。

一緒に勉強した中に際だった才媛がいた。斉藤欣子さんという人で、後に東大の佐藤誠三郎先生と結婚し、佐藤欣子として法曹界で活躍した人である。

高校時代、砲丸投げに打ち込む

ある日、彼女が先生に言われて、長い長い白楽天の「長恨歌」を全文暗唱したのを聴いたことがあり、びっくりした。私はせいぜい結婚式の時などに、詩経に出てくる「桃夭」の短い詩を語るのが精いっぱいである。楽しく過ごした高校時代であったが、大学受験という難関が待ち受けていた。

大学進学

一浪後、場慣れし合格

大学の受験勉強は高校3年の2学期後半から始め、予備校に行くこともなく全て独学であった。寒くなると自分の部屋で「股火鉢」をして、旺文社の「赤たん」など見て英語の単語を覚えた。しかし能率はほとんど上がらなかった。

そのような状況で、私を陸上競技に引っ張り込んだ親しい友人と一緒に受験し、慶應大学は不合格になってしまった。もっとも受験中にその友人が急に気分が悪くなって医務室に運ばれ、私が付き添っていって答案どころでなくなったこともある。後で聴くと彼は前夜は一睡もしていなかったという。かくして私は1年を棒に振り、浪人生活が始まった。昭和28（1953）年初頭のことである。

浪人生活に入り、予備校に通うことになった。家から近いこともあり、高田馬場の高田外語や千駄ケ谷の津田塾の予備校に通った。「やはり大学に行くにはしっかり勉強しなければ駄目なんだ」と自分自身に言い聞かせ、脇目もふらず勉強した1年だった。

特に試験を受けるには場慣れすることが大切だと考え、模擬試験をできるだけたくさん受けて試験に慣れることを心掛けた。そのかいあって翌年慶應大学に無事入学することができた。

慶應と言えば経済学部が主流だったが、私は法学部を受け、それも政治学科に入った。ある人から「法学部に入ったのなら法律学科に入って具体的な法律を勉強すべきだ。そうすれば将来の生活の役に立つ」と忠告されたが、結局、政治学科を選んだ。

4年間の大学生活の最初2年間は、渋谷から横浜に向かっている東横線の日吉にあるキャンパスに通わなければならない。私は当時渋谷から三つ目の駅、祐天寺の父の家にいたので、日吉に通うのは楽だった。

日吉キャンパスには大きなイチョウ並木があり、それは今も変わりはない。戦時中は日本海軍の本部があったし、戦後は米軍がキャンパス内にいわゆる「カマボコ兵舎」を建てて使っていた。しばらくしてそのまま学校に戻され、教室として使われた。

日吉の2年間で学んだことは多い。後に塾長になられた石川忠雄先生の「現代中国論」は特に面白かった。先生がまだ助教授の時代で脂の乗ったころだった。先生は講義に先立って大声で話した。「眠い者は寝ても良い。ただ隣の学生としゃべる者は出て行け」

その後、私がまだ駆け出しの代議士の時、先生は1人で私の議員会館においでになり、一つの要請をされた。

大学目指し受験勉強中

日吉キャンパス　民主主義の理念学ぶ

石川忠雄先生（後に慶應大学塾長）が1人で私の議員会館に来られた趣旨は、次のようなものであった。

慶應は新たな学部を神奈川県の藤沢に作る計画を進めているが、買収した用地の中に農地が含まれていて転用がうまくいかないというのである。「何とか君の力で転用がスムーズにいくように話をしてもらえないか」と先生は言われた。私は当時、自民党の農林部会長だったが慎重を期して「それはお困りだと思います。すぐ調べてしかるべき筋に私からお願いしてみます」と申し上げた。

その後、私は関東農政局長に電話で趣旨を伝え、「学校教育上必要なことだ。何とか骨を折ってください」と依頼した。結果はすぐ現れ、無事学校用地として転用が認められた。石川先生のご苦労が偲《しの》ばれる。こうして慶應大学の藤沢キャンパスはいま立派に存在し、活動している。

日吉キャンパスの授業では思い出すことがいくつかある。一つは藤原守胤先生の「政治思想」の講義だ。カマボコ教室での講義だったが、講義というより先生が述べられる所見をノートに写し取る時間で、言い換えれば小学校の書き取りの時間のようであった。そのため先生の講義の内容が実にはっきり分かった。

それは昭和30（1955）年ごろで、民主主義についての話だった。「民主主義の根底にある思想は個人の尊厳にある」というところから始められ、そこから民主主義の理論を展開された。

当時世界的に共産主義が蔓延《まんえん》している時だったが、先生は「民主主義の反対は共産主義ではない。全体主義なのである」と話された。小泉信三先生以来の考え方ではないかと思われる。こうして学んだ理念は終生私の頭の中にたたき込まれた。

石川忠雄慶應大学塾長（前列右から３人目）を囲んで。最後列の左端が耕輔氏、右端は小泉純一郎元首相

日吉での勉強は大学での教養課程だったので、いろいろな講義を聴くことができた。私が興味を持った中に日本美術史があった。先生はスライドを使いながら日本の古い建築様式について話され、私は薄暗い中で懸命にノートを取った。

古い建築様式には「棟入り」と「妻入り」がある。棟入りの典型は伊勢神宮で、妻入りの典型は出雲大社や善光寺である。これは日本文化の二大源流を表していると話されたのが印象深い。

英語やドイツ語は必修課程で私はどうも苦手だった。しかし日吉の生活で私の人生にとって、学生生活を形作る大きな事柄が起こったのである。

慶應大学競走部　陸上の世界に入り浸り

渋谷から出ている東急電鉄の日吉駅で降りると、すぐ慶應大学日吉キャンパスに入る。直線の緩やかな上り坂をいくと、右手にグラウンドが目に入る。そのそばに腰を下ろして本格的な４００メートルの陸上競技場を見ながら、「こんなグラウンドで走ったり投げたりしたいものだ」と考える。

思えば中学、高校のグラウンドはひどいものだった。狭いグラウンドは野球、サッカーそして陸上の兼用でその三つが重なり合っていた。先輩たちが焼け跡を片付けてれんがを埋めて作った２５０メートルの、にわか作りのグラウンドで練習をしていた者にとって、慶應大学の４００メートルの本格的グラウンドは夢のように思えた。

しかしせっかく大学に入ったのだから、これからは社会に出て役立つ人間になるために勉強をしようと心に決めていた。そんなある日、教養課程の一部として体力検定の時間があった。

受験勉強に明け暮れした学生にとって20回の腕立て伏せやグラウンドを2周走る８００メートル走はきついものだった。その時、偶然にも砲丸投げのテストがあった。砲丸投げは易しそうに見えるが結構「技」のいる種目である。私は高校時代、「砲丸投げの保利さん」と言われたほどで、東京の競技会でいつも入賞していた。

普通の学生とは違い、先生の頭を越えて遠くまで飛ばした。先生はびっくりして私を大学の陸上競技部に紹介してくれた。

やがて許されて陸上部に入ることができた。慶應と早稲田では伝統的に陸上競技部とは言わず歴史が古いためか「競走部」と称していた。この間の事情を詳細に記述したのが松浦文連に掲載された「わが青春の一投」という随筆である。

こうして私は再び陸上競技の世界に入り浸ることになった。3年生になって三田の校舎に行くようになっても、時間さえあれば日吉に通った。

目黒の祐天寺の父の家を出て東横線に乗り、東へ向かえば渋谷経由で三田に、西へ向かえば日吉に出る。毎朝、学校用と運動用の二つの鞄《かばん》を抱え、今日はどちらに行くか迷ったものだった。三田での授業が面白い時は三田へ、面白そうでない時は日吉に直行するという毎日であった。

競走部に入ったばかりのある日、先輩から「おまえ、慶應の最大の目標は早稲田に勝つことだ。競走部の目標も同じだ。ところが早稲田との競技種目に砲丸投げはない。だから試合に出たければ円盤投げの練習をしろ」と言われた。さて、どうしよう。

慶應大学競走部の同期生。前列左端が耕輔氏

円盤投げへ転向　我慢する精神力養う

高校の時、学習院との定期戦には円盤投げの種目もあった。円盤投げは1回転半して遠心力で投げる。技術的には難しい種目で私はあまり得意ではなく、定期戦には駆り出されて力任せで投げていた。同級生の中に器用にうまく投げる男がいて、彼にはどうしても勝てなかった。

しかし大学の体育会で本格的にこの種目をこなすためには、尋常一様の練習ではマスターできない。グラウンドに暗くなるまで残って投げ続ける毎日だった。分厚い西洋皿のような重い円盤を持って構え、腕を伸ばし1回転半する。最後は足を大きく開いて一気に腕を振り切り、そして指先でスナップをかけて円盤を回転させる。そのため右手の人差し指の皮はむけ、いつも絆創膏《ばんそうこう》を貼っていた。

選手の中に全日本級の人がいて、その投擲《とうてき》を見ては練習した。その結果、一応円盤投げの選手として認めてもらい、時折の競技会にも出してもらった。早慶戦にも出たが、あまり良い成績は得られなかった。

しかしどういうわけか同志社大学との定期戦では良い結果を出していて、何とか「さま」になった。後輩にも選手がいて一緒に練習していたが、いつの間にか投擲グループができ「保利組」と言われるようになった。

合宿の時も、試合での遠征でも共に戦った仲間で、まさに「一つ釜の飯」を食った仲間だった。私が卒業する時、この仲間が使い古した円盤に「祝・保利先輩卒業」と書き、それぞれの名を記して彫り、白い塗料を入れて記念品として私に贈ってくれた。今日でもそれを大切に持っていて私の宝物である。

さらに私は春夏の合宿にも毎回参加した。いろいろなところで合宿生活を送ったが、兵庫県の明石、新潟県の柏崎、奈良県の天理市などで、10日ほどの合宿は足腰が立たなくなるほど走り、跳び、投げて体を鍛えた。和式のトイレでは天井から綱をつるし、それにつかまらないと立ち上がれないほど厳しい練習が続いた。

円盤投げ選手として試合出場

そうした中でどんなにつらくても我慢する精神力が養われ、それが厳しい社会生活を生き抜く力になったと思う。一方、いたずらにも精を出した。明石では美しい女性がいる喫茶店に入り浸り、とうとう小遣い銭がなくなって家に電報でＳＯＳを伝えた。折り返し母から５００円送ってきたが、便せんには「一筆啓上、頑張れよ、母より。」と記されてあった。こうして競技生活を送ったのである。

大学生活卒業

最後の合宿に感激

大学4年夏の合宿は札幌であった。学生生活最後の合宿は楽しく、先輩方がジンギスカン鍋を用意してくれ、夕闇迫るグラウンドで皆でごちそうになった。結びに全員肩を組んで輪になり、「若き血に燃ゆる者、光輝みてるわれら…」と全員で歌った。合宿の10日間上がっていた塾旗を降納した時は、「これでわが人生の競技生活は終わった」と感慨にふけった。

一方、三田に移ってからは専門的な講義も聴いた。憲法についての勉強もしたし、政治学や法律学の授業も受けたが、正直に言って頭に残っているものはほとんどない。

ただ面白いと思ったのは「イスラエル宗教文化史」だった。この講義は週1回、朝9時からで、大学に行ってみるとよく「本日休講」となっていることがあった。あとで聞くと先生は酒飲みだったとのこと。

先生の話で興味を持ったのは「日本や東洋の国々では四季の変化があり、年ごとに春が巡ってくる。そのような環境の中で自然に生まれたのが『輪廻《りんね》』の思想である。イスラエルなどの中東諸国では砂漠が多く、ある時は一度に大雨が降ったり砂嵐に見舞われる。昨日あったものが砂に埋まって消えてしまったり、全ての事象が『一回的』であるとして東洋的な思想は育たなかった」という話だった。自然環境と宗教の関係を説かれた先生の話は面白かった。

三田の街には当時マージャンやビリヤードが楽しめる店がたくさんあったが、私は足を踏み入れたことはほとんどなかった。時間ができるとすぐ日吉に行き、終日陸上の練習をしていた。時折親しい友達と図書館近くの三田の丘にあるベンチに座って人生論などを語り合ったものである。

もし陸上競技をしていなければおそらくどこかのゼミに入っていただろうし、本格的に勉強をして卒業論文など書いていたと思う。しかし体育会に正式に入っている者は、ゼミを取らなくても、また卒論を書かなくても卒業することができた。従って私はゼミも取らず、卒論も書かず慶應義塾大学を卒業した。

最終学年になると、特にその後半は就職の準備に入る。公務員試験を受けて官庁の仕事に就くのは、スポーツばかりやっていた私には無理だった。従って実業界に入るほかなかったが、銀行や保険会社、商社に入ることは私の気持ちに合わなかった。ものづくりの会社が希望だった。自分の手で物を作ることに価値があり、これから伸びる会社に職を得たいと考えた。

慶應大学の卒業記念撮影。前から2列目の左端が耕輔氏（1958年）

日本精工入社　鍋底景気時代に就職

私が大学を卒業した昭和33（1958）年は「鍋底景気」の時代だった。各会社は人員整理をして不況に悩んでいた時で、就職は難しかった。私はあれやこれや考えて大日本紡績かベアリングの大手メーカー日本精工を受けるようにしたが、関西が拠点の大日本紡績だと東京を離れざるを得ないので、日本精工一本に絞って受験した。

筆記試験も面接もあったが、特に面接では堀口専務にお会いした。「君は大きくて頑丈そうだね」。専務は私の肩辺りを眺め、そう言われた。後のことは記憶にない。

一緒に試験を受けた中に私と同じ慶應大の学生がいた。日本精工の本社は丸ビルの一つ皇居寄りの日本郵船のビル4階で、東京駅前のビジネス街の中心にあった。試験中の昼休みに屋上に上り、同じ大学のその人と無駄話をして過ごした。

「この会社に入ってどこまでいくかなあ、取締役は無理だし、まあ部長ぐらいまで行ければいいな」と話をしたことを覚えている。「まあ、入れてもらうことが第一だ。互いに頑張ろう」と話し合った。この人は関谷哲夫君といい、経理畑を歩き、アメリカに駐在してついに社長にまで上り詰めた優秀な人で、今日でも親しくしている。生え抜きで社長まで昇進した人は少ないだろう。

不景気の時代であったが結局、事務系7人、技術系6人の13人が合格した。私の希望した「ものつくりの会社」に入社でき、一生この会社で働くのだと決意を新たにした。就職が決まり、あとは4月の正式入社までは全く自由な時間で、映画を見たり、小旅行を楽しんだり、時には日吉のグラウンドに行って体をほぐしたりして過ごした。中学生の時から楽しんでいたスキーにも行ったりした。

日本精工の新入社員13人。右端が耕輔氏

当時、日本精工の社長は今里廣記という人で、よく「財界の官房長官」と言われるほど政治の世界と近い財界人だった。しかも佐賀県有田の隣町、長崎県波佐見町の出身でもあり、私の父と親しくされ、父も随分とお世話になった方である。

父は私が日本精工に入社したということを大変喜び、「会社に入ったからにはその会社のことをよく勉強しなければ…」と言って日本精工の株式を1500株買ってくれた。そして「配当金はおまえの貴重な小遣い銭になるたい」と話していた。こうして私の日本精工でのサラリーマンとしての生活が始まるのである。しかしその前にもう一つの人生の重大事について書かなければならない。

スキーに誘われる　見事に転んだ初滑り

昭和22（1947）年、私は東京教育大学附属中学校に入学、同25年3月に卒業して同じ附属高校に進んだ。中学卒業から高校入学までのほんの短い間に時間ができ、親しい友人から「保利君、スキーに行ってみないか?」と誘われた。「俺はスキーなんてやったこと全くないよ。それに道具も靴もないから無理だよ」と言ってはみたが、興味は多少あった。

結局友人の誘いに乗り、靴だけ親戚から借りスキーの道具は現地でそろえてもらうことになった。昭和25年といえばまさに終戦直後。物資も食料も不足していたから、母に頼んで若干の米と缶詰をリュックサックに詰め、可能な限り厚着をして仲間2人と私の3人で上野駅から夜行列車で長野県の上田に向かった。

列車は超満員でやっと席を取ったが、通路もデッキも人でいっぱい、ぎゅうぎゅう詰めだった。それは終戦間もないころの旅行のありさまで当たり前だった。夜の11時半ごろ出発した列車は高崎を通り、軽井沢から小諸を経て長野県の上田に着いたのは朝6時半すぎ、ほとんど一睡もできなかった。

「上田だ、降りるぞ」。言ってみたものの出口へは人が通路をふさいでいて降りられず、窓を開けて荷物を抱えて飛び降りた。そこからは随分待って上田丸子電鉄に乗り、30分ぐらいで真田町に着く。長い時間待ってチェーンを車に巻いた小さな国鉄バスに乗り、目的地「菅平高原」に着いた。雪は随分積もっていた。

宿は教育大学の高原生物研究所で、友達が事前に交渉して泊めてくれることになっていた。バス停には研究所の管理人が迎えに来ていて、用意したスキーとストックを渡してくれた。管理人は「ようおいでなさった。研究所までは少しあります。雪が深いですからスキーをつけて歩いてください」。何しろ生まれて初めてスキーを履く。スキーを着けて重いリュックサックを背負ってどうやって歩くんだろうと困惑した。果たせるかな10《メートル》もいかないうちに見事に滑って転んでしまった。

足は滑る、荷物が重くて立ち上がれない。「あーあ、こんな所に来るんじゃなかった」と嘆いてみても後の祭り、とうとう面倒なスキーを外し、手に持って膝上までくる深い雪の中を歩いてようやく研究所に着いた。当時のスキーは革ひもで靴に着けるもので、かかとが完全に上がる、もちろんエッジなどは全くつけていなかった。こうして始めたスキーだったが何回か行っているうちに、わが人生をつくる上での大事なことが起きるのである。

スキー旅行に誘われる。左から２人目が耕輔氏

菅平の鈴蘭　コーヒー店が結ぶ縁

苦労して始めたスキーだったが、何回も行っているうちに次第にスキーも覚えたし道具もそろえ、高校でも大学でも暇さえあれば長野県の菅平高原を訪れた。私はあまりスキーは上手ではなかったが、菅平という高原の雰囲気が好きで一人でも訪れるようになった。

秋の高原は白樺の黄葉が美しかった。夏は広い山すそに広がる牧場にたくさんの牛が放牧されていた。6月ごろにはそこここに鈴蘭《スズラン》が咲いていた。2千《メートル》を超える二つの山、吾妻山と根子岳がすぐ近くに美しい姿を見せ、遠く東の方には噴煙を棚引かせた浅間山が見えていた。

そんな美しい高原にコーヒー店があり、豆を炒《い》って冷やしてから粉にして使い込んだネルの袋に入れ、熱湯を注いでコーヒーをいれてくれるおじさんがいた。それは濃く熱く甘い上等のコーヒーだった。

白樺荘というその店は小さな宿屋もやっていた。客用の部屋は初め2部屋だったが、後に増築され少し広くなった。やがてそこが私の定宿になりしばしば泊めてもらった。菅平には温泉はなかったが、自然に親しむには最高の場所だった。

白樺荘の次男坊は料理番で私と同じ歳だった。一度彼を含めて数人で雪の根子岳に、スキーに滑り止めのシールを着けて登ったことがある。彼は村の根子岳滑降大会で優勝したこともある名手であった。その時は景色を見ながら休み休みゆっくり滑った。私は彼と親しかったがだいぶ前に他界し、友人を失ったショックを感じたものだった。

そうやって菅平になじんでいたある年の初冬、競走部の親しい友人をスキーに誘って2人で白樺荘に泊まった。たしか大学2年ぐらいの時だった。まだ本格的に雪は積もっておらず、宿泊客はいなかった。「まあそのうち降るだろう」と雪待ちの形になった。宿の主人は「明日は必ず降ります。必ず」と言っていた。

長野県菅平高原。吾妻山（右）と根子岳（左）

友人と2人で熱いコーヒーを飲んでいると、少し離れたところで2人の女性が何やら作業をしている。見ると大きな看板に「珈琲」という字を描いている。「それ、この店の看板にするの？」と声を掛けた。聴くと2人は女子美術大学の学生で近くに泊まっているようだった。出来上がった看板はしばらく店の前にかかっていた。

やがて、そのうちの一人と文通が始まり、初夏の菅平の「鈴蘭」を届けたりして交際が始まった。彼女は東京都中野区の江古田に住んでいる有名な画家の長女だった。

人生の岐路　母が助け舟、父も結婚了承

私が初めて菅平の「鈴蘭《スズラン》」を届けた彼女の家は中野区の江古田にあり、目白の駅からバスに乗って行った。古い家だったが大きなアトリエがついていた。「ははあ、これが画家の家なんだ」と思いそのアトリエに案内してもらった。

彼女の父親は洋画の「一水会」の幹部で、もともとは慈恵医大を出た医者だったが、有名な「中村彜《つね》」のアトリエをのぞき、出入りしているうちにとうとう本職の画家になってしまった人である。ただ戦争中は外科医としての仕事もし、また従軍画家として戦地に赴き野戦病院の絵なども描いている。戦後は日本各地を訪れ海の絵を描いていた。水戸の出身で鈴木良三といい、戦前はフランスで過ごし勉強したという。

その長女が私と親しくなった彼女で「鈴木美萠《みもえ》」といった。彼女は私より1歳半年上で、そろそろ婚期を迎えていた。私は国民学校では3年まで男女組にいたが、その後は大学卒業まで女性の全くいない組だったし、陸上競技生活では男の仲間のみであった。

だから女性との付き合いは全くなく、時折他の学生が男女の付き合いをしている姿にうらやましさを感じることはあったが、もっぱらバンカラ学生を通していた。そのような中に現れた彼女だからたちまち好意を持つようになった。彼女の方もどこが気に入ったのか、互いに好意を持つようになってきた。彼女は既に年頃になっていたので縁談もいくつかあり、見合いもしていたようである。

ある時、「私もそろそろ身を固めなくてはならない。そして家族を安心させる必要があります」と彼女が言った。それは「あなたが結婚する気がないなら私は他の人と結婚します」という意思表示と思えた。

私も「この人を失ってはならない」と考え、それからは結婚を前提に付き合うことに決めたが、それには家族の同意を取り付けなければならない。私はまず母親に相談した。母は「だいぶ体が細いようだけど大丈夫かしら。だけど耕輔がいいならいいわよ」と許してくれた。

一方、父は「まだ早いっ。駄目だ」とひと言。今度連れて来るから会ってもらいたいと頼むと、父は「会うと嫌と言えないから駄目だ」と言うばかり。壁に突き当たった。数日後、母が「耕輔がいいと言うなら、お父さんがいる時に連れてきちゃいなさい」と助け舟を出してくれた。これは成功し、彼女は父と顔を合わせることになり、父も了解してくれた。

東京都中野区江古田の鈴木家のアトリエで

結婚・新婚旅行　歴代首相迎え披露宴

一方、鈴木家でも心配があった。こちらは一般家庭の普通の学生のつもりであったが、先方にしてみれば私の父がある程度名の通った政治家で、娘をそこに嫁がせることは畑違いのところへ嫁がせることになり、やや心配であったらしい。

そこらを美蒴がどう話をしたか知るよしもないが、了解してもらって話が進むことになった。後年、父の他界後、説得を受けて私が衆議院選挙に立候補するよう薦められた時、美蒴が猛反対したのは案外そこらに原因があったのかもしれない。

昭和33（1958）年に慶應義塾大学を卒業し、大手のベアリング会社、日本精工に入社したことは既に述べた通りである。翌34年初頭には渋谷区のレストランに保利家と鈴木家が集まって食事を共にし、正式に婚約が成立した。両親も素直に喜んでくれた。

そしてその年の3月19日、父が手配してくれた高輪の三井クラブでささやかな結婚披露の宴が開かれた。当時父は既に当選7回で中央政界で活躍していたこともあり、来客は吉田茂、池田勇人、佐藤栄作、福田赳夫、三木武夫、田中角栄などの先生方に出席していただいたのには本当にびっくりした。

また鈴木家の主客は画壇の巨峰とも言うべき一水会の大幹部、有島生馬先生だった。学校を出て就職したばかりの駆け出しのサラリーマンの結婚式にはもったいないような招待客で、私はすっかり恐縮しこちこちに堅くなって緊張していた。

これだけの客を招いた父もかなり緊張していて、会場に向かう前にこたつに入って新聞を読みながら「まだ時間があるから、こたつに入ってゆっくりしていなさい」。だが突然、「何をぐずぐずしてるんだ。早く車に乗りなさい、早く」とせき立てる始末だった。長男の婚礼ともなると、さすがの父親も興奮するものだと思った。

東京白金、三井クラブで挙式
＝昭和３４（１９５９）年3月１９日

新婚旅行は熱海の近くの来宮にある、ある会社の寮に泊めてもらった。他に客はなく静かな一夜を過ごした。翌日は熱海から特急寝台「あさかぜ」に乗って門司まで行き、鈴木家の親戚に寄って唐津へ入った。山本にある保利家の菩提寺である万徳寺にお参りし、そのまま嬉野温泉に泊まった。

途中、相知や厳木などの炭鉱地帯を通ったが、当時は石炭産業はまだ盛んだった。帰路、奈良、京都を回り大阪から当時まだ珍しかった日本航空で帰京した。そして川崎市の武蔵小杉にアパートを借り、ままごとのような新婚生活が始まった。

第3章

日本精工時代

会社員生活／工場研修／工場実習と配属決定／営業課の仕事／新幹線のベアリング／ジェットエンジン／輸出業務／初めての外国出張／ソ連という国／東欧各国への輸出／欧州市場3分割

会社員生活

薄給で苦しい新婚生活

川崎市の武蔵小杉のアパートは戦後すぐに造られたコンクリート4階建てだった。その4階の部屋を借りたのだが、もちろんエレベーターはなく、冷暖房もない。窓枠にはアルミサッシも使われていなかった。冬はすきま風が入り、夏は屋上のコンクリートが焼けて非常に暑かった。

しかし当時はこのような状態が当たり前で、小さな和室二間と台所と風呂がついているアパートは立派なものだった。そこから丸の内に通うのはひと苦労だった。電車は混んで窓は割れるし、人々は座席に座るのではなく、しばしば土足のままその上に立つという状態だった。

その頃、父と会社の話をしたことがある。初めてもらった給料は6500円ぐらいだった。それを聞いた父も「う、そやん安かつか」とびっくりしたが、それは最初の給料で、翌月からは1万3千円ぐらいだったと思う。会社に入ってすぐで結婚前だった。

それから1年足らずで結婚したのだから生活は苦しかった。結婚の話を父にした時「まだ早いっ」とたたきつけるように言われたのがよく分かった。美蒴は近所の子どもたちを集めてささやかな美術教室を開いて生活の足しにしていた。

このアパートで昭和35（1960）年には長女「順子」、38年には次女「祐子」が生まれた。父や母にとっては初孫だったのでとても喜んでいた。目黒・祐天寺の父母の家には孫たちを連れてよく通い、時には泊まることもあった。

その時、母は必ず風呂敷いっぱいの食料品などを持たせてくれた。順子の手を引いて祐子を抱き、大きな風呂敷包みを抱えて暗い夜道をアパートへ帰る親子4人の姿が今も目に浮かぶ。
入社後の日本精工は当時、朝8時半に始まり4時半に終わる毎日で、土曜も終日勤務だった。父は会社の状況を私によく尋ねた。
父「会社は休みがあるとかい？」
私「日曜は休みです」
父「日曜は全部休みかい」
私「全部です」
父「ほうそりゃよかなあ」

川崎市武蔵小杉の公団アパートで友人夫婦と共に

私「土曜は一日、夕方まで働くよ」
父がつぶやくように言う。「お父さんが唐津鉄工で働いていた時は休みは盆と正月だけじゃった。土曜も日曜も働いとったもんなあ」。昔を述懐していた。
日本精工で働き始めて最初は研修、研修の毎日だった。随分論文も書いた。時には学者の話も聴いたが、経営学のような話も聴いた。しかしなかなか配属は決まらなかった。

工場研修　実地の知識を習得

会社での研修は本社で講師や会社幹部から話を聴くこともあったが、一応終わると工場で実習が始まった。最初は神奈川県の藤沢工場で研修した。ここでは大型のベアリングを作っていた。鉄道用の大型コロ軸受け、大型のボールベアリング、さらにはスチールボールも作られていた。

誰かが「これはパチンコの玉にするといいや」と言っていたが、ベアリングに使うボールはパチンコ玉と違い「焼き」が入っていて硬いので、弾みすぎてパチンコには使えないとのことであった。

大型ベアリングは当時、最大で直径2メートル半ぐらいのものがあった。これは自衛艦の砲座用で、大砲の向きがスムーズに変えられるようにベアリングが使われている。

この難しさは弾を発射した時の強い衝撃に耐えられること。時々海水をかぶる可能性があり、そのためコロを二重に並べたり、厚いクロムメッキをすることなどの対策が取られている。こうした軍用のベアリングはミリタリースペックという米軍の仕様書に基づいて作られていた。

また航空機の車輪に使うコロ軸受けは着陸時の強烈なショックに耐えられるよう、いわゆる「浸炭焼入れ」という技法が使われていた。浸炭焼入れというのは焼入れの際、炭素の粒子をベアリングの表面のみに入れて表面に硬度を与える。

一方、ベアリングの中には炭素が入らないようにして内部の鉄の柔らかさを維持させて、ショックを吸収させる技法である。こうした実地の知識を身に付けたことは、その後の営業活動に大きく貢献した。

当時、藤沢工場にはスチールボールを作る工場があった。硬い鉄の玉に焼きを入れ硬くしてから磨くのだが、その表面の粗さは1万分の1ミリ以内、すなわち0・1ミクロン以内と聴いていた。それをおそらく何千万個と粒ぞろいで作るのであるから、いかに高度な精密工業であるかが分かる。

さらに藤沢工場の敷地内には技術研究所が設けられていて、あらゆる技術研究が行われ、随分勉強したものである。もう50年以上前のことになるので今はもっと進歩していると思うが、当時でもかなり先進的な研究がされていた。

後に営業関係の仕事をしていて何度この研究所に通ったことか。昭和39（1964）年の東海道新幹線開業前の数年は車軸用のベアリングの開発のため、随分打ち合わせをした。当時私は国鉄担当の営業マンだった。

藤沢工場で研修。後列左端が耕輔氏

工場実習と配属決定　作業通じ仲間意識

工場実習は製品や製造過程を学ぶ上で欠かせず、藤沢工場に続いて東京都大田区下丸子の多摩川工場でも行われた。この工場では自動車や電気製品などに使われる小型のボールベアリングが生産されていた。私が実習したのは昭和33（1958）年で今から58年前。まだボールベアリングの自動組み立て装置はなかった。

多くの女子工員たちは手作業で外輪と内輪の溝径を測り、スチールボールを数個入れて組み立てる。その手作業の速いこと、見る間にベアリングの山ができる。実習生が1個組み立てる間に彼女たちは10個以上組み立ててしまう。その速さをあっけにとられて見ていると、現場監督の男性職員が「この仕事は男性には務まりませんわ」と半分嘆いてみせた。

道路を挟んで工場の反対側には、有名な「キヤノン」の工場があり精密工業地帯になっていた。東京の西を流れる多摩川べりにあり、環境の良いところだった。しかしだいぶ前に閉鎖され、今は大きなアパートが建っている。

多摩川工場の製品の中には通称「ミニチュアベアリング」というジャンルのものがあった。ちょうどワイシャツのボタンぐらいの大きさで、典型的なものは航空機のメーターに使われる軽く滑らかな動きを求められるものもあったが、歯医者が使うスピンドル用は重要な製品だった。

ひと昔前はベルトがけのスピンドルが使われ、1分間数千回転の能力しかなく、歯を削ってもらう時「ガリガリ」と痛い思いをした。このベアリングを使ったスピンドルだと1分間10万回転で使い、動力は空気圧で「シューン」とスムーズに治療が進むようになった。最高の回転能力は40万回転ともいう。

工場研修は朝8時前には出勤し、作業着に着替えて始まる。新卒13人が一緒に勉強、作業をし仲間意識を持つことができた。期間は2カ月であったが、勉強になり良い経験をしたと思っている。

日本精工多摩川工場のベアリング組み立て作業（昭和32年ごろ）

そして6月いよいよ配属が決まった。技術系は工場配属となり、事務系7人は人事・総務に行く者あり、経理に配属される者ありだったが、私は営業部営業課第二係勤務となった。第一係は日産やいすゞ、また国鉄・専売公社など大手需要家への直売であり、第二係は代理店への卸を仕事とした。実地の仕事をするためにはまず商品を覚えなくてはならない。商品名は全部数字で表されていた。

営業課の仕事　数字と記号で覚えた製品

日本精工営業課第二係は代理店への販売を主たる業務とする。アタゴ興産、中央自動車といった大手代理店、数多くの中小代理店に各種ベアリングを販売する仕事であった。それには品種、サイズ別に数千種類もある型番を覚えなければならない。６２０３と言えば小型のボールベアリング、３０２０５は円錐コロ軸受け、２２２３０は大型の球面コロ軸受けなど、全て数字と記号で覚える。

特別によく売れるものはしっかり在庫を持たなければならない。特に代理店から先のエンドユーザーの生産ラインが切れないように、われわれも代理店も気を使い少し余裕を持たせて在庫を用意しなくてはならない。そのため各代理店から3カ月ごとに、向こう6カ月分の型番別、サイズ別の需要予測を取り、それを工場につなぐのが重要な仕事だった。

また「仕切り価格」つまり卸価格の決定も大きな仕事で、これは各代理店の経営に直接影響するので代理店側も必死だった。さらに一定期間たつと販売高に応じて褒賞金を渡す制度もあった。こうして仕事になじみ、2年ほどして直売の部門に移った。

そこで私の担当は主として国鉄、私鉄、関連する鉄道車両の製造会社、さらには専売公社のたばこ工場、防衛庁関係など官庁関係への販売であった。特に国鉄、私鉄の車軸用ベアリングは安全確保上の最重要部品であり、販売契約ではなく製作請負契約という型だった。

国鉄が指名競争入札で直接購入し、各鉄道メーカーに支給する制度を取っていた。当時指名競争入札に参加できるベアリングメーカーは日本精工、光洋精工、東洋ベアリング、不二越鋼材の４社のみで、入札ごとにいつも各社の担当者と顔を合わせた。

国鉄担当者のもう一つの仕事は製作請負契約であるから、工程チェックと完成検査のため国鉄の製作監督官を藤沢工場に案内することであった。検査日には世田谷の監督官自宅に私が車を運転して迎えに行き、検査が終わり遅くなった時は食事を用意してまた世田谷まで送るのが仕事であり、随分気を使った。

先の東京オリンピックが行われたのは昭和39（１９６４）年だったが、その年東海道新幹線が開通した。その数年前から新幹線車両製造のための技術検討が始まっていた。私は技術者と共にしばしば国鉄本社に赴き、その真剣な技術打ち合わせに門前の小僧として参加した。

型番を覚えた各種ベアリング

新幹線のベアリング　細心の注意重ね製作

新幹線車軸用に開発されたのは複列の円筒のコロ軸受けで、在来線の100キロのスピードで走るものよりも一回り大きく、200キロ以上の速さで走行するものであるから、細心の注意を重ねながら製作された。何か不具合が見つかると徹底的な調査と修正が行われた。ベアリングを収める鋳鋼製の軸箱も慎重に検討が加えられた。

もう一つ大きな問題は高速で走る車両用ベアリングの潤滑はどうするかだった。検討の結果、在来線のグリース潤滑ではなくオイルを使うことになり、油漏れ対策をどうするかが検討された。オイルシールを取り付けることになり、日本オイルシール株式会社と協力して新型を開発した。

もし軸受け部が1カ所でも油漏れを起こした場合、ベアリングが焼け車軸折損を起こし、大事故につながるかもしれず、慎重に検討と実験が行われた。

開業以来、50年たつが軸回りの事故もなくスムーズに運転されているのは、先人たちの苦労と安全維持のための、全スタッフの努力のたまものであると、少しでも関係した私は思う。時折利用する新幹線に乗るたびに往時のことを思い出し、懐かしく、ありがたくも感じる。

今、九州新幹線長崎ルートに車輪の幅を変えることができるフリーゲージトレインが計画されているが、車輪、車軸、軸受けの重要性に鑑み、ベアリングに負担がかからないかと心配している。6両編成だと48個、10両だと80個のベアリングに負担がかかるのではないか。

またレールの上を車輪が走るありさまは、ベアリングの球が内輪や外輪の溝の上を転がる現象と似ている。いくら高精度に磨かれた鋼球も、内外輪の溝が同程度に磨かれていないとスムーズな回転は得られない。

同様に新幹線も精度の良いレールの上を走らないとスムーズな運行ができない。スペインで起こった高速列車の脱線転覆事故を考えれば、在来線のレールをそのまま使うことはいかがなことかと思うのである。フランスの新幹線も在来線のレールを使っているので、乗り心地は「いまひとつ」だと思う。

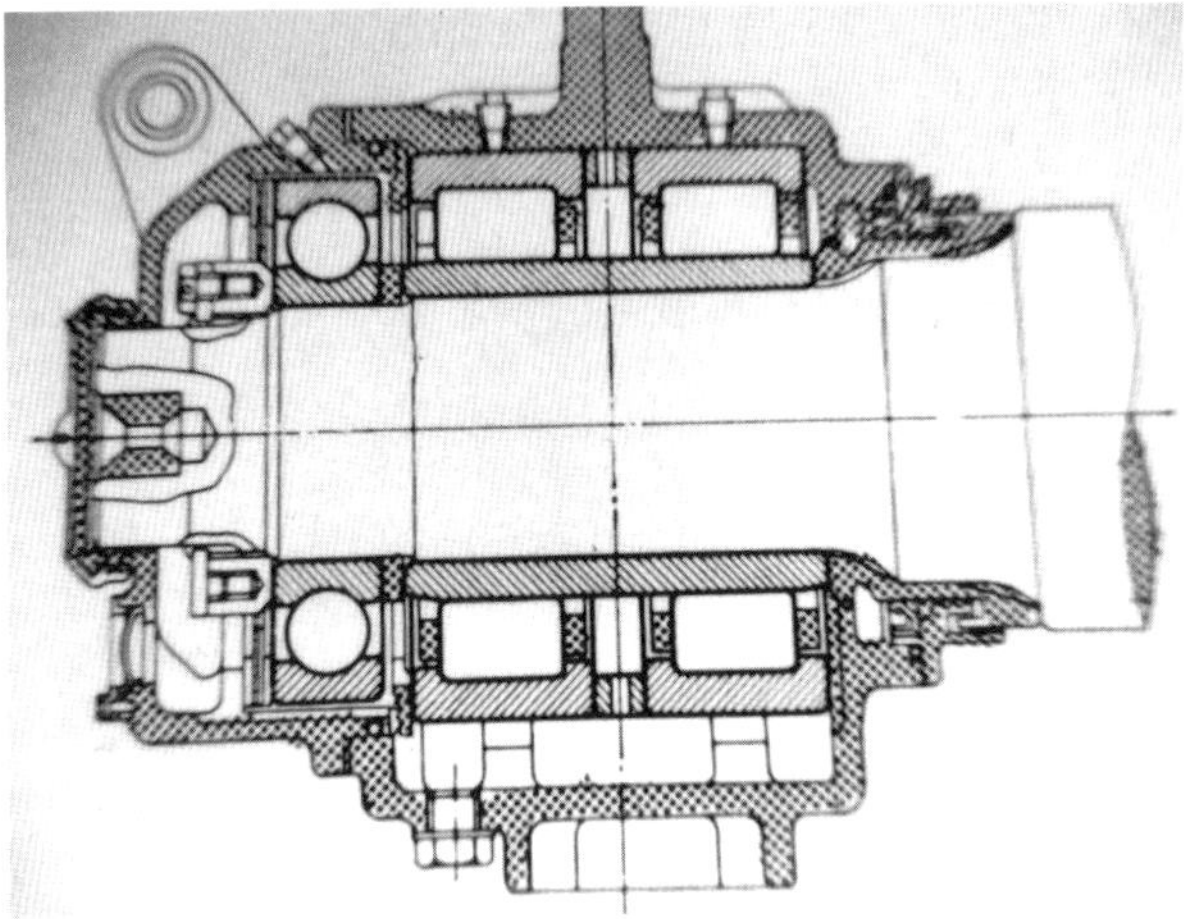

新幹線車軸用ベアリング
（ＮＳＫニュース昭和４３年２月号）

山陽新幹線が時速３００キロ以上で走れるのは、レールが新しくカーブが少ないからではないだろうか。国の整備新幹線５線の一つ長崎ルートが本格的高速鉄道として誇れるようにするためには、国家的事業として国が大鉈《なた》を振るうべきである。多少時間がかかっても地方の財政負担に左右されることなく完成させたいと思う。

ジェットエンジン　技術課題、難しさと面白さ

新幹線と並んで難しい仕事はジェットエンジンのベアリングであった。朝鮮戦争のころ米軍が使っていたジェット戦闘機はF86Fという機種で、板付の飛行場から朝鮮に向かって飛んでいた。時代と共にこれも古くなり、新たにペンシル型のF104が開発された。

わが国はこれを国産化することを決めたが、ジェット機の心臓ともいえるジェットエンジンを国産化することに、その難しさゆえに迷いがあった。しかしやがて石川島重工の田無工場で国産化することが決まった。その三つの主要なベアリングは日本精工、東洋ベアリング、光洋精工で担当することになった。

高速・高温・高荷重という過酷な条件で使用されるベアリングを作ることは、予想以上に難しい仕事だった。日本精工が担当したベアリングはエンジンの心臓とも言える中心部で使われるもので、石川島田無工場にしばしば出掛け、技術打ち合わせをした。仕様は全てアメリカの軍規格（ミル・スペック）によるものであった。

まずは材料の開発から始まった。通常のベアリング鋼ではもたず、スペックによればニッケル、クローム、モリブデン鋼を使う。その開発は「日本特殊鋼」と協力して行った。鉄は炭素を加えることによって硬くなり「鋼《はがね》」になるのだが、炭素の粒子が満遍なく平均して入るようにしなくてはならない。繰り返し試作することでスペックに合うものができるようになった。

この鋼材を使って試作品が作られたが、今度は試作品の耐久テストが待っていた。試作品を高温、高荷重、高速回転の条件のもとで壊れるまで回し続ける。5個の試作品がこの回転試験にかけられた。そのための試験装置が藤沢工場に設置されたが、うろ覚えであるが7千万円ぐらいかかったと聴いている。技術担当の重役は「この試験をやり、ベアリングを作ることは必ず技術革新につながる」と強調され、自ら推進役を務められた。

ロッキードF104を見ると「ああ、うちのベアリングが飛んでいる」と思っていた。こうした技術的課題に取り組んでみると、難しくもあったし面白くもあった。「物作りの会社に入って良かった」とつくづく思った。私の母方の祖父は宮大工の棟梁《りょう》であったが、その血が私の中に流れていると一人思うのである。

そのように営業活動を続けていたある日、「今度、貿易部に移るように」との指令が来た。

自衛隊機年鑑（イカロス出版）より

輸出業務　価格巡り税関取り調べも

明けても暮れても「営業、営業」と飛び回っていたところへ、輸出の仕事に回れとの会社の指示である。私は貿易の仕事はしたことが全くないので少し戸惑ったが、輸出の仕事はこれからも伸びると期待もした。

まずは輸出手続きを一手に行う輸出業務係長としての任務が与えられた。そしていきなり私の下に男女約20人以上の係員が付いた。そして来る日も来る日もインボイス（輸出納品書）や船積書類を見てサインをするのが仕事だった。

当時はまだ輸出が緒に就いたばかりであったが、既にブラジルやドイツへの輸出が始まっていた。特にドイツにはデュッセルドルフに日本の商社の軒先を借りて現地法人を発足させ、そこから欧州各国へベアリングを送っていた。もちろん、ボッシュなどへの直接販売も行われていたが各国の代理店への販売が多かった。

外国の需要家は「日本品は安かろう、悪かろう」という観念から抜け切れず、随分価格をたたかれた。一方、日本の業界は各社間の競争が激しく、安価輸出につながるのを抑えるため、各品番ごとに「チェックプライス」を設け安価輸出の防止を図っていた。

そのため輸出のインボイスを「ベアリング輸出協議会」に提出し価格が品番ごとに一定の価格、つまりチェックプライス以上であることの認め印をもらって税関に提出して船積をするのである。手数のかかることおびただしかった。

しかしこの価格で外国に出しても、今度は外国のユーザーは「高い」と言って買ってくれない。その問題点を克服するために、あらゆる手段を講じて輸出を続けた。

やがてそのことが税関にとがめられ、実際の取引価格より高い価格で通関申告をしていると指摘を受けた。いわゆる「高価申告」である。この調査のため輸出課長と私は横浜税関に連日出頭し取り調べを受けた。

東京港の保税上屋

私は事実関係の調査を受けながらも「わが国は現在、厳しい外貨不足に悩んでいるが、われわれは苦労を重ねながら国のために外貨を稼いでいる」などと弁明した。だが結局、会社に対して相当額の罰金が科せられた。同業他社にも同じ様な措置がなされたと聞いている。私の人生の中で税関での厳しい調べを受けたのはこの1回だった。

他にも船積み中の事故、つまり新品のベアリング40万個が「はしけ」での輸送中に海水をかぶり応急措置を取ったことがあり、海上保険会社との間にいざこざがあったことも記憶にある。

初めての外国出張　モスクワ商談は不成立

輸出業務をこなした後、各国への輸出を直接担当する仕事に変わった。つまり輸出先に対する東京本社の窓口業務である。輸出先は大別して、南北アメリカ大陸、アジア各国、そして欧州各国の3グループに分けて、それぞれの担当が仕事をする。

私は欧州グループで仕事をすることになった。欧州にはソ連、東欧各国も含まれていた。ドイツには既に日本精工の現地法人が設けられていたが、多くは国別に総代理店を作り輸出をしていた。東欧圏は日本の商社に仕事を任せていた。

当時の通信手段はまだファクスはなく、アルファベットの活字を使ったテレックスの時代だった。毎朝、長い紙に印刷された見積もり要求などが各地から入ってきた。そして夕方にはその答えを返送する。息つく暇もない毎日であった。

こうした外国との取引を行うためには、まず外国の実情を見ておく必要があるとの会社の配慮で昭和43（1968）年秋、欧州に向かって旅立った。その時は会社の指示もあり、プラント輸出の件でその担当の人々と共にまずモスクワに入った。当時は航空事情も悪く、爆撃機を改造した四発のイリューシンというプロペラ機で乗り心地は悪く、注意しないとテーブルの上の食事が振動で落ちるほどだった。

モスクワでの滞在は約2週間でキエフやレニングラードにも行った。商社の人々に随分世話になったが、結局モスクワでの商談は資料をたくさん出しただけで不成立に終わった。

後々の話になるが、日本精工がプラント輸出に成功したのはチェコ、ポーランド、ブルガリアの各国で、このうちポーランドは後に日本精工が工場ごと買収した。

モスクワでの仕事のあとプラント輸出の一行と別れ、私は単身ソ連の飛行機でパリに向かい、今は懐かしいルブルジエ空港に降り立った。パリにはまだ会社はなく、駐在員として着任したばかりの新居誠君という人に迎えに来てもらった。

パリにはACPIという総代理店があり、彼はそこに世話になっていた。パリには2日ほど滞在し、そのあとベルギー、オランダを経てドイツのデュッセルドルフに入った。

既に日本精工の現地法人が設立されていて、藤川岫二氏が現地従業員を使って仕事をしていた。彼は私が入社したばかりの時に同じ係にいた人で、彼に学ぶことは非常に多かった。技術者もいて仕事をしていたが、南部さんという工学博士から聴いた話は示唆に富んで面白い話である。今でも忘れられない。それは…。

初めての海外出張。日、ソ共同運航便（イリューシン）

ソ連という国　計画経済に疑問

工学博士である南部さんは技術者としてドイツで働いていた。初めてドイツを訪れた私との雑談の中で、彼はベアリングの寿命について話をしてくれた。

その寿命は回転速度、荷重条件、温度、また潤滑条件などを一定にして計る。一定の時間で壊れるとすれば何らかの破壊をもたらす原因があるからで、その原因を発見し取り除けば寿命は延びる。そして寿命は延びながら、寿命のばらつきは大きくなるという話であった。私は分かったようで分からず、分からないようで分かった気がする変な気持ちで話を聴いた。

その後、南部さんはドイツから帰国する予定の前日、交通事故で亡くなったという知らせが入ってきた。寿命について私に話してくれた人が間もなく亡くなり、何とも言えない不思議さを感じた。

初めての海外出張を終えて、その後はたびたび外国へ行く機会が増えた。東欧への出張も増え、ソ連、ポーランド、ルーマニア、ブルガリアなどを歴訪した。

当時、日本精工は共産圏だった国々の中でソ連でわれわれが目を付けたのは鉄道用大型ベアリングでソ連交通省の技術者とたびたび話をした。当時貨車用のベアリングを開発中でそれをソ連に提供すべく努力したが結局不成立に終わった。

ソ連の領土は限りなく広い。シベリア鉄道はとてつもなく長い路線だ。鉄道はいつどこで故障が起こるか分からない。従ってベアリングなどの部品は1種類に限定し、どこでも同じ物をストックしておいてすぐ修理ができるようにしておくのだ、との説明だった。あらためて国土の広さを感じさせられた。

ある時、ソ連のスタンコ・インポルト（機械輸入公団）から碁石より小さなボールベアリング100万個の見積もり依頼が日本精工の東京本社に来た。私は見積書を持ってモスクワを訪れ公団と協議をした。商社の助けを借りて商談に入ったが、まず偉そうな部長クラスの人が来て「われわれは社会主義経済を営んでおり計画経済を実行していて外国から物を買う必要はないのだ。だが参考のために日本に引き合いを出した」と言う。

私は「じゃあわれわれから買うつもりがないなら、私はすぐ日本へ帰ります」と言って席を立ってドアを開けた。すると部長は「まあ待ちなさい」と言って商談に入り無事注文を取ることができた。私は「計画経済なんてそんなにうまくいくものではない」と言いたかった。

モスクワの大通り

東欧各国への輸出

チェコにプラント輸出成功

日本精工の今里廣記社長は石油ビジネスにも深く関わっていて、シベリアのチュメニ油田の石油を日本に引いてくる計画に取り組まれていた。その関係でよくモスクワに出張され、私もお供をしたものである。

日本精工がプラント輸出に成功したのは、チェコ向けが初めてのケースだった。以前はチェコ・スロバキアと一つの国であったが、後にチェコとスロバキアの二つの国に分かれた。チェコは昔から精密工業国で、特に第1次世界大戦当時から機関銃の生産では有名だった。そのチェコにベアリング製造施設を輸出でき実績を残したのは大きく、次々と他の東欧各国から引き合いが寄せられた。ポーランド、ブルガリアは日本精工が受注し、ルーマニアは当時の光洋精工が取った。

東欧の国々は回ると実にいろいろと学ぶことが多い。ポーランドは北スラブ系、一方ブルガリアは南スラブ系、間に入っているルーマニアはローマの植民地でラテン系、その近くのハンガリーは東洋系で子孫のお尻にはモンゴル斑点が出る。ブルガリアは長いことトルコの圧政に苦しみ、それを解放した帝政ロシアに好意的で、帝政ロシアの将軍の銅像とレーニンの銅像が街の中心にある。ポーランドはキュリー夫人、ショパン、コペルニクスで有名である。

そのポーランドには大規模なプラント輸出に成功した。ポーランドが欧州連合に加盟した後、日本精工がスウェーデンのベアリング会社SKFとの競争の結果、工場ごと買収しポーランドNSKとして目下稼働している。当初、日本人による技術指導は英語で行っていたが、英語は日ポ双方にとって外国語であることから、いっそ工場の運営は日本語でということになった。ポーランドNSKでは日本語が公用語として使われている。

私が東欧各国に出張していたころ、それらの国々は「鉄のカーテン」の中にあり、全体として重苦しい雰囲気で何となく暗い感じであった。仕事を終え、東欧各国の中に突き出たような形になっているオーストリアのウィーンに入ると、広告の看板ありネオンサインの輝きあり、ホッとして自由圏の良さを感じた。

そうした中で西欧各国への輸出は次第に伸び、それに対応する新しい組織の検討が始められた。東京本社に席を置いて仕事をしている社員は夜遅くまで会議をし、各般の交渉、現地とのやりとりに目の回る忙しさだった。

ハンガリーのブダペストを流れるドナウ川

欧州市場3分割　フランス行きの社命

欧州の販売増に伴う新しい販売機構の基本的考え方は、東欧諸国を除く西欧各国を三つのゾーンに分けて整備しようとするものだった。すなわちドイツ以北の国々、フランス以南の国々、英国などの三つのゾーンに分け、欧州市場を3分割する構想であった。

それはほぼゲルマン系、ラテン系、アングロサクソン系の三つで、言語、文化、民族性などが異なるゾーンに分ける考え方。そのため既に作られているドイツの現地法人に加え、新たにフランス、英国に新しい現地法人を作ることになった。

当時、私は東京本社で欧州向け輸出担当窓口を務めていて、こうした構想実現に関与していた。そして昭和40年代後半にフランスに現地法人、NSK・FRANCE・SAを設立、初代社長に岩佐泰蔵氏が任命された。

フランスにはACPIという総代理店があり、全てのベアリングはこの店を通すシステムになっていた。総代理店がありながらパリに日本精工の販売会社を作ることは、いずれ整理が必要と考えられていた。また南欧諸国、スペイン、ポルトガル、ユーゴスラビア、およびギリシャはフランスの会社がカバーすることになった。イタリアは、日本のベアリングは輸入禁止の措置が取られていて近づくことはできなかった。

一方、共産圏である東欧への取引は難しく、東京から日本の商社を通じて行われていた。昭和47（1972）年には「円」が変動制に移行し、仕事のやり方が難しくなった。

当時輸出はドル建てで行われ、１ドルの輸出をすると手取りは３６０円だった。変動制では３００円になったり２６０円になったり激しく変動した。これをカバーするためにはドル建ての単価を上げざるを得ず、輸出が落ち込むのは必定であった。今日の１ドル１１０円程度のことを考えると国際経済の変動の影響の大きさを考えざるを得ない。

そうしているうちにロンドンにも日本精工の現地法人ができ、フランスで社長をしていた岩佐氏がイギリスに異動することが決まった。そして欧州担当の窓口を務めていた私がフランスに行くようにと、会社の指示が出た。

社長は私を呼び「これからは海外で勉強し世界的視野で活動することが企業人としても必要であるから、しばらくフランスへ行って見聞を広めてきたらいい」と励ましていただいた。だが、私は少々当惑した。ドイツ語は少しかじっていたがフランス語は全くなじみがなかった。

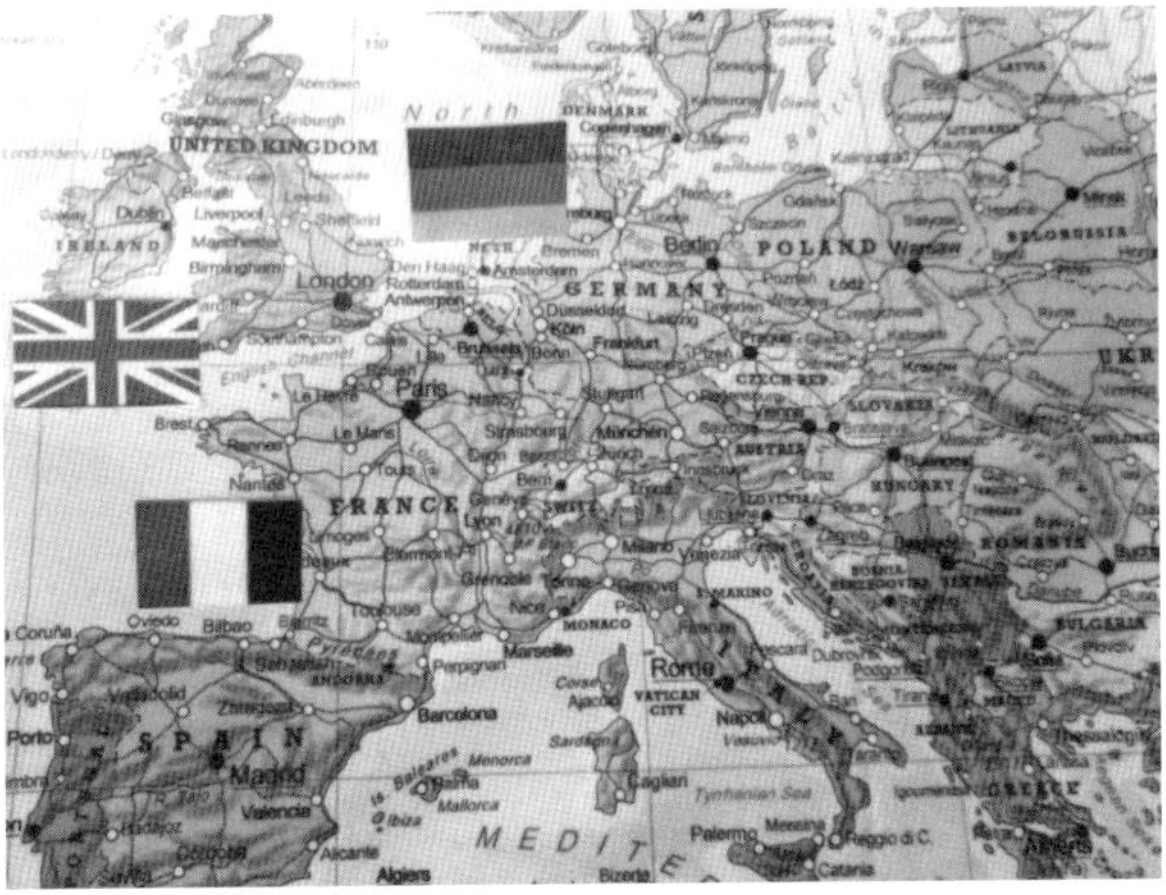

欧州を三つの地域に分けて販売網を整備

第4章
フランスにて

現地法人社長で赴任／家族がそろう／事務所移転／現地メーカーと軋轢／ダンピング課税／ジェノワ事件／ピーターリー工場／接待／父の訪仏／父との別れ

現地法人社長で赴任

1人暮らし、家族待つ日々

社命を受けてフランスに行く以上、1日でも1時間でも早く赴任するのが企業人の宿命である。ただ私は現地法人の社長として行くのであるから、それなりの手続きは必要だった。住所の変更届や、現地で人を雇って仕事をするのに伴いフランスで「商人手帳」(カルト・ド・コマルサン)を取得するために必要な日本の警察が発行する「無犯罪証明書」。もちろん長期間有効なパスポート、日本の自動車運転免許証の翻訳文など、あちこち駆け回って集め、昭和49(1974)年4月26日、身の回りのものだけを持って単身パリに向かった。

妻と娘2人は引っ越しの支度や学校の手続きなどをして、後からパリに来ることにした。その準備を妻1人でやり、随分苦労が多かったようだ。2人の娘は田園調布にある雙葉学園の中学と小学校へ通っていたが、この学校はフランスに本部があるサンモール修道会系のミッションスクールだったため、パリに着いてすぐその姉妹校に入れてもらった。

一方、私はパリに着いて20日余りホテル暮らしをし、しばらく社長の仕事の引き継ぎやあいさつ回り、また従業員との懇親会などをしていた。岩佐泰蔵社長のご夫人にも随分お世話になった。岩佐社長のアパートをそのまま譲り受け入居したが、管理人のおばさんに何を聴かれても分からず、ただニコニコしているばかりであった。

会社は凱旋門のすぐ近くにあった。そこから西に歩いて30分ほどのヌイイにアパートがあり、そこで5年間を過ごすことになった。パリの西部は高級住宅街で私のアパートのあるヌイイのビクトル・ユーゴー通りは広い歩道に片側2列、両側で4列の太いマロニエの木が茂っていて、春過ぎには赤、白の花が美しかった。

会社へは歩いて通うことが多かったが、地下鉄も利用できた。会社のスタッフは総勢で20人弱で、日本からの出向者は当初私を含めて3人だったと記憶する。別に現地採用の平川美穂子さんという女性がいて、よく私の面倒を見てくれた。

彼女の父親はフランス滞在が長くパリでは名の通った画家だった。彼女は今もパリに住んでいて、画家として活動している。こうして少しずつ仕事をし、生活にも次第に慣れ、1人で買い物も食事もできるようになったが、欲しいのは車だった。皆に助けられてやっとフィアットというイタリア製の車を買った。しかし、しょせんは1人暮らしで自炊もしたが家族の到着が待たれる毎日であった。

アパートがあったビクトル・ユーゴー通り

家族がそろう　妻子と再会、目頭熱く

昭和49（1974）年7月末、妻美蒴と2人の娘がパリに来ることになった。私は買ったばかりのフィアットを運転してシャルル・ドゴール空港に迎えに行った。

空港ビルの屋上で待っていると、日航機が着陸しビルに近づいてきた。操縦席のところに日の丸の旗が立っていた。私は思わず「娘たちが来る」とつぶやいた。目頭が熱くなるのを禁じ得なかった。税関を出たところで待っていると、次女祐子が飛び出してきて「パパ」と言って私に飛びついてきた時は、本当にうれしかった。

その時は私の母親も一緒にやってきて、父から私宛ての封書を渡してくれた。「いよいよ明日は孫娘たちともしばしの別れになる寂寥《せきりょう》の感無きを得ない。お母さんにも永い苦労をかけて来た。丁度良い機会なので君にはかえって荷厄介かなとも思はないではなかったが順子や祐子がパリの空気に馴染むまで行ってやらんかと勧めた訳です」と記され、若干の政治問題にも触れられていた。

そして「ケチケチせんでやりなさい。ゴルフに限らず、運動はやってくれよ。君が帰国する時はせめてついて廻る位いの足を蓄えて置く心掛けです」と書いてあった。

便せん3枚に殴り書きで書かれたものだが、私の生涯でたった1回だけ「耕輔殿」と記されて父からもらった貴重な手紙である。今から40年以上前の手紙だが、時折読んでみると、人間としての父と対話しているような錯覚を持つのである。

母は孫たちとゆっくりし、私が案内して郊外をドライブして20日余りの滞在で東京に帰った。一方娘たちは転校手続きを終え、8月中は夏休みなので家庭教師に来てもらい、フランス語の特訓をして夏を過ごした。妻は買い物にも慣れ毎日いろいろと料理を作ってくれた。米は近くに大丸の出店があり、カリフォルニア米を買っていたし、野菜、肉、魚は極めて豊富で、マルシェ（市場）で買い物をするのが楽しみでもあったようだった。

学校が始まると娘たちはバスや電車で通っていた。時には私がブローニュの森の中を北から南へ抜けて学校へ送ることもあった。長女の順子は中学2年に入り、教科書も分厚く家に戻ってからも辞書を引いて夜中まで読んでいた。下の祐子は、ただ教室で座っているだけのようだったが、遊びの時間はフランスの子どもたちとドッジボールなどで遊び、その中から言葉を覚えたようである。

パリで家族がそろう

事務所移転　明るい部屋を選択

私がフランスで仕事を始めた時の事務所は凱旋門のすぐ近くの「リユー・デザカシア」、つまりアカシア通りにあり半分地下のような窓のない事務所だった。従業員はほとんど女性で、彼女たちは非常にまじめな人々で英語で仕事をしていた。

各地にある代理店や東京本社との交信はほとんどテレックスによるものが多く、長い用紙の通信文を読み解きながら仕事をしていた。英文、しかも略号を多く使うので解読が難しいこともあった。後にファクスが導入されたが、現地の従業員は反対した。その理由はファクスだと日本語の書類が東京からそのまま送られてくる可能性があり、フランス人はそれが読めないからと言うのであった。

仕事の展開とともに人も増やす必要があり、スペースも足らなくなってきたので新しい事務所を探すことになった。それに従業員からは窓がない事務所は嫌だと言う声も上がってきた。

事務所探しを始め、いくつかの候補が見つかり、最終的に二つに絞られた。一つはパリの東部、もう一つはパリの西北部にあった。東部の方は東京と似た、いわゆる下町的雰囲気があり価格は安い。一方、西の方は山の手的であるが少し値が張る。どちらにするか最後は社長である私が判断して決めることになった。私は次女を連れて二つの候補を見て歩いた。

最終的な私の判断はパリの西北部、パリからほんの少し出たクリシイの事務所で新しくできた大きなビルの2階だった。その理由は多くのフランス人従業員がそちらを望んだこと。地下鉄からさほど遠くなく駅から歩いて事務所に入れること。窓が大きく部屋が明るいこと。近くにソニーなど日本の会社があることなどだった。

もちろん、東の方を主張する者もあったが、少数だと判断した。この事務所には当時、衆議院議長だった私の父も来てくれて、私の社長室の椅子に腰掛けてしばらく話をしたことがあった。フランスの従業員にも会い、「耕輔、お前もよくやってるじゃないか」と満足げに話していた。

窓の大きいクリシー事務所へ移転

こうした成果は副社長格の新居誠君によるところが大きい。彼はかつてオリベッティにいた人で、その後日本精工に入社し、単身フランスに渡って会社の設立に尽力した。

こうして会社の体裁は整ってきたが、やがて大きな問題に直面する。これを切り抜けるために調査し、折衝し、会議をもち、日本の同業他社とも協力していかなければならなかった。

現地メーカーと軋轢　安値輸出巡り攻防

欧州のベアリング製造の歴史は古い。スウェーデンに本社を持つSKFが欧州各国に拠点を設け、手広く事業を展開する世界最大のベアリング会社であった。日本にも古くから会社を持っていて、父も学生時代からSKFの名称を知っていたという。

ドイツにも戦前からFAGという会社があった。シュットガルトの近くに工場があり、SKFも同じ所に工場を持っていた。第2次世界大戦の時に連合軍がこの地帯に目標を定めて激しい爆撃を加えた。それはあらゆる機械や兵器などの重要部品であるベアリング工業を壊滅させるためだった。

戦後になっていち早く復旧し順調に生産を回復させ、経済再建の大きな役割を果たしてきたが、その後日本のベアリングが徐々に進出し始めたため、現地メーカーは脅威を感じ始めた。

特に日本製の小型のボールベアリングは品質にばらつきがなく得意先にも好評で、作動時の音も極めて低く、次第に販売を伸ばしていった。そして現地メーカーの懸念は、日本のメーカーは「ある品種、あるサイズ」の物に絞って輸出する「集中豪雨型輸出」であり、加えて安値であるということだった。

そこで現地のメーカーは当時のEC政府に対し、日本メーカーの安値輸出をやめさせるよう働き掛けた。このことを知った日本の各社の本社は相談の上、今後、安値輸出はしないこと、オーダリー・マーケティング（秩序ある販売）に努める旨を申し合わせ、それを文書化することにした。

　ところがそれが欧州側に伝わると、各社談合して価格を上げるのは「カルテル行為」であるとして注意を受けることになった。日本側としてはいわば進退窮まった状況になった。

　それでも実際の取引は従来通り行われ、通関も行われていた。そこで欧州メーカー側はEC政府に対し、正式に「日本のメーカーは安売りをして欧州側に損害を与えているのでしかるべき行政処分を要求する」として、日本のベアリング4社の現地法人を対象にEC委員会に提訴した。そして日本精工はドイツ法人、フランス法人、英国法人の3法人が徹底的に調査を受けることになった。

　調査は輸入と販売のインボイスを調べることから始められ、番号順に全てのインボイスを検査した。特にドイツは厳しく調べられた。その間落ち着いて仕事ができず、随分当惑した。調査結果の結論は次のようなものであった。

ドイツのボッシュは良い顧客だった

ダンピング課税

ＥＣ委員会を訴え勝訴

ＥＣ委員会が出した結論は、日本のメーカー４社は日本市場での価格に対し不当に安い価格で輸出しておりダンピングと認定する、だった。従ってＥＣ加盟各国は、日本製ベアリングの通関の際は通常課税とは別に17％のダンピング課税を徴収すべしとの通達が各国当局に発せられた。

さあ、どうするか。日本側４社の現地責任者が集まり協議した。その結果、ダンピング課税の17％はどのような根拠で決められたのか、日本の国内市場価格はいかなる価格を取ったのかなど不明な点があるまま了承するわけにはいかない、というのがほとんど全員の意見だった。

４社で行政訴訟を起こそうではないか、という考え方でまとまった。つまり４社の現地法人各社がそれぞれ原告となり、ＥＣ委員会を被告としてルクセンブルクにある欧州裁判所に対して行政訴訟を起こそうというのである。

この現地側の考え方に対して日本の本社側の考え方は「そこまでやらなくてもよい。おとなしくしていた方がよい」という考え方が大勢であった。しかし在欧各社は「根拠の分からない決め方をされて黙っているのはおかしい」ということで本社側を説得、了解を得て訴訟を起こした。

実際の裁判はルクセンブルクの法廷で行われた。日本精工の現地法人３社は英国にある

「カワード・チャンス」(現クリフォード・チャンス) の弁護士事務所に依頼して論陣を張ってもらった。

やがて弁護士が確か3人だったと思うが、私の事務所に来て濃密な打ち合わせに時間を掛けた。弁護士といえども不慣れなベアリングについて論争するのであるから、生半可な知識では勝負にならない。徹底的にわれわれわれから聴き取りをして勉強してくれた。

ＥＣ委員会には足しげく通った。ブリュッセルのＥＣ本部

この弁護士事務所は英国とアメリカに大きな事務所を持ち、国際貿易についての経験と知識を持っていて頼りになる弁護士たちであった。日本もこれから先のことを考えると、こうした国際弁護士を育てていくことが大切であると今にして思う。英国は大英帝国の時代から世界各国と取引をし、紛争を処理してきた歴史と経験があり、英国から学ぶことは多い。

長い日数をかけたこの裁判は、私の帰国直前に判決が出た。ＥＣ委員会のダンピング裁定は証拠不十分であるとして取り消され、事実上勝訴した。相手方の論証の中の「グエス」(推定) という言葉をつかまえたのが勝因の一つだった。

ジェノワ事件　豪工場製品、輸入できず

安値販売をやめようと申し合わせれば「カルテル行為」として叱られ、それをやめれば安値販売とのそしりを受ける。安値というが好んでしているわけではなく、エンドユーザーとの交渉で決めた価格である。やりがたいことおびただしかった。

こんなこともあった。イタリアは日本製ベアリングの輸入を認めず禁止していた。しかしベアリングの需要は多く、イタリアの客からの問い合わせもあっていた。そこでわれわれが考えた一つの手法は当時、既に生産を開始していたオーストラリアからのイタリア向け輸出である。NSKブランドではあるが明らかにメイド・イン・オーストラリアであり、通関できると考えた。

イタリアの客とも相談し、数十万個のベアリングをオーストラリアからイタリアのジェノワ港向けに船積みした。船がイタリアに着き、陸揚げされて通関手続きに入ったところで、税関からストップがかかった。税関の言い分は「このベアリングは日本から部品をオーストラリアに持ち込んで現地で単に組み立てたものにすぎない。オーストラリア製とは認められないから税関を通すわけにはいかない」ということだった。

私はパリで親しくしているフィリップスというアメリカ人弁護士と相談し、ジェノワの港に近いミラノでもう1人のアメリカ人弁護士とイタリア人弁護士、それに私も加わって4人で対策を協議した。

たまたま4人は私と同じ昭和9(1934)年生まれで話はしやすかった。「確かにベアリングの中に入っているスチールボールは日本製であるが、その他の部品はオーストラリアで作られたもので全体としてはオーストラリア産である」として弁護士たちに税関への説明をしてもらった。

このことは在伊オーストラリア大使館も応援してくれた。しかし原産地比率のことは税関とは話が付かず、ジェノワ港の保税倉庫に積み上げられた数十万個のベアリングは倉庫から一歩も出ることはなかった。

そこへ税関から「当該ベアリングの箱を試験的に開けたところ、箱の中から日本語の新聞紙が出てきたのでこれは日本産と認めざるを得ない」という連絡があった。絶対に通関させないとのことで「もしこれ以上の交渉をするのならフィアットと話を付けてくれ」と言われ、やむなくオーストラリアにシップバックせざるを得なかった。何か大きな圧力がかかっていることを思わせた。それほど日本品は伊産業界にとって脅威だったのだろう。

ベアリングの出荷状況

ピーターリー工場　進出1号、最新機器導入

フランス在任中、ヨーロッパで手広く販売を伸ばすためには、やはり現地生産を開始しメイド・イン・ヨーロッパのベアリングを作る必要に迫られ、工場設立を模索した。その適地としてドイツ、フランス、英国、オランダなどが候補に挙がり、調査が始まった。ドイツは精密機械工業国なのでやはりメイド・イン・ジャーマニーだと売りやすいと有力候補だったが、設立コスト面で問題があった。フランスは政府機関が南部に企業誘致を進めていて魅力はあったが、工場運営上、言語問題が障害になりそうだった。

英国はイングランド北部の旧産炭地に企業誘致を進めていて、政府もばく大な補助金を拠出してくれることもあり、また言語の問題でも英語ならやりやすいだろうということで、最終的にはイギリスに工場を設置することに決まった。

場所はイングランド最北部の都市ニューキャッスルの近くの旧産炭地ピーターリーで、英国政府が熱心な企業誘致を展開していて、日本精工が進出企業第1号だった。日本からは自動化された新鋭の機械を持ち込んで操業を開始した。落成式にはチャールズ皇太子も出席され、この地域振興にかける英国の力の入れようを物語っていた。

当初従業員150人ほどで操業を始めた。工場の入り口に英国と日本の国旗と日本精工の旗を掲げたが全く問題にならなかった。工員たちに配られた作業衣は好んで着用され、むしろ街中を作業衣で歩くことが一種のファッションのようになっていた。

ただ、大きな問題が一つあり、英国の企業横断的労働組合の規約では1人の労働者が担当する機械は3台までとされていた。しかし日本では自動化された機械は工員1人で10台は持つことになっていた。英国労働組合流では何のための自動化ラインなのか分からず、コスト面からいってとても割の合わない話である。

そこで一計を案じ、職長クラスの工員数人を日本に招き、当時最新鋭の大津工場で研修させた。日本の自動機械の扱い方を勉強してもらい、1人で10台の機械を担当することが無理ではないことを学ばせた。

北イングランドのNSKピーターリー工場

工場は順調に動き始め、メイド・イン・UKの製品としてわれわれの販売ルートに乗って売れ始めた。懸案だったイタリアにもUK製品として売ることができるようになったが、大口の注文品がミラノで通関中にトラックごと盗まれるという事件も発生し、盗難保険でカバーするほかなかった。

接待　食べ歩きで知る料理店

ヨーロッパで仕事をする場合、付加価値税の知識を持つことが必要であった。当時、日本にはまだ消費税が導入されておらず、付加価値税は日本人には一部を除いてなじみのない税制だった。流通段階での付加価値にかかる税金であるから、簡単に言えば売りと買いの差にかかる税で、売りと買いのインボイス（納品書）を厳密にそろえておく必要があった。

当時フランスの付加価値税（TVA）の税率は17％であり、自動車は奢侈《しゃし》品とされ35％だった。そして税務署への届け出は月に1回なので、経理担当は忙しかった。軽減税率もあり、食料品などは内税で処理されていたと記憶している。

日本からのお客さまも多かった。会社関係でも「平日はドイツやイギリスで仕事をし、週末はパリで休息」という人たちの面倒を見ることもしばしばだった。その接待の仕方が難しく、「もう横めし（洋食）は飽き飽きした。日本食にしてほしい」という人もあれば、「せっかくパリに来たんだからうまいフランス料理を食べなくちゃ」という人もあり、それを見分けるのは難しかった。

フランス料理の場合はワインがつきもので、日本から来た客は「せっかくパリに来たのだから」と言ってワインリストを見て高そうなものを注文したがる。われわれに任された時は必ずソムリエを呼んで選んでもらう。ソムリエはまず客が注文した料理を聞き、それに合ったワインを薦めてくれる。それは決して高いものでなく、中級品と言ってもいいものを薦める。

フランス料理はワインと一体になって初めて完成された料理になる。料理がワインに勝ってもいけないし、ワインが料理に勝ってもいけないのだと、だんだんと分かってきた。そんなことも経験から得た私の勝手な考えである。

接待をうまく行うためには日本食や中華料理なら難しくないが、フランス料理となると相応な料理店を知っておく必要がある。私は初期の頃、妻と食べ歩きをして経験を積んだ。これも現地で仕事をしている者の務めである。

現地の日本人社会との付き合いも大事な仕事だった。大使館、銀行、商社、他の日本の会社との交際や会合への顔出しも随分やった。旅行の途中でパスポートをなくした人の手助けもした。しかし忘れてならないのは現地で雇用したフランスの人々との意思の疎通で、時々パーティーをしたり、本社から来た幹部とのミーティングをしたりすることも重要だった。

料理とワインはつきもの。右ボルドー、左ブルゴーニュ

父の訪仏　親子孫三代水入らず

父は私の滞仏中2回パリに来てくれた。2回とも衆議院議長として各党国会対策委員長を引き連れて各国を訪問の途次、パリに立ち寄ってくれた。

昭和52（1977）年の時は自民党の安倍晋太郎氏、社会党の平林剛氏、民社党の玉置一徳氏、共産党の松本善明氏、新自由クラブの山口敏夫氏の面々で、ロンドン、西ベルリン、ボン、フランクフルトを経てパリに入ったが、パリでは公式日程はなく、私は父に頼んで3泊してもらった。

この時は母も一緒に来てくれた。そしてコンコルド広場に面したホテル・クリオンに泊まり、のんびりとつかの間の休日を楽しんでいた。ホテルでは日本の衆議院議長が来ているということで、一番高い所に日の丸を立ててくれた。

大使館にお願いして3日間、私が父母のアテンドをすることで許しを得て、私の車で娘2人と共に郊外を案内した。シャルトルの大聖堂も案内したが喜んでくれたと思う。

また私がよくプレーをしたゴルフ場にも案内した。大きな池のそばにシートを敷き、家内が用意して持たせてくれた海苔《のり》の付いたおにぎりを孫娘2人と一緒ににこにこして食べ、田舎のじいさまぶりを見せていた。今でも懐かしく思い出す光景である。

母も一緒にブローニュの森の大きな池の中の島にある小さなレストランに案内した。ちょうど日本の遊園地の中の食堂のようなところで、大使館から連絡がいっていたのだろう、店の主人がコチコチになって対応してくれたのがほほ笑ましくもあり、滑稽でもあった。母は島の中を歩き大小たくさんの水鳥に餌をやってうれしそうだった。親子孫三代、水入らずの楽しい時であった。

父はクリシイにある新しい事務所にも来てくれた。その時は大使館差し回しの大きな黒い車に日の丸を着けてやって来たので、近くのフランスの人たちはいったい誰が来たのかとびっくりしていたらしい。

父は私の社長室に来て仕事の内容を少し聴き、「耕輔、お前もフランスで仕事をさせてもらって3年になるが、どんな感想を持っているかい?」と尋ねた。私は「率直に言って欧州と日本の結び付きは経済面では日本精工も英国に工場進出したりしてどんどん強まってきていますが、政治面ではアメリカの影響が強く、日欧関係は少し弱いように思います」と答えた。父は「そやんかのう」と言ったが、その後、日本で議長発議のもと日欧の議会間交流が始まることになった。

父とは母はホテル・クリオンに泊まった。日章旗が揚がっている

父との別れ

リオで最後のゴルフ

日欧関係について父と私の会話の中から、欧州議会と日本の国会との交流が始まった。父の没後、私の代になってこの交流は盛んになり、その予算も国会経費として毎年計上されることになった。そしてつい最近まで私が日欧友好議員連盟の会長を務めていたのは自然の流れだった。

パリ滞在中、父は日本精工の今里廣記社長の薦めでパリ滞在の荻須高徳画伯と食事会をした。場所はノートルダム寺院を間近に見ることができるカモ料理の店で、画伯と父は旧知の仲であるかのように打ち解けて話をしていた。

その中でやや昔話になり、佐伯祐三画伯が行方不明になり、画家仲間が八方手を尽くして探し無事に連れ戻すことができた話を荻須画伯がされた。その時の仲間の一人が鈴木良三氏で、それは私の妻の父親であったと珍しい話を聴いた。荻須画伯にはその後、文化勲章が与えられる決定がなされたが、惜しいことに親授式の直前に亡くなられ勲章は夫人の手に渡された。

父はその翌年つまり昭和53（1978）年夏、各党のメンバーと共にブラジルを訪問した。私はパリからサンパウロに飛び父一行と合流した。ただし私の別の目的は、サンパウロ近郊のスザノという街にある日本精工のベアリング工場を訪問することだった。

サンパウロでの行事も終わり、一行は飛行機でリオデジャネイロに向かい長旅の疲れを癒やした。そして父は私を近くのイタンハンガというゴルフ場に連れて行ってくれた。一緒にプレーをしたが貸し靴がきつくて、父は途中ではだしになってプレーを続け18ホールを回った。これがこの世での父との最後のゴルフになった。

父は私と共にリオからコンコルドに乗ってパリに来てくれた。ただしこの時はしきりに「疲れた、疲れた」を連発し、どこにも行かず、私のアパートのソファーに横になって休んでいた。旅の疲れもあったろうし、団長としての気遣いできつかったろうと思った。

父は日本に戻り、秋には議長として中国訪問が予定されていたが、出発直前に黄疸が出て取りやめになり、母が一行と共に代理として中国へ向かった。

私はまだフランスにいたが、正月休みを利用して妻と長女を連れて日本に戻り、大みそかはベートーベンの第九を父と一緒に聴いた。父は何も言わず目を閉じて聴き入っていた。その姿が忘れられない。昭和54年1月8日、父の手帳には「耕輔パリえ」と書かれて終わっている。

2カ月後の3月4日、父は息を引き取った。

父と衆院議長公邸で

第5章
国会事始め

憲法第41条／初質問／呼子線陳情／ハプニング解散／ありがたい選挙応援／アメリカ視察／米国農民との対話／アメリカ農業の実相／リベラルに注意／鯰・石炭・大峡谷／農林族と母親孝行／議事進行係「呼び出し」／議院運営委員会理事

憲法第41条　忘れ得ぬ角栄氏の質問

当選してお世話になった主な方々にあいさつを済ませ直ちに上京し、まず金丸信先生にお目にかかった。物心共に世話になったお礼を申し上げ、今後のご指導をお願いした。するとと「代議士になって今後、君は私と一緒に行動を共にするかい」と尋ねられた。金丸先生のお力を頂いて田中派から立候補したのだから、後についていくのは当然と思っていたので先生の言葉は意外だった。

私は「新人ですから一人では何もできません。よろしくお願いします」と言うだけだった。政治は選挙とは違うんだ、何事も自分で判断しなければならないと思った。父も「選挙は支援者の皆さんが寄り合ってやってくれるが、当選したら自分の考えで一人で動かなければならない。それが代議士だ」と語っていたことを思い出した。

次に田中角栄先生にもお目にかかり、あいさつをした。先生は顔をほころばせて「おめでとう。よく頑張ったな」と言われた。続けて「君は憲法第41条を知っているかい？」と聞かれ、少し慌てた。私は「慶應の法学部で憲法の講義は受けましたがさて41条には何を書いてあるか存じません」と正直に答えた。すると先生は「後で読んでおきなさい」と言われ、後は雑談で終わった。

家に帰って六法全書を見てみると「国会は、国権の最高機関であって、国の唯一の立法機関である。」と記されていた。つまり私は代議士として国の最高機関である立法府で働くのだ、ということを教えていただいたのであり、終生忘れ得ぬ思い出になった。

　その後、当選証書を持って初登院し議員バッジを着けてもらった。国会の雰囲気は何か、ぎくしゃくしていて新人議員は戸惑った。私と共に初めて赤じゅうたんを踏んだ議員は33人で、皆同じ感想を持っただろうと思う。

金丸信先生にも応援をしていただいた

　よく分からなかったが、どうやら先の自民党総裁選挙を巡る大平派と福田派の確執が原因らしいと分かった。私が初当選した昭和54（1979）年10月7日、大平正芳首相によって行われた選挙で自民党は過半数に達せず、三木、福田、中曽根の各派から大平首相の退陣を要求して抗争が始まったのである。

　しかし曲がりなりにも国会は動いていて、所属する委員会の割り当てや党の部会などへの所属が決まった。私は迷うことなく農林水産委員会に入れていただいた。機械工業のことしか知らない私は選挙区のことを考えると、どうしても農林で勉強をしたかったのである。

初質問　花形の農林委で発言

当時、農林水産委員会は建設委員会や商工委員会と並ぶ「花形」委員会で、新人議員はなかなか入れてもらえなかった。私は幹部に頼み込んで無理に入れていただいた。

そうした事情もあり委員会のある日は一日中、席に座って主として野党の質問を聴き、大臣や官僚の答弁を聴いていた。内容はあまりよく分からなかったがとにかく座り続けた。「政治とは座り続けることか」と思ったぐらいだった。気がつくと与党議員は次第に席を立ち始め、ついには与党側は一部の理事と平委員の私一人ということもあった。

委員会の運営は理事会で決めるが、政党別に質問時間を割り振る。そして与党は審議促進のためにごくわずかな時間を取るか、全く取らないかで、従って与党議員はほとんど発言の機会がない。

最近、新聞などで議員の国会活動の成績表といったようなものが発表されるが、それは委員会などでの発言回数を取っていることが多く、与党議員の発言回数はこうした事情で少ない。その代わり党の部会では自由に、しかも活発に議論がされる。しかし国会の委員会での発言はすべて速記録に載り、官報に掲載される。党の部会での発言は記録に残らない。

そんなある日、委員会の津島雄二理事が「保利君はよく座ってくれていたからご褒美に30分間をあげるから、何でもいいから質問しなさい」と言ってくれた。私はチャンスと思い「ありがとうございます」と引き受けた。

一般質問の時間で何を言っても構わないが、相手は農林大臣である。そして2、3日後には質問に立たなければならない。しかも私は農業のことは全くの素人である。考えに考えた結果、あるテーマを決めた。それは「農業と工業の違い」だった。急いで発言メモを作り、妻に話を聴いてもらった。

委員会当日、指名を受けて質問に立った。質問というより意見開陳といった方がよい。そのあらましは次のようなものだった。

農業は植物などの成長を待つ産業である。それには太陽の光と土と水が絶対に必要だ。植物の成長は途中で止めることはできない。また成長の速度を早めることは目下はできない。農産品は長期の貯蔵に不向き、などと解説し、それに対する工業製品の特質を解説した。

30分はすぐたったが委員会終了後、内海英男委員長から「随分、勉強になったよ」とお褒めの言葉を頂いた。国会議員として初めての発言を終え、ホッとした。

1年生議員として登院し議員バッジをつけてもらう

呼子線陳情　頓挫後、道路整備で活況

新人議員といえども仕事は結構忙しい。国会がある時は朝から国会対策委員会に出席し、当日の国会の動きの説明を受け、特に予算委員会などで与党席に空席が出ないように穴埋め要員を命ぜられる。また政府提出法案や議員提出法案の説明を受ける。本会議前には代議士会があり、必ず出欠を取られる。もちろん委員会には出席しなければならない。

一方、自民党本部では朝早くから会議があり、弁当を食べながら丁々発止の議論をする。その合間に来客に会う、役所に行って陳情をする。各種団体とも会うなど超多忙なのである。

当選したばかりの当時の陳情ごとは「呼子線」の問題だった。唐津から呼子に向かって鉄道を敷く話で、父の時に路盤はあらかたできていた。あとはレールを敷いて車両を走らせるだけという状況だった。

しかし、工事を担当する鉄建公団はレールを敷いて車両を走らせても赤字路線となることは必至で、当時の国鉄の状況では開通させたくなかったのだろう。父親も生前、ローカルテレビの対談で、「どやんですかな」とにが笑いをしながらやや消極的だったように思う。それでも私はしばしば鉄建公団に足を運んで開通するよう頼んだが、結果は良い答えは出なかった。

そこで最後の手として目白の田中角栄先生のお邸に伺ってお願いをした。先生はその時は「よっしゃ」と言ってくださったが、結局あとが続かず不成功に終わった。それで呼子線の

計画は頓挫してしまった。

関連して筑肥線は合理化され、東唐津の駅は移転し、新しい鉄橋が造られ、虹の松原から和多田を経由して唐津駅に入る形になり東唐津、鏡、久里、山本の路線はなくなった。今、その付近の県道を通ると、子どもの頃に見た蒸気機関車が久里の辺りを走る光景を懐かしく思い出す。

私の記憶では、呼子線は伊万里出身の川原茂輔元衆議院議長の発想で、唐津から呼子を経て東松浦半島を一周して伊万里に到る線を想定していたと聞いたことがある。もし昔、この構想が実現していたら、この地域の経済発展に大きな変化をもたらしていただろう。

呼子線はできなかったが、今日では道路も整備され、呼子や名護屋城趾も随分行きやすくなった。特に呼子のイカは有名になり、平日でもたくさんの人でにぎわうようになった。議員生活35年の中で地域の変化を見て来たので、感慨ひとしおである。

佐賀県出身の川原茂輔元衆議院議長は東松浦半島周回鉄道を考えていた

ハプニング解散　思わぬ不信任案可決

国会の中で、あるいは党内で訳も分からず、ばたばたと動き回っていると、すぐ会期末が迫ってきた。会期末近くになると慣例であるかのごとく野党側から内閣不信任案が出てくる。自民党の中でも反主流派から大平首相に対する辞任要求がくすぶっていた。実際、社会党が不信任決議案を提出し一切の国会審議はストップした。

明日は本会議で採決という前夜、家にいると何と大平正芳首相から直接の電話。ただ一言、「保利君、君は大丈夫だろうな」。私は「何かとご心配と思います。よく分かっております。ご安心ください」と答え、「そうか、よろしく」と言われて電話は終わった。新人代議士の私にまで丁寧に電話をいただいたことに恐縮もし、感激もした。

昭和55（1980）年5月16日、日本社会党が提出した「大平内閣不信任決議案」は本会議に上程されて趣旨説明の後、各党討論に入った。このあたりから本会議場の様子がおかしくなってきた。

自民党席に座っていた議員が1人抜け2人抜け議場外に出て行く。あまり事情がよく分からない私はぼうぜんとして議場最前列の議席に座っていた。議席から見上げる首相は泰然として微動だにされなかった。

自民党席から議員が抜けていくさまを見て、提出者の社会党の幹部議員が何人か立ち上がり心配そうにうろうろし始めた。1人、2人と自民党席の方に寄って来て自民党幹部と話をしている様子が遠くの方からであるがよく見えた。その時点では私の両脇や近くにいる議員も退席していた。

やがて堂々巡りの投票が始まり、私は反対の青票を持って登壇した。結果は「不信任案可決」という思わぬ事態になった。大平首相は顔色ひとつ変えず、微動だにされず大臣席に座っておられた。

その後5月19日、首相は解散に踏み切った。世に言う「ハプニング解散」である。私にしてみれば、あれだけの支援をいただいて当選させてもらったのに、わずか7カ月余りで解散とは、もったいなくもあり、政治の厳しさをつくづく感じざるを得なかった。

私にとって2回目となる選挙は6月22日投票と決まった。私は「選挙にも2次試験があるんだ」と一人つぶやいていた。ありがたいことに昨年の選挙の熱はまださめず、支援者は皆一丸となって応援してくれた。この選挙は衆参のダブル選挙になり、主流派も反主流派も勝利を目指してスタートしたが、途中思わぬ事態が起こった。

本会議の前夜、大平首相から電話をいただいた

ありがたい選挙応援

財界人や女優も駆け付け

私にとって2回目の選挙が始まって間もない6月12日、大平正芳首相は街頭演説中に気分が悪くなり急逝された。大平首相には父の葬儀委員長をしていただいたし、1年生議員全員を官邸に招いてもらってごちそうになり写真を撮ってもらったり、内閣不信任案上程の前夜にはわざわざ直接電話をいただいたりした。短い間だったが何かと気遣ってもらっただけに、ただただ、びっくりし、また残念でもあった。

自民党は全員頑張って衆議院284議席、参議院も136議席を得て大勝した。そして大平首相亡き後、鈴木善幸氏が内閣を組織し2年4カ月ほど政権を担当して辞職した。その後、中曽根康弘、中川一郎、河本敏夫、安倍晋太郎の4氏で総裁選挙が行われた。中曽根氏が圧勝して昭和57（1982）年11月27日、第1次中曽根内閣が誕生した。私は次の選挙までの3年半、忙しく、しかし落ち着いていろいろと仕事をした。

選挙にはいろいろな側面があるが、大物政治家が応援に来ていただくのはありがたい。いつの選挙でもトップクラスの政治家に来ていただく場合、福岡から長崎へ抜けることが多く、その途中で佐賀市などへ寄ることが多い。

なかなか県の北部である唐津に来てもらうことは少なかった。その点、金丸信先生は唐津にも来ていただいた。多久や厳木などで演台の上から切々と私の支持を訴えてもらったことはありがたかったし、唐津の市内では世代交代を訴えられたことも耳に残っている。

また最初の選挙の時だったと思うが、唐津の大手口で財界の2人の巨頭がみえて宣伝カーのマイクを自ら握って演説をするという珍しいこともあった。2人とは日本精工の今里廣記氏と興銀の中山素平氏だった。2人は共に長崎県の出身で中山氏の言葉は本になった「追想保利茂」の中にその時の様子が書かれている。こんなことは日本の選挙史上でもめったに起こることではない。

浜美枝さんには婦人部大会で、街頭で、熱心に応援していただいた

また女優の浜美枝さんにも来援してもらった。彼女は農業に深い関心があり、以前から存じ上げていた。特に婦人部の大会では熱弁をふるっていただき、富士町の山中では折からの激しい雨の中、レインコートに長靴姿でマイクを握ってもらった。

私もこうした方々の応援をいただいて次第に地盤を固めていくことができ、本当にありがたく思った。浜さんには今も時々お目にかかるが、懐かしい思い出である。

アメリカ視察　横断する詳細な計画

鈴木内閣の2年4カ月余りの間にいろいろな経験をした。思い出深く、印象に残っているのが昭和56（1981）年6月から7月にかけてのアメリカ視察旅行だった。

ある日、私にアメリカ大使館から連絡があり「すぐ来てもらいたい」とのこと。行ってみると、直接マンスフィールド大使の部屋に通された。大使には父の葬儀の時わざわざ築地本願寺においでいただいたことがある。

大使は「君をアメリカに招待したい。期間は1カ月、旅費、宿泊代は米政府がもちます」と提案された。私は驚いて「なぜ私を招待されるのですか」と尋ねた。大使は「アメリカは君のような将来のある人にアメリカの全てを見せて、理解してもらいたいと考えている。そのためビジター、プログラム、サービスという制度がある。ぜひアメリカに行ってもらいたい」と語った。

「私が一人だけ選ばれたのですか」と聴くと、「そうだ、今回は君一人だ」との答え。私は国会議員が1カ月も海外旅行していいのだろうかと少し躊躇《ちゅうちょ》したが、せっかくの大使のご提案なのでお受けすることにした。それから事務的に打ち合わせをし、6月27日出発と決まった。

まずワシントンに入り国務省の係官と打ち合わせ、秋山さんという青年が通訳兼案内係として付いてくれた。私は係官からどこへ行きたいか、何を見たいか尋ねられ、「できる限り地方へ行きたい。農業の状況などを見たい」と答えた。

すると翌日、立派なスケジュールを作って渡してくれた。それによると各地にはこうした外国からの来訪者を受け入れるボランティアがいて、彼らと連絡を取ってかなり詳細な行程表が国務省によって出来上っていた。

ワシントンから最東端の漁業の街ケープコッドに行き、すぐ近くのボストンを訪れ、ニューヨークに戻ってシカゴに入る。日本精工の工場があるアナーバーを訪れた後、イリノイ州の農家に3泊してから一転、南下してメキシコ湾を臨むニューオーリンズを見て、アメリカ中央部のコロラド州デンバーに移る。ラスベガスからグランドキャニオンを訪れ、最後に西海岸のシアトルに泊って日本に帰るという遠大な計画だった。

1カ月の旅行であるから、大きなトランクをさげて歩いたが、秋山さんがうまくリードしてくれ意義ある楽しい旅であった。全てを書くと膨大なものになるので、要所要所で学んだことをかいつまんで記述しよう。

マンスフィールド大使から訪米の勧誘を受ける

米国農民との対話　つたない英語で現状知る

最初訪れた街はケープコッド。文字通り「たら岬」である。漁業の街というより海上警備の街で、大西洋の警備をする沿岸警備隊の船がたくさん見られた。次の街がボストン。有名なハーバード大学があり、私はジャパン・アズ・ナンバーワンで有名なエズラ・ボーゲル先生にお会いすることができた。自宅で会うというので行ってみると、古ぼけた安アパートの一室で先生が自らコーヒーをいれ、サービスしてくれたのには少し驚いた。その後シカゴに飛んだ。

シカゴは大都会であるが、その近くにアナーバーという小さな街があり、日本精工の工場がある。私と同時入社の関谷哲夫君が駐在していた。この辺りの宅地は家1軒に付き1エーカーの土地がないと家が建てられないという。何と生活雑排水は土にしみ込ませて処理するという。日本では考えられないことだった。

関谷君と週末を過ごし、小さな飛行機でイリノイの純農村地帯に入った。飛行機は畑の中に仮に作ったような小さな滑走路に着陸した。この滑走路は主として農薬などを散布するための小型飛行機発着用だった。時には農民たちがスカイダイビングを楽しむらしく、それらに使う小さな飛行機も見られた。

そこに迎えに来ていたのはプリッチャーさんという農家のご主人で私と同じ歳だった。大きな畑の中の一軒家に案内され3日間お世話になった。奥さんと高校生ぐらいの男の子がいた。娘さんは夏休みで旅行中とのことだったが、私に割り当てられたのは実はその娘さんの部屋とベッドだった。真夏の事で非常に暑かったが冷房はなかった。

　私はプリッチャーさんとつたない英語で話をした。まず土地の広さの話の中で彼は「エーカー」を使うが私はそれが分からない。字引をひいたり、絵を書いたりして少しずつ話をし、結局１エーカーは０・４ヘクタールだということが分かった。分かってしまえば何ということもないが、その答えを出すのに一晩かかった。

エズラ・ボーゲル先生と私

　ところで彼が持っている土地はどのくらいかと聞くと、「ワン・セクション」という。これまた勉強だ。結局それは１マイル四方という。「それは１マイル四方の正方形か」と聞くと、「そうだ、初代ルーズベルトがニューディール政策の中で１マイル四方の農地を開発したんだ」と説明する。
　１マイルは１６００メートルで、１マイル四方を計算してみると２５６ヘクタールになる。日本の農家の平均耕作面積はわずかだから、いかにアメリカの農地が広いかがわかる。「それで水はどうするの」と聞くと「それが問題だ」という。

アメリカ農業の実相　広大農地で早朝から作業

プリッチャーさんの説明はこうだ。水は雨が降るのを待つしかないが、不足する時は井戸水を使う。１６００メートル四方の農地を四つに分けると、一片８００メートルの正方形の土地ができる。その四つの正方形の中心4カ所に井戸を掘る。昔は浅い井戸でも水が出たが、今は水位が下がり１２０メートル掘らないと水が出ないという。

その井戸から長さ４００メートルのパイプをつけ、それには脚の長い車をつけてコンパスで円を描くように給水するという。水量はコンピューターで管理し、平均に水がいきわたるようにしているとのこと。確かに飛行機から見ると、地上に円型の模様のような農地が見える。

「四角い農地の中で水が行きわたらない隅の部分はどうしているのか」と聞くと、「そこは何にも使わないが、家や倉庫を建てたり、豚を飼育したりしている。自分のところでは2千頭の豚を飼っているよ」と言って、後で豚の飼育状況を見せてくれた。

「こんなに広い農地を何人で耕作しているのか」と尋ねると、「私と助手の2人だが、最近、助手が突然消えてしまいどこにるのか分らないんだ」と嘆いていた。私が「奥さんは手伝わないの」と聞くと、「妻は家事をしていて農作業は全くしない。ただ時々車で街の銀行に行ってくれるので助かるよ」と答えた。

翌朝、目を覚ますと遠くの方でかすかにエンジンの音が聞こえる。ブルドーザーの音らしい、時計は5時前だった。しばらくして私は居間に行ってみると、奥さんが朝食の用意をしていた。「おはようございます」と言うと、「今、主人を呼ぶから待っててね」。そして無線で畑にいるご主人に「あなた、ごはんよ、戻っていらっしゃい」と伝えた。

やがてプリッチャーさんが帰って来た。すると奥さんが「作業衣を脱いで着替えていらっしゃい」と促していた。親子3人に私と秋山氏が食卓につき、まずご主人が朝の祈りを捧げて食事が始まる。私はアメリカの農家もご主人が朝早くから働いて大変なんだなあと思った。

ちょうどその日、シカゴの穀物相場を見ていて「さあ売るぞ」と言って電話で「売り」の契約をし、自宅の巨大なサイロに備蓄してあったトウモロコシを出荷した。30トン積みのトラックが来て荷を積んで、ミシシッピ河の上流にある集積地まで運んだ。私はそのトラックに乗せてもらい荷下ろしの状況を見学した。荷はそこから１００トン積みのはしけに載せられ、そのはしけ20艘をつないで河口のニューオーリンズまで運ぶという。

長い長い灌水用のパイプ、４００メートルある

リベラルに注意　米高齢者には左翼の響き

プリッチャーさんの家で3泊したが部屋に冷房はなく、夜、暑かったので外へ出てみた。高さが日本のトウモロコシの倍ぐらいある林のような畑のそばに行ったが、たちまち大きな蚊にさされて家の中に逃げ込んだ。普通のかゆさではなかった。こうしていろいろ勉強させてもらったが、最後に「仕事上の悩みは何ですか」と聞くと、「それは農機具の売り込みが激しいことさ」と話していた。

私は「3日もお世話になったのでお礼の食事をしたい」と言って街の中華料理店に行き、たくさん注文した。皆、「おいしい、おいしい」と喜んでくれたが、随分残りが出た。すると奥さんがボーイに「ドッギーバックを持って来てちょうだい」と残った料理を全部折詰めに入れて持って帰った。アメリカ婦人の堅実さをつくづく感じた。

その後、街でのパーティーに招かれた。私が参加したのは老人会の集りで15人ほどの老人男女に囲まれた。皆、上機嫌で、日本から来た若くて珍しい政治家と紹介され、質問が相次いだ。

「あなたの選挙区はどこですか」。私は「日本列島の南の島、九州です」と言うと、「九州から1人だけ選ばれるのですか」と聞かれたので、選挙の状況を説明した。

今度は「あなたはコングレスマンだが政党は何党ですか」と尋ねられ、「リベラル・デモクラティック・パーティー」と答えた。すると「あなたは共産党ですか」と言われ、こちらがびっくりして「いや、全く違います。私はコンサーバティブ・パーティーです」と胸を張った。

場所はアメリカ中央部のイリノイ州で、日本に対する認識はほとんどないといってもよい老人の集りである。後で聞いてみると、アメリカでは特に老人には「リベラル」という言葉は急進的な左翼の響きがあるという。私はアメリカでは「リベラル」という言葉は注意して使わなくていけないと学んだのだった。

日本人もまた、アメリカについて多くの人はイリノイ州やネブラスカ州がどこにあるか、「パッ」と答えられないのではないか。

3日間の滞在を終えシカゴに戻り約1千《マイル》(1600《キロ》)南のニューオーリンズに出た。ここはデキシーランドといい、ジャズで有名だ。数字の10のことを「ディス」といっているところからデキシーランドという名前がついている。言わずと知れた穀物の大積出し港で、日本の全農もサイロを持っていると聞いている。

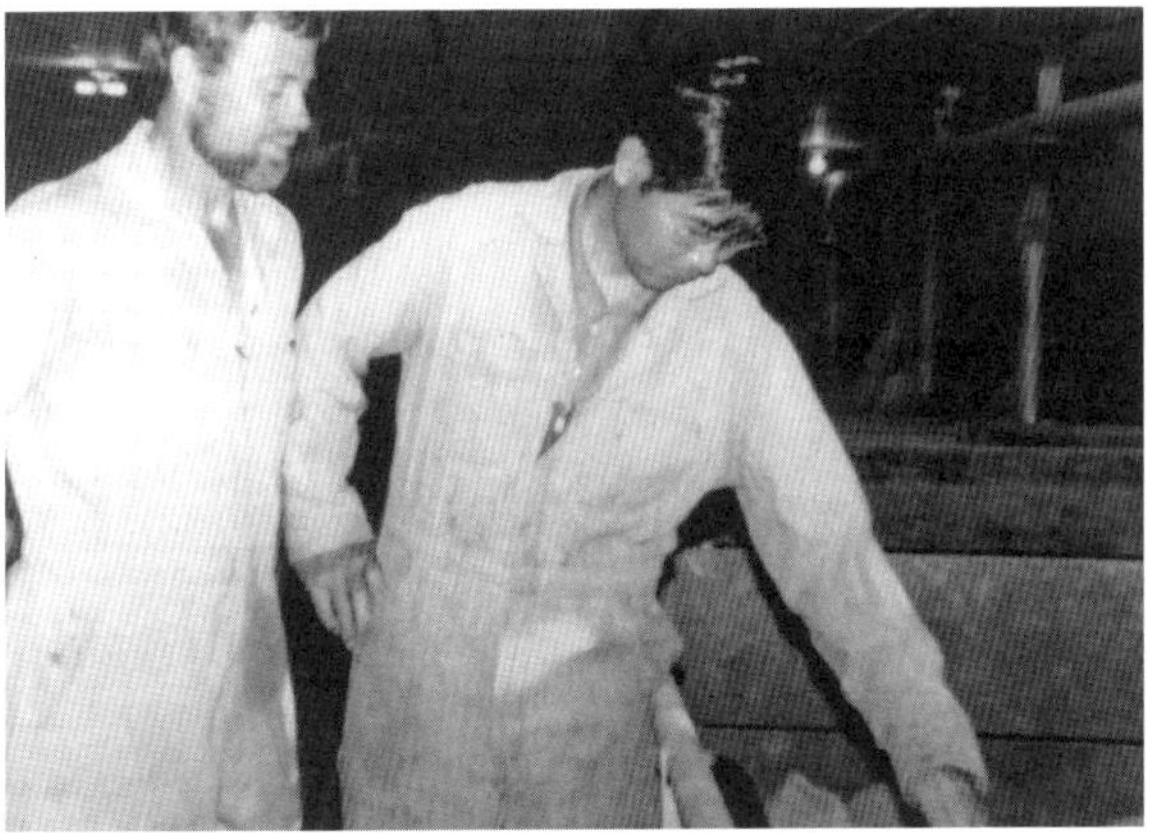

プリッチャーさんと私。豚を見る

鯰・石炭・大峡谷

充実した視察旅行

イリノイで作られたトウモロコシや大豆は直線距離で1600キロも離れたニューオーリンズに運ばれる。いったん巨大なサイロに保管され、欧州向けには10万トン、日本向けには5万トンの船に積まれて輸出される。パナマ運河を通行できる船は5万トンが限度という。

ニューオーリンズのあるルイジアナ州ではコメを作っている。刈取りの時には茎を30センチほど残して収穫する。その切り株から再び芽が出てもう一度コメがとれる。私が「二期作ですね」と聞くと、農民は「ワン、ポイント、ファイブ、クロップス」と答えた。「一・五期作」ということだ。

米作地帯を通るとやたらと看板が目につく。「キャット、フィッシュ」と大きく書かれている。つまり鯰《ナマズ》料理店の看板である。あとで何で鯰が多いのかと聞いてみると、アメリカでも水田工作のコメが余って減反をしている。その水田で鯰を飼っているらしい。つまり減反鯰だ。

ニューオーリンズを後にして西北に2千キロほど飛び、コロラド州デンバーに入った。街はマイル・ハイシティーと呼ばれ標高1600メートルの都市だ。訪問の目的は石炭の露天掘の現場視察である。

レンタカーでロッキー山脈の中に入り、スティームボートスプリングスという村で1泊した。翌日、露天掘の現場に行き、土をはいで露出させた石炭層を火薬で爆破する現場を見せてもらった。爆破の技師はなんと若い女性だった。150メートルぐらい離れたところからボタンを押して爆破させる。

「爆風が来るから車の中に入って見てくださいね」と言って彼女がボタンを押すと、一瞬にして大きな石炭層が崩れた。それを大きなパワーショベルですくって大型ダンプカーに載せていた。後でそれに乗せてもらったが、タイヤの直径が3・6メートル、ハンドルはなく操縦席には小さなボタンが二つ、これがハンドルになる。大変に勉強になった。

デンバーに戻りラスベガス経由でグランドキャニオンを訪れた。国務省が最もアメリカ的なところとして推奨してくれた場所である。谷の中を小型機で飛ぶ貴重な経験をし、雄大な景色を充分に堪能した。

最後にシアトルに出てボーイングの工場を見て帰国の途についた。ちょうど1カ月のアメリカ視察旅行で随分勉強になり、充実した旅だった。私を推薦してくれたマンスフィールド大使や国務省の皆さん、また世話をしてくれたアメリカ国民の皆さんに感謝の念を捧げたい。

ルイジアナ州の米作農家の皆さん

農林族と母親孝行　思い出の三番町に案内

昭和55（1980）年6月からの衆議院議員2期目、3年半は比較的時間が取れ、オーストラリアから招待をしていただいたり、サンフランシスコの近くの山中での「日米政財界人によるアスペンセミナー」に出席したりした。この時は愛知和男君、椎名素夫君と一緒でアメリカの上院議員らと意見を交換した。また同じ年、列国議会同盟の会議で土井たか子さんらと一緒にローマに出張した。

一方、私の本職ともいうべき農林関係の会には欠かさず出席し、自民党の農林部会の中で初めて役職をもらった。それは沖縄や鹿児島で栽培されているサトウキビの価格を決める小委員会の委員長という仕事だった。沖縄本島、石垣島、与論島などを訪れ、砂糖の製造過程などを勉強した。

島ではサトウキビ以外に作る農作物がなく、国の保護のもとに栽培していた。別に北海道では「砂糖大根」を作っていてこの方が大量生産向きである。フランスでも砂糖大根を作っていて農家を訪ねて話を聴いたことがある。

私の仕事は農林水産省と協議し、財務省と交渉して砂糖の買入れ価格を決めることであり、初めて役付きの仕事をした。農林族としての第一歩であった。それから当選3回、4回と進むにつれ農林議員としての地歩を築いていった。特に当選3回の時に農林水産政務次官に任命された。中曽根内閣の時で、初めての官職である。しかしまだまだ駆け出しの議員だった。

政務次官になってどうしてもやりたいことがあった。それは靖国神社近くの千鳥ケ淵にある農林水産省の分室に母を案内することだった。そこは当時、米価審議会などがよく行なわれた場所で、昔は農林大臣の官邸があった。父や母は農相秘書官として屋敷の中の別棟に住んでいた。私はその官舎で生まれたのである。私の戸籍抄本には「昭和九年、麹町三番町に生まる」と記載されている。

農林政務次官として母を旧農林大臣官邸に案内

母は喜んで三番町に来てくれた。さぞ懐しく思っただろうと思い「昔の面影が残っているかい」と聞くと、「場所はここで間違いないけど、建物はすっかり変ってしまっていて昔の面影はないわ」と言う。
それから庭へ出て池の方へ歩いていくと、昔の雰囲気を感じたらしい。特に山県有朋の碑を懐しそうに見ていた。私は母を案内してささやかな孝行ができたと思う。ちなみに私の「耕輔」という名前は大川市出身の、山崎達之輔農相につけていただいたものである。

議事進行係「呼び出し」　大声張り上げ、役得も

2期目の最後に国会の議院運営委員会の議事進行係の仕事が入ってきた。俗称「呼び出し」である。本会議場で大声で「議長ォォッ」と叫ぶ係で本会議場の後の方にそこだけマイクのついた進行係の席がある。周りは先輩議員ばかりで急に偉くなったような気になる。呼び出しの前任者から指導と厳しい訓練を受けた。

新人議員にとってはありがたい役で、私が「議長ォォォ」と叫ぶと、議長から「保利耕輔君」と指名を受けるから、一般の議員は与党野党を問わず「あれが保利か」と名前と顔を覚えてもらえる。議場の外の廊下でも「今日はよく声が出たね」と話し掛けられる。まさに役得である。

それにありったけの大声を張り上げるから大きな声を出すのが癖になるが、これは議員にとって利点になる。政治家は会議でも、あいさつでも、大きな声を出すことが必要だし、呼出しをやっていると人前で大きな声を出すことが怖くなくなるのである。これは選挙運動の時など有利になる。過去に山中貞則先生、竹下登先生、海部俊樹先生なども呼出しを経験されている。

普通の動議の場合は、原稿に基づいて間違いないように発言すればよいのだが、長い動議の場合は大声を続けるのに苦労する。私が叫んだ動議で一番長かったのは「労働関係調整法に基づき国会の承認を求めるの件」で4分半かかった。それも2度出した。政治家の修業で

ある。
　変わったところでは、野党が提出した「中曽根内閣不信任決議案」で同じ内容のものを別々の日に2度私が読み上げた。1度目は与党があっさり否決した。そのあと中曽根康弘首相から「君は大きな声が出るね」と褒められた。私は「先生の不信任案を読み上げ申し訳けありません」と言った。

　2度目は私が叫んだ「不信任動議」に基づき衆議院は解散され、昭和58（1983）年12月18日の総選挙につながった。私の3度目の選挙である。

　議事進行係は議院運営委員会の理事会がある時は必ず出席することになっており、理事会の状況を知ることができる。理事ではないので発言権はないが、いわば理事見習といってよい立場である。

　事実、私にとっての3回目の選挙が終わった後、私は正式に理事に就任した。当時委員長は小沢一郎先生で同じ田中派だった関係から委員長の補佐役のような形になり、だんだんと議員らしい仕事をするようになった。

議事進行係として「議長オオオォ」と大声で叫ぶ

議院運営委員会理事　他党の本音探る努力

議院運営委員会の理事をしていると、夏休みの間に各国の議会制度や政治経済事情調査のため海外視察の仕事が入る。昭和59（1984）年には西ドイツ、オーストリア、ポルトガルなどを訪問した。また翌年にはスペイン、モロッコ、エジプト、ギリシャなどを歴訪し、見聞を広めた。

いずれも小沢一郎委員長を団長とし、各党理事がそろって参加した。もちろん、各国の政治経済状勢について勉強するのが主目的であるが各党理事と一緒に旅行し、互いに意見を交換して親しみを増す効果もある。

モロッコでは大きなテントの中に入り「ハッカ茶」が出たがその甘いこと。大の甘党の私も完全に降参するほど甘かった。モロッコの首都カサブランカは「白い家」という意味で、文字通り白い壁の家が強い日差しに照らされ、青い大西洋の海に対比して美しかった。

一転して砂漠の中をバスに乗ってフェズという街に入った。途中で冷房が故障し、暑くてたまらず窓を開けたら運転手に「窓は開けないでください。外の空気が入るともっと暑くなりますよ」と言われ、我慢する他なかった。

フェズの街は上にも下にも迷路を積み重ねたような街で、いったん迷いこむとそこから出られないという蟻《あり》か蜂の巣のようで、皆迷子にならないようにつながって歩いた。ホテルでは大きな盆に羊の丸焼きが出て、一緒に行ったご婦人方はテーブルから逃げだしてしまった。

そんな経験をしながらも各党理事とは臨時国会での法案の処理や他の懸案事項について本音を聞かせてもらうよう努めていた。私は法案担当の理事で、各省庁から提出予定法案の説明を受けていたのである。

法案や予算の説明は国会対策委員会や党の部会でも聞くことができるが、議院運営委員会法案担当理事として一人で話を聴き質問することができるのは非常に勉強になった。言ってみれば、中学生が丁寧な家庭教師から教えてもらっているのと同じである。

議院運営委員会理事会。中央は小沢一郎委員長。右端が保利氏

また大切なことは、議院運営委員会はあくまで手続きを議論して議事進行について結論を出す場で、内容については各委員会で行うのである。ある時私が野党の人に実質的な中身の議論をしそうになった事があるが、その時、野党のベテラン理事から「議論をやるかァ、やるなら徹底的にやるぞ」とたしなめられた。

議連を経験したことは、のちのち国会対策委員長や大臣になってから国会審議のあり方を考える上で大いに参考になった。

第6章
農 林 族

ボンサミット／英国視察と農業／国営総合農地防災事業／川上頭首工裏話／保利書簡／農林部会長就任／米価、乳価の決定／政治手法と人脈

ボンサミット　首相に随行、姿勢に感銘

昭和60（1985）年5月、中曽根内閣の時、ドイツのボンでサミットがあり、私は随行を命ぜられた。この時、後の竹下派の前身になる創政会を立ち上げたばかりの竹下登大蔵大臣も同行された。随行者はサミットの会議を見守っていたが、パーティーや夕食会にはお招きいただいた。

パーティーなどでは常に中曽根康弘首相のところにテレビのライトが当たっていた。あとで首相に伺うと「自分は努めてライトのあるところに行くようにした」と言っておられた。世界に向かって日本を顕示していくためには、こうしたパフォーマンスも必要なのだと改めて認識した。

随行者にも気を使っていただいた。特にイギリスのサッチャー首相にお目にかかる機会を設けて記念写真も撮っていただいた。またボンからヘリコプターでライン河の少し上流にあるビンゲンという街へ飛び、そこからライン河くだりの船に乗った。その船にはドイツのコール首相も一緒に乗っていただき、あいさつの機会を得た。

サミットでは共同宣言が採択され、日本市場の開放も求められ、終了後の記者会見には私も立ち会った。翌日ボンを離れ西ベルリンに入ったが、当時は東ドイツの中でそこだけが西側だった。西ベルリン市長主催の昼食会に出席し、その日のうちにデュッセルドルフに入り帰国の途についた。

サミットでは中曽根首相が「一国の総理」として胸を張って行動しておられる姿に感銘を覚えた。コール首相に対してはサミットの礼を述べつつ、日独が互いに励まし合って頑張ろうと述べられたのが印象に残っている。恐らく同じ敗戦国同士、共通する思いがあったのではないかと勝手に想像していた。

ボンサミットで英首相のサッチャーさんと握手。中央は中曽根康弘首相

サミット期間中、当然のことだが竹下蔵相もボンに来て蔵相会議などに出られたが、心なしか浮かぬ顔をしておられた。竹下氏はそのころ田中派の中に新しいグループを作る工作をしておられた。

いつ頃だったか正確には覚えていないが、私にもひそかに声がかかり、夜、築地の料亭に呼ばれた。行ってみると20人ぐらいの代議士が集っていて、梶山静六氏が切り回し役だった。そこには金丸信先生もおられ、新しいグループをつくる相談だった。私はそのオリジナルメンバーに指名されたのである。金丸先生が以前唐津で世代交代を叫んでおられたことを思い出した。あとで田中先生はこの動きを心よく思っておられないと知った。

英国視察と農業　農協青年部と課題論議

昭和60（1985）年1月、築地の料亭での会合は田中派の若手議員の集りで金丸信先生や竹下登先生も来ておられ、事実上の竹下グループ、後の創政会の結成準備だった。私はまだまだ未熟者で金丸先生について行ったという思いだった。

この動きは田中派内の一種のクーデターといってよく、田中角栄先生は不愉快だったと思われる。そしてその年の2月末に脳梗塞で入院された。私は「大変だなあ、大変だなあ」と思うばかりで竹下、金丸グループについていくほかなかった。

9月にはイギリス政府から招待されてイギリスの地方を巡り、主として農業や畜産の視察をした。イギリスの田園風景は美しく、アメリカとは異なる風景を楽しんだ。特にドーバーの白い崖は素晴らしく、100メートル以上ある高く白い壁が続いている。崖の上には防護柵は全くなく、自然のままの景色を堪能することができた。日本では危険だとして必ず柵をつけさせるだろう。

スコットランドにも行ったが有名なセント・アンドリュースのゴルフ場は海のそばで、一般の客はコースの中を横切って海に出るのだが、球が飛んで来るコースの中を歩く。そこには小さな看板が立っていて「イッツ、ユア、オウン、リスク」と書いてあるだけだった。ドーバーの壁といい、ゴルフコースといい、危険管理は自分でせよというイギリス風の考え方がよく分かった。

またスコットランドのウイスキー工場を見学した。ウイスキーを樽に入れて寝かせておき、長い間にアルコール分が少し抜けるのだが、抜けた分は「エンジェルズ・シェアー」、つまり「天使の分け前」という言葉を使っているのが面白かった。そしてスコットランドの水のきれいなことにはほとほと感心した。

このように各国を視察しながらも議院運営委員会の理事をしたり、農林水産省の政務次官を務めたりして次第に議員としての力をつけていった。

農業を巡る問題は多く、特に佐賀県は農業県であるだけに取りくむべき課題は多かった。当時農協青年部で活躍していた野口好啓さんらとは2時間、3時間と話をした。混住化社会の影響で田んぼの水質が悪化し、それが米の品質の劣化につながることから、農業地帯にも下水処理の必要性を語り合った。農水省に働き掛けてできた制度が農水省所管の「農村集落排水事業」である。その適用第1号が東脊振村での事業だった。今日では広く日本中で行なわれている。

ドーバー海峡の白い壁。上部の黒点は人（2人）

国営総合農地防災事業　大蔵省に乗り込んで交渉

佐賀平野は沖積平野で軟弱地盤帯である。従って時間とともに地盤沈下が発生するが、所によっては不等沈下が発生する。これに加えて有明海は干満の差が大きく満潮時には水が海に向かって流れにくい。先人たちは防潮堤を築いたり、水門を造るなど苦心を重ねてきた。

水の流れの難しさは時として佐賀市内にも及び、私の経験だが佐賀駅北側の街中で膝までつかって歩いた事がある。このように水の流れの悪さは農業にも大きな障害となっていた。

こうした状況を克服するため土地改良のグループが遠大な計画を立てた。それは佐賀平野に海に向かう水路を何本も設け、河口には大型のポンプ場を造って強制排水をするというものだ。ポンプ場の設置は十数カ所に及ぶという大型プロジェクトである。土地改良のグループによって計画されたので直接的には農業政策だったが、佐賀市の水害対策も兼ねていた。

プロジェクトが農林族として次第に力を付けてきた私のところに持ちこまれて来て、土地改良の皆さんと協議を重ねた。その結果、あまりにも大規模な事業だからぜひ国営でやってもらいたいということになった。私は佐賀県のためにも、また農林族のメンツをかけても成功させたいと思った。

そこで農林水産省、構造改善局と綿密な打ち合わせを行い「やりましょう」ということになった。国営事業となれば、財政当局に持ちこまなければならない。農水省がこの計画を大蔵省に持ちこむと良い回答が来ない。そこで私が大蔵省に乗りこんで交渉することにした。

私はあらゆる知恵を絞って話をした。佐賀平野の特質を説明し、軟弱地盤や不等沈下はあくまでも自然現象で佐賀県民が被害者である。国土政策の一環で、ぜひ国の政策として対策を実行してもらいたいと大蔵省の主計局次長や主計官に気迫をこめてお願いした。

主計官は「よくわかりますが、今は役所も合理化を求められていて国営事業となれば佐賀に事業所をつくり、人も配備しなければなりません。補助金はきちんとつけますからぜひ県営事業でお願いします」と逆陳情を受けた。

私はここで引いては負けだと思い、いかに佐賀平野が広いか、この大事業を県にやらせ、国は腰を引くのはいかがなものかと口説き続け、とうとう「国営総合農地防災事業」が認められた。

羽田農相（前列中央）に国営総合農地防災事業を陳情

川上頭首工裏話

鮎が教えてくれた水漏れ

国営総合農地防災事業が動き出した頃、私の議員会館の部屋に偉い先生がひょっこりおいでになった。後藤田正晴先生だった。先生は開口一番「保利君、君のところでは農地防災事業とやらを始めたそうじゃないか。俺のところにもやってくれよ」と言われて先生の地元、徳島県の様子を話された。

徳島県には「あばれ川」で有名な四国三郎、吉野川がある。その流域は平野でそこにこの事業を入れたいとのことであった。この事業の第2号がかくして誕生した。第3号は新潟県の信濃川流域である。それから全国にこの制度は広がったと聞いている。

佐賀ではその他いろいろな勉強をした。ある日、佐賀の事務所にいると、山の中にある富士町の漁業組合の人が尋ねて来た。山の漁業組合とは何だろうと思って話を聴いた。それによると毎年、富士町の古湯辺りで鮎《あゆ》の稚魚を放流し、成長して戻って来た鮎を入漁料を取って釣り人に釣らせることをしているという。

確かにこの辺りには「鮎の瀬」という地名がある。しかし近年鮎が戻って来なくなったと嘆いていた。魚は一般に川を下って海で成長し、やがて生まれたところへ戻るという本能がある。魚が上流を目指す指針になるのが川の流れで、水流の強いところにさからって登ってくるのである。鮭《さけ》でも鱒《ます》でも流れにさからって岩があれば、それを飛び越えて登るのである。

国の河川事務所に検討してもらった結果、どうやら下流の川上の堰《せき》（頭首工）の魚道に水の流れがないか、弱いかだろうということになった。ここに水が流れるようにしたが、それでも鮎は戻って来ない。更に調査した結果、堰そのものが古くなり大量に水漏れしていて、鮎はどこが上流につながる道なのか分からないらしかった。このことから堰を造り直すことになったのである。鮎が教えてくれた水漏れだった。

このように貴重な経験を積みながら農林関係の仕事を続けていった。

こうした中、昭和61（1986）年7月、中曽根康弘首相のもとで衆・参ダブル選挙が行なわれ、自民党が圧勝した。しかしこの頃から円高が急速に進行した一方、国鉄民営化法案も成立し、約5年にわたる中曽根政権は幕を引くことになり、いわゆる中曽根裁定によって竹下政権が誕生することになった。竹下政権の最大の課題は消費税の導入であった。

川上頭着工（改修後）中央に魚道

保利書簡　福田元首相から戻される

議運や農林で忙しく働いている頃、福田赳夫先生の事務所から連絡があり、先生が私の母と私を食事に招いていただく話があった。母と相談してありがたくお受けすることにした。場所は赤坂の日商ビルの上層階にあるレストランで昼食をごちそうになった。記憶が定かでないが福家俊一先生がおられたと思う。上等な鮑《あわび》料理を食べながら、しばらく私の父の思い出話などをして楽しく過ごした。食事が終わりコーヒーに入ったところで、福田先生は一通の封書を取り出し「これはもう君に返そう」と言って私に渡してくださった。

見ると宛名は「中華人民共和国、国務院総理、周恩来閣下」となっていて差出人は「日本国、自由民主党幹事長、保利茂」となっている。また日付は「昭和四十六年十月二十五日」と記してある。これはまごうことなく世上いうところの「保利書簡」そのものであった。私はびっくりして母とともに丁寧にお礼を言ってありがたく頂戴した。

この書簡は昭和46（1971）年7月、日本に相談することなくキッシンジャー国務長官によってニクソン大統領の中国訪問が発表されたショックを受けて書かれた。美濃部亮吉東京都知事によって秘密裏に中国側に届けられ、それを見た周総理は「これはまやかしであるから受け取れない」と返されたという。

その後、何人かの手に渡り、この日、福田先生から私の手元に戻って来たものである。この間の事情は日経新聞から出版された「政客列伝」に詳しく載っている。

実はその時、私の手元には全く同じものがもう一通存在した。それは父の没後、急いで東京に戻った時、父の引き出しの中から周総理宛の封書を発見した。「これが世に言われている保利書簡か」と思い、私が保管していた。福田先生から頂いたものと併せて考えると、父の没後、私が保管していたものは控だったのだと改めて気付いた。本物も控も文章は全く同じで、筆で書かれた4メートルもある長い手紙である。

「この手紙はまやかしであるから受け取れない」と言われたと聞いた生前の父は「それでいいんだ」と言ったという。つまり周総理は言外に「読みましたよ」と言っているのではないかと私は考えた。

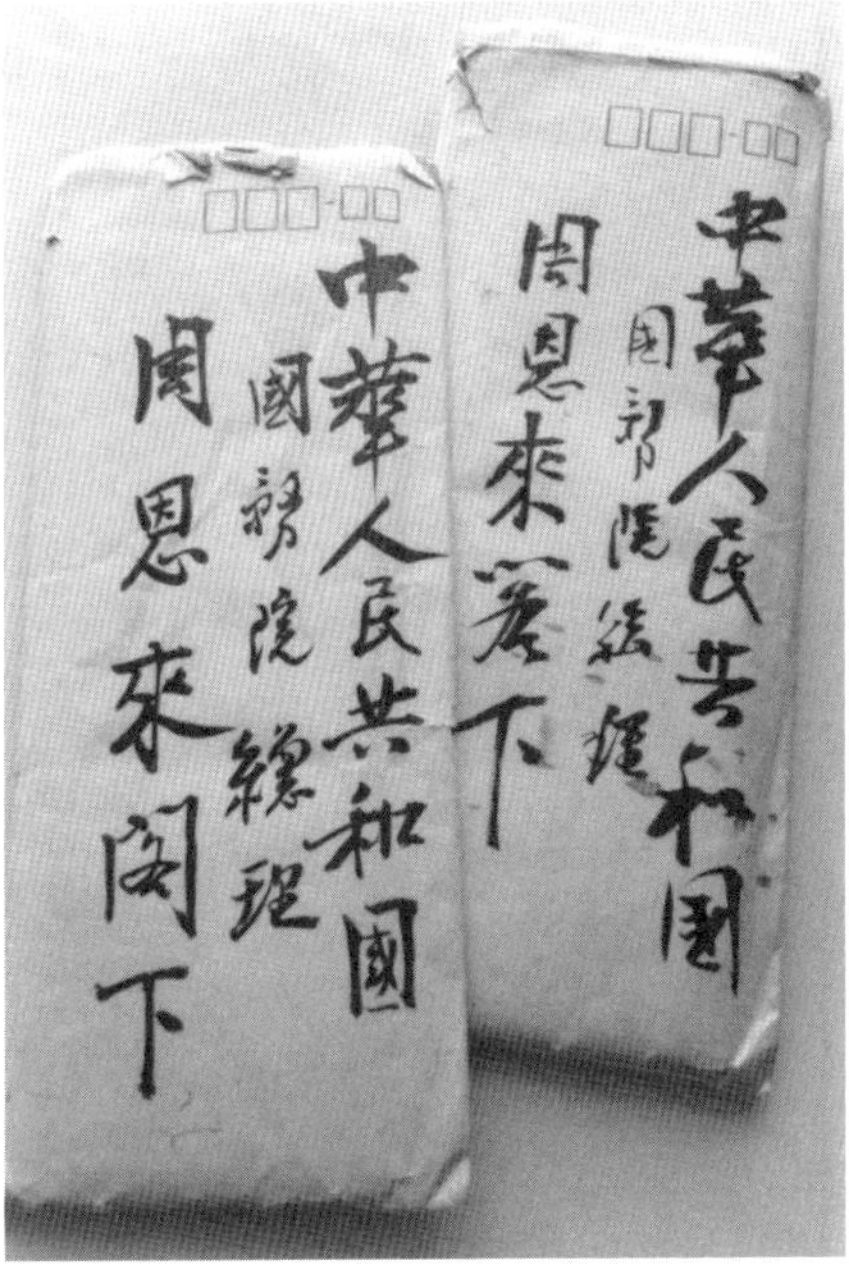

保利書簡　正（左）と控

後に父は中国に行き、周総理に会った時、総理から「これであの手紙のお返しができましたね」と言われたそうで、周総理も書簡のことを覚えておられて気にしていたものと思われる。

農林部会長就任　農産物価格決定を仕切る

長く続いた中曽根内閣は退陣し、そのあと安倍晋太郎、竹下登、宮沢喜一の3氏が後継候補に名が挙がったが話し合いでは決着がつかず、いわゆる中曽根裁定で竹下氏が自民党の次期総裁に指名された。竹下氏の創政会のメンバーはプリンスホテルに陣取り、話し合いと裁定の結果が出るのを長い時間待っていたことを思い出す。

かくして昭和62（1987）年11月6日に竹下内閣が成立した。私は直ちに農林部会長に任命された。部会長になると族議員として一人前といわれていたが、それだけ重い責任を担うことになった。

部会長は部会の会議を仕切る役であり、連日のように会議を開いていた。国会中は各委員会が午前9時から開かれるので、自民党の各部会は8時に朝食会の形で始まる。部会長は進行役だから、それまでに食事を終えていなければならない。従って7時半には党本部に入るようにしていた。そのため家を出るのは6時半ごろで、若く元気でないと務まらない仕事だった。

当時はコメ、麦をはじめ多くの農産物価格を政府が決めていたが、実質的には党の部会で決めて政府が発表するのである。その頃、国会の農林水産委員会で自民党の筆頭理事も兼ねていたので目のまわる忙しさだった。

党内での価格決定にあたってはまず農林水産省の考え方を聴き、更に農業団体の要請を受け、部会内で協議を重ねる。国会議員はそれぞれの選挙区で強い要請を受けて出てきているし、団体の全国大会があれば嵐のような要求を受けているので、すさまじいほどの強い意見が多くの議員から表明される。

部会長はとりまとめ役であるから自分の意見は言わない。ある時、私が思いあまって自分の意見を言おうとした時、そばにいた先輩議員に「部会長は司会に徹しなさいッ」とたしなめられたことがあった。

米価の決定の時は2日、3日と議論を続ける。休憩を挟みながら昼も夜もやる。ある日、議員に少し疲れが見えてきた頃、浜田幸一先生が入って来て「いつまで同じ議論をやっているんだ。そろそろ幹部に一任してはどうか」と辺りを見回した。ところが誰も、「そうだ」と言わない。私は空気を察して、「浜田先生、もう少し議論を続けます」と仕切った。すると先生は「そんなら勝手にしろッ」と叫ぶように言って部屋から出て行かれた。それからしばらくして幹部一任が取れた。

農業政策について竹下首相（中央）に説明

米価、乳価の決定　徹夜装い報告、見抜かれる

米価決定は農林部会で幹部一任を取り付けてからが一仕事である。幹部が農林水産省の一室で農林と大蔵の交渉を見守るのである。大蔵省は食管会計の赤字を少しでも少なくしようとする。農林側は党の意向や団体の要求に添うよう努力する。それを農林幹部が見守るのである。時として官邸に乗りこんで幹部が要請し決着を見ることもあった。

このようにして決めた生産者米価は翌朝の部会に報告する。この間、農林部会「正規軍」の他に「ベトコン」といわれるグループが要求貫徹を掲げて活動する。また「アパッチ」と称する別のグループも独自に動いていた。部会長としては実に骨の折れる仕事だった。

農産物価格の決定はコメだけではない。一年を通していろいろな農産物の価格を決めるのである。特に問題になるのは毎年の乳価の決定である。酪農は北海道に多くまた大規模経営が多いが、本州や九州にも酪農家は多い。

牛乳は飲用乳とチーズやバターなどの加工用がある。加工用は圧倒的に北海道産で、その価格設定には神経を使う。コメと同じようなプロセスで政策価格を決めていくが、こんなことがあった。

例によって議論の末、夜になって幹部一任が取れ、農水省と大蔵省の交渉を見守る段階になり、部会長の私と部会長代理が農水省の一室に陣取り交渉の結果を待っていた。

午前1時ごろ、両省の交渉結果は「まあ、こんなところかな」という線が見えてきた。私

旭川での農業懇談会。乳価も主要な事項

は部会で一任をもらった後「今晩は徹夜で交渉させます」と発言しているので今、党としてＯＫするわけにはいかない。「もう少し夜が明けるまで頑張ってもらいたい」と言うと、「これ以上やってももう動きません」という。

そこで私の致命的なミスが出た。「もう動かないと言うのなら、結果は徹夜して出したことにしよう」と言って私はホテルに引き上げてしまった。翌朝8時に部会を開き、私から交渉の結果を報告した。

「先程まで徹夜の交渉を続け、次のように決めましたのでご報告いたします。なにとぞご了承のほどお願いいたします」と発言した。すると1人の議員が立って「部会長！　それは嘘だ、徹夜の交渉なんかしていない。その証拠に今朝の北海道新聞には1円1銭も違わず価格が出ていますよッ」と言う。私は「しまった」と思ったが、「それは道新の推測とたまたま一致したにすぎません」と押し通す他なかった。あれだけ口止めしたのにどこから漏れたのだろう。

政治手法と人脈

意思決定の議論学ぶ

私が農林部会長として経験したことは、農業問題もさることながら政治手法あるいは政治そのものを学んだことである。つまりグループの意思決定をどうやって形成していくかを学んだのである。

特に民主主義にあっては、あるテーマについてできるだけ多数の意見を集め、その中から最大公約数的な意見を集約して結論を出す。交渉相手がある事項ならば、選ばれた代表が多数意見を踏まえて一任をもらって交渉に入る。出た結論はグループに報告して了承を得る。出た結論に対してはもし反対であってもグループ全体としての結論として従わなければならない。

以上のようなプロセスで政治における意思決定をしていく。私はそれを農林部会の場で実践的に学んだ。世の中には「大いに議論をしよう」と言って議論はするが結論を出さないケースもまま見受けられるが、特に与党にはそれが許されない。

結論を出さない議論は評論家の議論であって、特に与党の政治家は結論、あるいは意思決定するための議論でなければならない。このようなことを農林部会で学んだことは後の政治活動に大きな影響を与えた。

農林関係で忘れてならないのは人脈である。私が農林水産政務次官になったのは昭和60（1985）年12月で、その時の農相は羽田孜先生だった。実は古い話になるが、昭和28年

6月に私の父が吉田茂内閣の農林大臣になった時の政務次官が羽田氏の御父君であり、浅からぬご縁である。羽田氏はその後、小沢一郎氏らと共に自民党を離れたが、欧州外交などで長い間、付き合いがあった。

加藤紘一先生はひところ農林部会長をされ、私は部会長代理を務めたことがあるし、後に加藤政調会長をされた時の政調会長代理が私であった。この時は自・社・さきがけによる3党連立時代で、3党による「政策調整会議」が立ち上げられた。

加藤氏と私、それに参議院から宮澤弘氏が加わり連日連夜、政策調整で協議を重ねたことがある。加藤氏は昭和15年生まれで、昭和9年生まれの私より若かったが大変に頭のきれる人であった。

他に参議院の桧垣徳太郎、大河原太一郎の両氏が常に農林部会などでのアドバイス役を務めていただいた。学んだことは実に多く、私を政治家として鍛えていただいた、ありがたい議員の方々だった。また政調会職員の岩倉具三氏も忘れ得ぬ存在だった。

政調吉田修氏監修の自民党農政史

第７章
昭和から平成へ

消費税法成立／上場開発／上場開発と負担軽減／駒鳴ショートカット／宇野内閣から海部内閣／二二八事件／補正予算の苦労／思い出の達磨／甲子園とアジア大会／セルンの研究／文部大臣３０５日

消費税法成立　首相の強い意志で宿願

竹下内閣が発足したのは昭和62（1987）年11月だった。この内閣は実に波瀾の中に推移した。すなわちリクルート事件、消費税導入、牛肉・オレンジの自由化交渉、そして昭和天皇崩御、皇太子の新天皇即位、平成への改元など世の中は目まぐるしく動いた。

中でも消費税導入は難しい課題で、当時の山中貞則自民党税制調査会長のもとに税調副会長や各部会長が連日招集された。付加価値税とはいかなるシステムの税か、国民生活にどのような影響を与えるか、税率はどのくらいかなど詳細に説明を受けたが、今までなじみのない税制だけに長時間の説明と議論が続いた。

私はヨーロッパ関係の仕事をしていたので新税制のからくりはある程度知っていたが、いざ日本で導入するとなると難しさを感じていた。最終的には山中税調会長の裁定で名称を「消費税」、税率は「3％」と決定し、閣議決定を経て「消費税法案」として国会に提出した。牛歩戦術を含む野党の激しい抵抗を受けながらも昭和63年12月に法案が成立した。

竹下登首相が大臣席に座り続け、じっと我慢しておられる姿は痛々しくもあったが、政治家の強い意志も感じていた。こうして今日ではなくてはならない税制が成立し、大平正芳首相以来の宿願がかなえられた。

もう一つ心に残るのは昭和天皇の崩御である。その様子は元共同通信社政治部長、後藤謙次氏の『平成政治史』に詳しく記述されているが、私にとっては昭和9年以来、五十余年歩んで来た昭和が終わったというやるせなさを感じざるを得なかった。

小渕恵三官房長官が掲げる「平成」の文字をうつろな目で見ていたことを覚えている。終戦に際しての玉音放送の中で「耐え難きを耐え、忍び難きを忍んで」と言うお言葉は、5年生だった私の心に深くしみこんでいる。寒い中、新宿御苑での2月24日の大喪の礼に妻と共に参列した時は、何とも言えない寂しさを感じた。

消費税法案が衆議院委員会で可決

天皇崩御の当日、つまり昭和64年1月7日は築地の本願寺で母の葬儀の日だった。本願寺からは「一般の葬儀の可否について宮内庁に問い合わせる」とのことで、しばらく待ってお許しが出たので、私はまず皇居に参内し弔問の記帳をして本願寺に向かった。
母の簡素な葬儀を終え、桐ケ谷の斎場に向かう途中、街には半旗が掲げられていた。茶毘《だび》に付したあと、母が住みなれた祐天寺に戻る途中、車の中から西の空に沈む太陽を見て、「昭和が終わった。母もいない」とつぶやく自分がいた。

上場開発　政治志す父の遺志引き継ぐ

選挙の時などに夜、遅い食事を取りながら父に話を聞く機会があった。その時「なぜお父さんは代議士になろうとしたのですか」と尋ねた。父は「それは二つある。一つは松浦川の改修だ。お父さんが育った山本は水害の常襲地帯だったんだ。小学校のころ水害の様子をつづり方に『青田、化して泥海となる』と書いて先生に褒められたことがある。だから河川改修をして水害をなくしたいと考えたのが1番目の目標だったんだ」と答えた。

そう言えば私の祖母は唐津市山本の家で「耕輔、見てろ、この間はここまで来たとん」と言って壁や柱に薄く残る水痕の線を示したことがある。1階の床上50センチ以上のところにその線があった。

私は続けて父に「2番目の目的は」と聞くと、「上場に水を揚げて農業ができるようにすることだった」と言う。上場は東松浦半島一帯を指し、標高100メートルから200メートルの台地で大きな川はなく、従って水の乏しい地区である。

父の昔話は続く。「上場には水がないから農業ができない。だから上場の人たちは農業の季節になると下場に降りて来て、泊まりこみで農業を手伝うんだ。農業機械はなく人手に頼っていた時代だから、田植え、草取り、刈り入れまですべて手でやる。朝から晩まで子供たちも働いていたんだ」と語った。

さらに「小学校を出たばかりの女の子まで真っ黒になって働いているのを見ると、何ともかわいそうでなあ。それで何とか上場に水を揚げたい、そうすれば上場の人は上場で農業ができる。それが代議士を志した理由だ」と説明してくれた。

この二つの目的は父が政治家になろうとした発想の原点だが、父の生前には完成の域には達していなかった。それゆえ、金丸信先生も唐津の瀬戸尚市長も私にこれらの事業を引き継がせるべく強く説得されたのである。

上場の事業は、父が代議士になってから30年近くたった昭和48（1973）年に国営上場土地改良事業としてスタートした。唐津市、肥前町、玄海町、鎮西町、呼子町、北波多村の1市4町1村に展開する事業で、受益面積は5200ヘクタール以上、設置する給水用ダムは5カ所という大事業である。

問題の水は松浦川の和多田付近に大堰《ぜき》を設けて取水し、強力なポンプで約200メートル揚水して370万トンの後川内ダムにまず貯《た》める。他4カ所にダムを造って網の目のように配水する計画だったが、取水について問題が生じた。

上場開発でお茶の生産も可能になった

上場開発と負担軽減　農家の声届けて対策

松浦川から上場への取水を行うためには、まず唐津市和多田付近に大堰《ぜき》を造らなければならない。これには当時唐津湾で海苔《のり》が栽培されていたが、川の水がせき止められると栄養塩が流れてこなくなる可能性があり、海苔の栽培や漁獲に影響が出るという理由で漁業組合の一部が反対した。しかも上場開発の重要性を考えた野崎和一郎漁業組合長の英断で堰の着工が認められたと聞いている。

私が引き継いで事業が最盛期を迎えた頃だった。ある日、上場農協の佐々木昇組合長が会合後、私をつかまえて「こやん農家負担が太かならこの事業はやめたがよか」と強い調子で詰め寄ってこられた。私は自分では答えができず、すぐ農水省の構造改善局に電話を入れ、佐々木氏の言葉をそのまま伝えた。

数日たって羽田空港に戻ると、農水省の課長が空港で私を待ち受けていた。いわく、「上場の事業は農水省にとっても極めて重要な仕事であり、決して失敗するわけにはまいりません。そこで農家負担の軽減策を考えました」と言って更に説明を加えた。

それによると「計画償還制度」と「工種別完了制度」を組み合わせて、10ア《アー》ル当たりの年償還額をこれまでの6万5400円から、1万9400円にするという案が示された。夜の羽田空港での話である。翌朝すぐ佐々木氏と連絡を取ると「うん、それなら良か」と了解してくれた。これで事業は進むことになった。当時、党の農林部会長をしていて私のメンツも立った。

その後、事業が進み松浦川の水が揚水機場の大きなポンプによって２００メートルの高さまで押し上げられた。直径２メートルもあるパイプから後川内ダムに勢いよく初めて注水された時は感激し、「おやじやったぜ」とつぶやいていた。

その後、鎮西町の「打上ダム」辺りを通りかかった時、１人の老農婦が私をつかまえて「打上にも水の来て良かったあ、昔とすっかり変わりましたよ」と感慨深そうに話しかけてきた。私は「本当に良かったですね」と言って笑った。

加部島と結ぶ呼子大橋も上場事業の一環で造られた

上場に水がいって何年もたつが、さまざまな問題を抱えつつも、水田耕作ができ、タバコも育ち、ミカンがとれ、牛などの畜産も盛んになり、立派な農業地帯になった。水を地域にくまなく届けるためのファームポンド（貯水槽）も大小三十数カ所に造られ、その整備にも努力が払われている。

さて、父がやり残したもう一つの課題、松浦川の治水はどのように進んだか。今は洪水もほとんどなくなったが、工事をどう進めたか見てみたい。

駒鳴ショートカット　放置同然の事業を進める

父がやり残したもう一つの仕事があった。松浦川は唐津湾に注ぐ1級河川で、河口からさかのぼると川原橋付近で本流と支流の徳須恵川に分かれる。更に本流をさかのぼると相知町で本流と厳木川に枝分かれする。本流を更にさかのぼると伊万里市大川町を通り、武雄市の一角を通って水源地である黒髪山に達する。問題は合流点や蛇行点などで頻繁に起こる水害であった。

支流である厳木川については５００万トンの洪水調節などを目的とするダムの建設が父の時代に計画され、私の代で完成し効果を上げている。完成前、雨期に厳木川の水が岩屋の街道路を川のように流れるありさまを目撃したことを覚えている。ダム完成後は洪水調節が利いて下流の洪水はほとんどなくなった。

しかし本流の方では懸案事項が残っていた。それは伊万里市大川町駒鳴で大きく蛇行し、川の水の流れを阻害している部分に新しい水路を設け、蛇行していた水を直線的に流す、いわゆる「ショートカット」の事業である。この事業は遠く父の時に起工式が行われて以後、ほとんど進まず放置同然にされていた事業であった。

私は「早く完成させて、大川町の皆さんに安心してもらわなければならない」と思い、福岡市にある建設省（現国土交通省）九州地方整備局を訪ね事業促進を依頼した。河川部長と話をしていて意外なことを聞いた。

それは佐賀県には河川関係の予算を随分付けているが、六角川など平野を流れる河川に食われているという。平らな土地を流れる河川は処理が難しく、大型のポンプ場設置などで予算が食われるという。

その点、松浦川水系は唐津湾に向かって傾斜があり、自然に流れるので地形による心配はないとのことである。そこで私は「説明は分かるが、着工以来、長期にわたってショートカットを放っておいてよいのですか」と頼みこみ、検討を約束してもらった。

検討の結果、この水路を貫通させるためには少なくとも3点の処理が必要だと説明を受けた。水路を開くと、その下流では急に水かさが上がるので、第1に佐里付近の筑肥線鉄橋下の許容流水量を多くする必要がある。第2に佐里の遊水池「あざめの瀬」をどうするか、第3に更に下流の相知の大野川への逆流を防ぐための水門の設置であった。

以上3点の対策を取り、駒鳴ショートカットの最後の開削を終え、長年にわたる工事は完成した。今そこには立派な記念碑が建っている。このプロジェクトに生涯をかけて尽力された芳野文彦氏のことが忘れられない。

松浦川の駒鳴ショートカット

宇野内閣から海部内閣

権力争いに関与せず

私が手伝った地元の問題は非常に多い。伊万里山代町の階段状の田んぼの擁壁がいくつも倒壊したこと。山村での農免農道採択基準の引き下げや富士町スキー場建設、麓婦人刑務所女性刑務官宿舎建て替え、千代田町ポンプ場への水路整備、鳥栖と基里地区ライスセンターの緊急工事、唐津市水産団地の製氷施設整備に尽力した。さらに吉野ケ里遺跡の国特別史跡指定への動き、名護屋城の石垣修理、西九州自動車道の四全総への採択と工事促進、唐津東港岸壁の改修といった多くの地元の問題に対し、できるだけ現場に入り、解決に努力を重ねた。

さて、昭和62（1987）年、竹下内閣成立以来、宇野内閣、そして第1次海部内閣においても自民党の農林部会長を務め、また衆議院農林水産委員会筆頭理事として精力的に活動した。さらに牛肉、かんきつの貿易自由化問題にも苦しみながらも取り組んでいた。

政治は国民の負託を受けて国民の幸せのために働くことを大義とする。選挙などで示した自分の考えを少しでも実現するために、同じ考え方の者ができるだけ多く集まって行動する。これが政党や派閥の原点だと思うが、経験を積んでいない政治家は経験のある政治家についていく他はない。

そして与えられたポジションで自分のやるべきことを真剣に考え誠実に仕事をしていく。権力争いなどは考えたことがなかった。

従って平成元年7月、宇野宗佑首相が退陣表明した後の次期総裁選びには全く関与せず、派閥の上層部の指示待ちの状態だった。その間の動きは後に新聞や本などで知った程度だった。

宇野内閣の時、参議院選挙があり自民党は敗北した。参議院では与野党が逆転し、ねじれ国会となった。その責任を取る形で宇野首相が退陣表明し、そのあと自民党の総裁選挙が行われた。海部俊樹、林義郎、石原慎太郎の3氏が立候補し、海部氏が総裁となり第1次海部内閣が誕生した。

山からの鉄砲水で棚田の壁が倒れた＝伊万里市山代町

しかし、その頃から不安定な政界の状況を反映して解散風が吹き始めた。平成2年1月24日、衆議院が解散され、2月18日投票で選挙が行われることになった。私にとっては5回目の選挙である。この選挙では自民党は安定多数を得ることができ、2月28日、第2次海部内閣が成立した。

思いもよらなかったが、竹下派の閣僚推薦名簿に私の名前が載せられた旨、金丸信先生に教えていただき本当にびっくりした。今回は農林水産委員長ぐらいだろうと考えていたので、まさに青天の霹靂《へきれき》だった。

二二八事件　門外漢の文相に抜てき

第2次海部内閣に私は竹下派から閣僚候補者として推薦を受け、平成2（1990）年2月28日午前1時近く、官邸から電話で呼び出しがあった。総理大臣室に入ると、海部俊樹首相の横に西岡武夫総務会長がおられた。そして、首相から「文部大臣をお願いします」と言われた。

農林一本で仕事をしてきた私にとっては全くなじみのない文教の仕事である。海部首相も西岡総務会長も文部大臣を務め、共に文教族の大御所であり、何で文教に全くなじみのない私に文部大臣をやれというのか分からなかった。

午前8時、皇居での認証式を終え、官邸で初閣議、写真撮影、そして大臣一人ずつの記者会見に臨んだ。文部省に初登庁、各局長や職員を集めてあいさつをした。

私は「仕事に慣れるまで、皆さんからいろいろと教えていただきます。よろしくお願いします」と静かに語った。職員の間では「保利さんは農林族の猛者で、何をするか分からない」という雰囲気があったらしい。組閣が2月28日だったので記者団は、「これは二二八事件だ」と言っていた。それほど農林族は恐れられていたのだろう。

その頃、政官界ではリクルート事件が燃えさかっていた。文部省のほとんどの局長はこれにひっかかり退職して、若手の職員が局長になっていたので、全般的に沈滞ムードだった。

そういう状況だったのでわざと文教族以外から大臣をとったのだろうと思われた。そう言えば西岡氏とはこんなことがあった。

私が農林部会長だった頃、西岡氏は山中貞則先生のあとを受けて税制調査会長をしていた。ある時、三塚博政務調査会長と西岡税調会長の意見が消費税の扱いを巡り対立した。私は農林部会長として税制調査会の会議に出席しており議論の上、西岡会長に扱いを一任していた。

私は三塚会長に呼び出され政調副会長が数名いる中で「君は税調会長の意見に賛成なのか」と聞かれ、「私は税調の会議の中で一任しておりますので、税調会長の決定に従います」と述べた。筋論を述べたつもりだったが結果として西岡氏の肩を持った形になった。

三塚政調会長は最後に「農林部会長は政調会長の下にいるのだと覚えておくように」と注意された。政調と税調の関係の難しさをつくづく感じた。その頃の話を西岡氏から聞きたかったが、彼は他界しもう聞くことができない。

リクルート事件で沈滞している文部省にハッパを掛けてくれというのが、組閣にあたっての西岡氏の意図ではなかったかと思っている。

文部省へ初登庁

補正予算の苦労　立ち往生寸前に側近支え

文部大臣に就任した直後から平成元（1989）年度補正予算の審議に入った。文部省関係も項目がいくつかあり「芸術文化振興基金」として500億円が組まれていた。これは私の前任の石橋一也文相によって計画されたもので、それが補正予算として組まれたものであった。別に「第二国立劇場用地代」として300億円があり、他の項目を加えて1千億円が補正予算として組まれていた。

衆議院でも参議院でも「このような政策予算は本予算に組むべきで、補正予算に組むのは財政法違反で認められない」と指摘を受けた。たしかに財政法29条には「国の義務に属する経費の不足を補う他、予算編成後に生じた事由に基づき特に緊要となった経費の支出」などと規定されている。3月の年度末までに執行すべき補正予算に組む必要性は認められないとの指摘である。

芸術文化振興基金については500億円の国費に民間からの100億円を加えて発足させることとしており、民間会社の3月期決算に間に合わせるように補正でお願いしているとその緊急性をアピールした。

すると参議院では閣議で決めているシーリングを崩すものだと指摘され、私は思い切って「その通り」と答えた。これらの答弁に私は立ち往生寸前という場面もあったが、官房長や文化庁次長が矢面に立ってくれて事なきを得た。かくして補正予算は無事成立し、基金に対する民間からの出資も集まり芸術文化振興基金がスタートした。

一方、第二国立劇場用地は、もともと通産省所管のアルコール研究所が持つ国有財産だった。通産省から文部省への所管替えという形式上の手続きで問題はなかったが、アルコール研究所および近隣の土地所有者で再開発地域の指定を受け、国立劇場の高層部の空中権を地域内の地主に売り、劇場建設に充てることにした。

衆議院予算委員会の芸術文化振興基金審議で答弁

今日、オペラハウスである新国立劇場へ行ってみると、劇場の周辺には高層ビルが建ち並んでいる。その様子を見て往時の苦労を思い出すのである。
文部大臣の仕事の幅は広い。教育は幼・小・中・高・大、それに生涯学習が入る。科学は主として大学などでの基礎研究を扱い、当時、応用科学は科学技術庁扱いだった。さらに文化はいろいろな形態の文化活動があり、また伝統文化も大きな項目だ。スポーツも文部大臣の管轄で四方八方、目を光らせていなければならない。やりがいのある仕事である。

思い出の達磨　長い法名説明で機転

「国会は国権の最高機関であって国の唯一の立法機関である」とは憲法41条の規定である。私の文相在任中に国会に提出した法律案は一つだった。それはできたばかりの「生涯学習局」が作った「生涯学習振興のための施策の推進体制等の整備に関する法律」という長い標題の法律だった。

生涯学習、あるいは社会教育という分野は文部省以外にも通産省、厚生省、農水省など多くの省庁が絡むので文部省が立案する際に各省庁との調整に苦心した。担当した生涯学習局の寺脇研氏らはほとんど寝ずに頑張ったらしい。各省庁のあちこちから手が入り、出来上がった法律案は分かりにくいものになっていた。

それでも衆議院は何とか通したが、参議院の文教委員会ではかなりの質問が出た。この委員会は女性議員が多く、55歳と比較的若い新米の大臣がどういう答弁をするか興味をもっていたらしい。特に京都出身の笹野貞子議員にはのっけからやられた。

いわく「大臣、この長い題名は何ですか。もう少しスッキリした題名にした方がいいのではないですか」に始まり、「この第1条の目的条項は長くてちっとも分からない。大臣は分かりますか」と迫る。私は「これは困った。何と答えたら許してもらえるかな」と思いながら手を挙げた。

「長くて分かりにくいということは同感です。私が中学生の頃、英語の時間に先生から長くて分かり難い文章に出合った時はまず文の主語を探せ。主語が分かったら次に述語を探せ、そうすれば大体の意味は分かると教えてもらいました。この法律の第1条の主語は明らかに、『この法律は』でしょう。述語を探すと最後に『生涯学習の振興を目的とする』と書いてあります。この二つをつなげば大体の意味はとれます」と答えた。

そして叱られるかと思いつつ若干躊躇《ちゅうちょ》したが思い切って「中にいろいろ書いてありますが、これは饅頭《まんじゅう》で言えば中のあんこのようなもので、これがあるから味が出るんです」とやや不謹慎な答弁をした。すると議場内は笑いの渦になりこの問題はこれで終わってしまい事なきを得た。私は内心ホッとした。

数日後、苦労した寺脇氏がやって来て「大臣に助けていただきありがとうございました」と言って小さな達磨《だるま》を差し出した。それには「祝成立」と書いてあり、背中には例の長い法律名が記されていた。その達磨は今も自宅の書斎に「デン」と座っている。今となっては懐かしい思い出の達磨である。

生涯学習に関する法律成立で
職員から贈られた達磨

甲子園とアジア大会　練習し過ぎ　痛む肩で始球式

文部大臣としてこなさなければならない行事は数多くあった。平成2（1990）年8月8日は甲子園での高校野球開幕の日だった。その数日前、新潟県の妙高高原で皇太子殿下をお迎えしてボーイスカウトのジャンボリー大会があり、それに出席して帰路、軽井沢に泊まり、翌朝甲子園での始球式に備えて文部省職員を相手に投球練習をした。

東京に戻ってからも神宮球場を借り切って練習し、また文部省中庭での記者向けの公開練習を披露し大阪へ向かった。1泊した翌朝、甲子園球場に入り、開会式であいさつをしていよいよ始球式。飛行機から落とされた球をもらってサイレンが鳴り、投げようとしたが肩が痛くて腕が上がらない。スタンドいっぱいの観客が見ている中で、痛む腕をぐるぐる回して痛さをこらえて投げた。

キャッチャーのところまで届くように思い切って高く投げた。ボールはキャッチャーミットに「スポン」と入った。中継していたNHKのアナウンサーが「かなり山なりの限りなくストライクに近い球が投げられました」と言ってくれた。練習のやりすぎだった。

その前、選手たちへのあいさつで「スタンドを埋め尽くした観客の皆さん、テレビをご覧の皆さん」と言って若者たちへ応援をよろしくと述べた。後でタクシーの運転手から「何でラジオをお聴きの皆さん」と言わなかったのかとクレームをいただいた。それもそうだと反省した次第である。

スポーツ大会といえば9月22日に北京でアジア大会が催され、日本からも閣僚が出席してほしいとの要請が来ていた。しかし中国ではこの年、天安門事件が発生、先進国の間では中国への高官訪問は行わない旨の申し合わせができていた。

私は金丸信先生に相談した。先生は「いいじゃないか、スポーツ大会だから文部大臣の君が行ったらいい」と言われた。それから私は海部俊樹首相に会って北京訪問の相談をしたのだが、いい顔をなさらない。私は「せっかくお招きいただいているのだし、スポーツ大会の開会式だけですから」と懇願した。首相は「開会式だけ出て、あとは誰とも会わずに帰って来なさい」としぶしぶ了承していただいた。

開会式では日本の文部大臣ということで最高の席で開会式とアトラクションを見て、そのあと日本の選手村を訪れ激励をして早々に帰国した。会場では中国の教育担当の李鉄映氏から声を掛けられたが「後日、また参ります」と返した。しかし実現せず終わったことは心残りである。

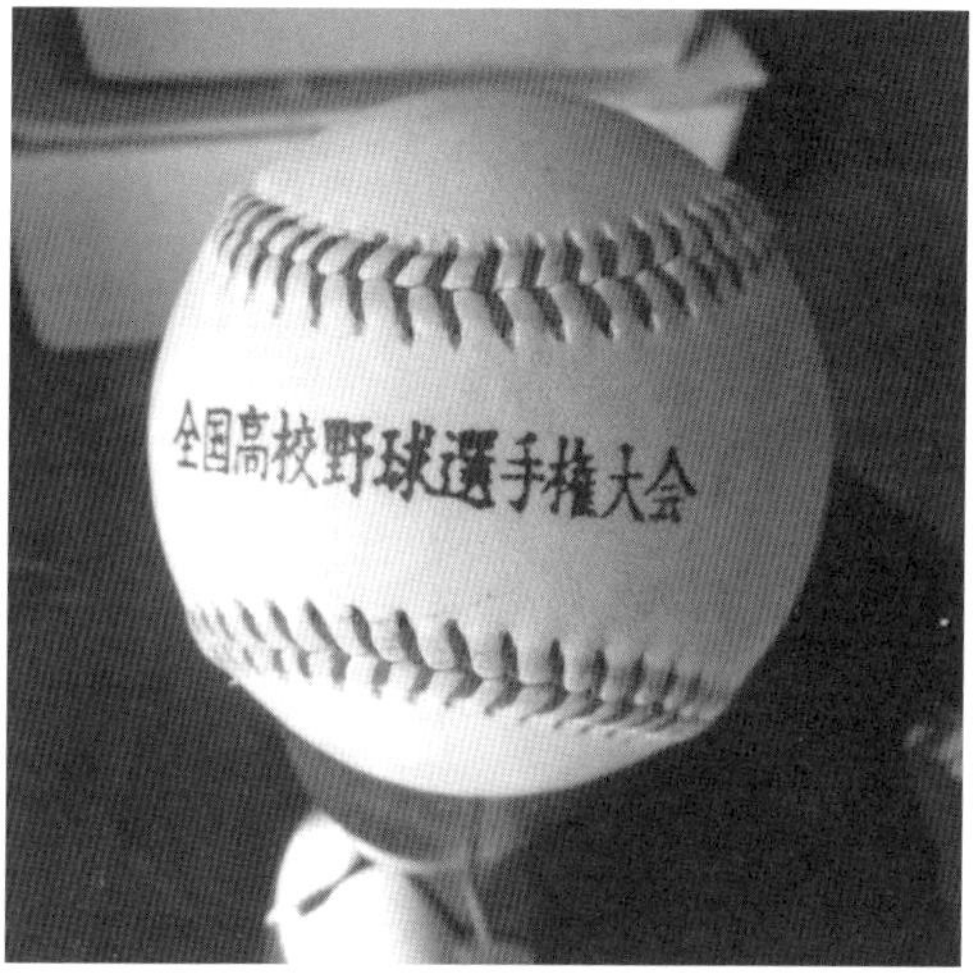

甲子園の全国高校野球選手権大会始球式で投げたボール

セルンの研究　陽子実験出資に尽力

平成2（1990）年9月上旬にはジュネーブでの「国際教育大臣会議」に出席し、英語の短い原稿に基づいて演説をした。主催者であるユネスコのマイヨール事務局長とも会談した。日本がユネスコの活動に対し資金面でも大きな貢献をしていると高く評価していた。

9月4日にはジュネーブでフランスとスイスの国境をまたがって設置されている欧州合同原子核研究所、いわゆるCERN（セルン）を訪問し、施設を見学させてもらった。案内してくれたのは日本から来ている東大の折戸周治教授だった。

この研究施設は地下100メートルに造られた1周約30キロメートルの真円型のトンネルで、その中にパイプ状の電子衝突装置を設けている。約5千億個の電子の束を2個、右回りと左回りで電磁石を用いて光速で回転し、中央部分で衝突させ物質の構造を解明しようとする装置だった。

光の速さは1秒間に30万キロだから、1周30キロのパイプの中を1秒間に1万回まわることになる。つまり右と左から飛んでくる5千億個の電子の束が1秒間に1万回擦れ違うチャンスがあるのだが、初期は電子が1個も当たらなかった。それを折戸教授が調整して当たるようにしたという。私が「何個当たりましたか」と質問すると、「16個当たりました」とのことだった。

地下100メートルの実験室で先生から約2時間、話を伺った。私もこういう話が嫌いではなかったのだろう。次々に質問をした。「5千億個の電子の束はどうやって作り、どうやって束にしておくのですか」とか、「衝突したことはどうして分かり、何が発見できるのですか」など説明を受けたが正直なところよく分からなかった。先生は「この続きは東京でやりましょう」と約束してくれた。

そのあとセルンのルビー所長と昼食を取りながら礼を述べ、印象を語ったが、所長から意外な注文が出た。それは今の実験施設は電子と電子の衝突装置だが、次に陽子を使った実験を考えている。それには新しいパイプを設けなければならないので日本から１３０億円余りの出資を願いたいというのである。

私は帰国後、大蔵省に働き掛け出資を認めてもらうことになった。この研究で何ができるのか、それが分からないのが基礎研究だと大蔵省を煙にまいた。ずっと後になって日本の出資が呼び水になってアメリカなど各国から出資が相次ぎ、陽子の装置ができたと聞いている。

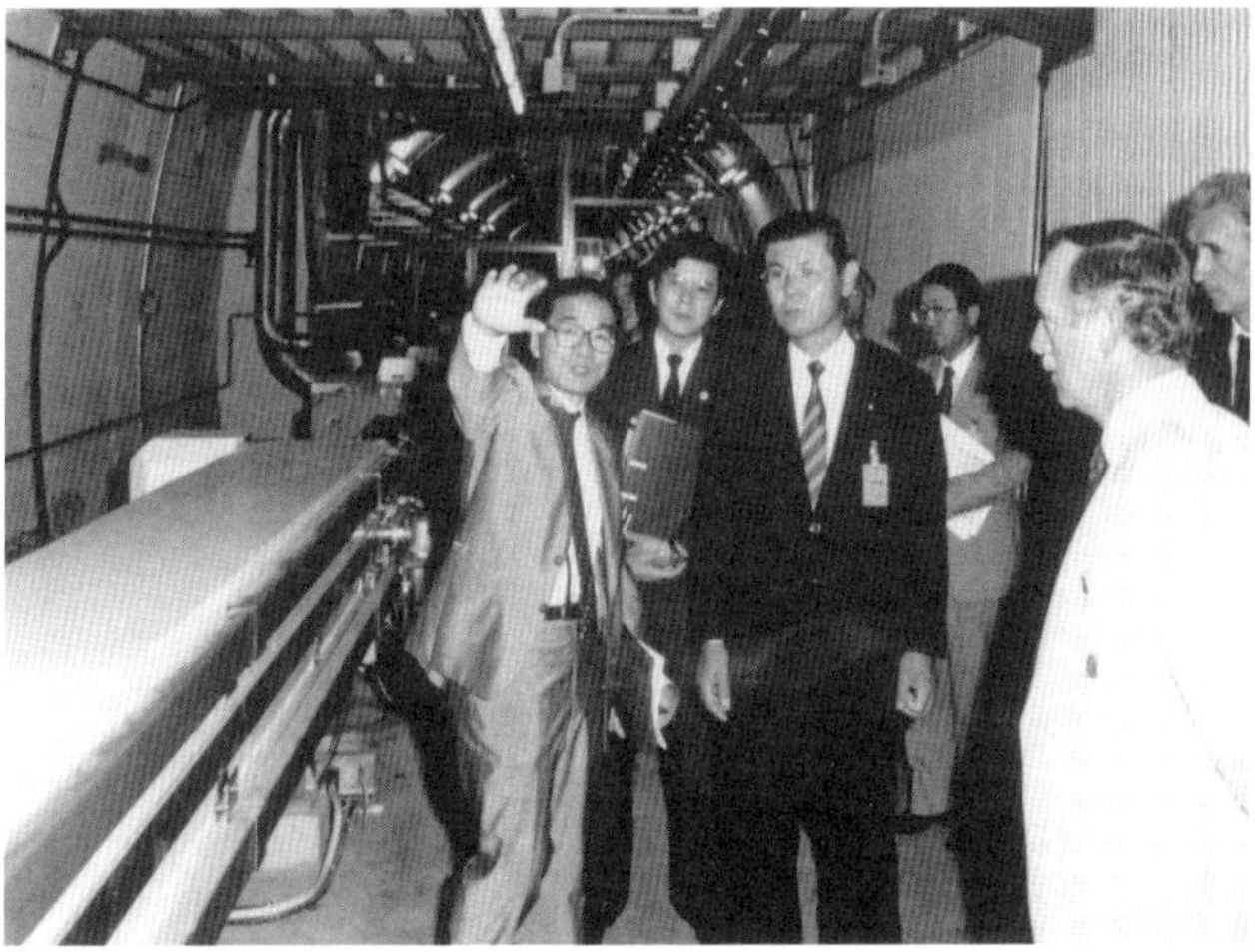

地下100メートルの実験施設で折戸周治東大教授（左）の説明を聞く

文部大臣305日　政治家の幅広げる

平成2(1990)年2月28日に文部大臣に就任して305日後の12月25日、平成3年度の政府予算案の閣議決定後、辞任した。辞任の記者会見の後、文部省の中庭で花束をもらい職員たちが窓から手を振り、「蛍の光」が流れるなか、私は文部省をあとにした。

思えばいろいろなことがあった。現天皇陛下が即位の礼をあげられたのは11月12日のことで、大臣として参列させていただき、世界185カ国の元首、あるいは元首級の人々と共に参列した。

それに先立ち欧州連合が初めて国家の扱いを受けることになり、レング大使が天皇に信任状を奉呈する際は侍立大臣として陛下のおそば近くに立った。控え室で大使と二言三言フランス語で話をした時、大使は「日本で初めてフランス語で話をした」と言っておられた。

ある時は千代の富士や小錦などの関取が5人ほど見え大臣室であいさつを受けたり、囲碁の大竹名人が来て一局打つことになったりした。日本相撲協会も、日本棋院も文部省が管轄する団体なのである。また長嶋茂雄氏と岡本綾子さんが来てウエーブ二〇〇〇というスポーツ団体の設立について報告を受け懇談した。

4月には初の「お国入り」をし、佐賀大学では留学生を激励、学校も訪問した。特に東脊振村の山中にある生徒たった1人の学校を訪問したことも思い出深い。吉野ケ里遺跡も訪れた。在任中に国の史跡に指定され、その後、特別史跡になったことは意義深いことだった。

地元で盛大な大臣就任祝賀会を開いていただいたことも忘れ難い思い出である。

農林一辺倒であった私が全く別の分野での仕事をさせてもらったことは、政治家として幅を広げる意味で極めて重要なことだったと思う。そして辞任後、文教部会長など「お礼奉公」をした。

日本相撲協会の監督省庁は文部省。千代の富士関（前列左）らと

海部内閣はなお存続していたが湾岸戦争への対応の他、政治の底流では政治改革つまり小選挙区制導入などを巡り賛否両論があり、意見が対立して党内は混乱していた。私はそうした政治の動きには深い関心を示さず、淡々と日常の業務をこなしていた。

そうした中で平成3年10月には海部俊樹首相が辞意を表明、自民党総裁選挙の手続きに入った。10月27日総裁選挙の結果、宮沢喜一氏が渡辺美智雄氏、三塚博氏を抑えて当選し、11月5日に宮沢内閣が成立した。私は平成3年3月から農林水産物質易対策委員長代理を務めていたが、宮沢内閣発足とともに正式に委員長に就任した。

第8章
激動の自民党

ガット・ウルグアイ・ラウンド／ガット事務局長と会談／サザーランド氏に会う／村山政権成立／ウルグアイ・ラウンド協定の国会承認／3党連立と政策調整会議／密使としてシンガポールへ／平壌訪問団出発／覚書のやりとり／文書作成の難しさ

ガット・ウルグアイ・ラウンド　ヤマ場の貿易交渉、さばき役

平成3（1991）年11月、海部内閣が総辞職し、同月5日に宮沢内閣が成立、私は自民党の農林水産物貿易対策委員長に就任した。当時既にガットのウルグアイ・ラウンド交渉がヤマ場を迎えていて、難しい仕事をさばかねばならなかった。

ガットとは「関税と貿易に関する一般協定」の略称で、戦後できた国際機関であり、事務局がスイスのジュネーブに置かれていた。ある日、福田赳夫先生にお会いした時、「保利君、ガットが戦後設立されたのはねえ、戦前、世界の経済が地域によってブロック経済化され、それが大戦の遠因になった反省から設立されたんだよ」と熱を込めて語られたことを思い出す。

ウルグアイ・ラウンドが始まる前のラウンドでは、農産物は貿易交渉品目としては取り上げられていなかったが、アメリカ、カナダ、オーストラリアなどでは余剰農産物の処理のため貿易交渉品目としてガットの中で取り上げるように主張し、ウルグアイ・ラウンドから交渉品目になった。

当時、日本は主要農産物の輸出入については政府の管理下にあった。特にコメは輸入禁止になっていたので、日本の農産物市場は閉鎖的であるとして食料輸出国側から強い非難を浴びていた。そのため日本は交渉で窮地に立たされていた。

一方、農業生産者側は安い価格の農産物が大量に輸入されると日本の食糧生産は壊滅的打撃を受けるとして、自由化反対の強いキャンペーンをはっていた。農政協議会の強い支援を

受けている自民党議員の多くは、貿易対策委員会の会議で自由化反対を強く叫んでいた。

政府は自由化反対には理解を示しつつも、ガットでの交渉の落としどころを探らなければならず、時の田名部匡省農相も委員会で議員から突き上げられ、苦しい対応をしていた。

私もまた委員会の場で「委員長自らジュネーブに飛び、ガットのダンケル事務局長らに会って日本の立場を説明し配慮を求めるよう動くべきである」と議員から突き上げられた。

農協の自由化反対運動

私自身の考えと主張は、「食料は国民の生命維持に一日も欠かすことのできないものであり、もし自由化で食料の自給能力が弱体化するか、なくなった場合、生産国側はいかなる事態があっても消費国側に食料を安定的に供給する保障ができるか。輸出の自由は確保しても、供給の義務を負わないというのであれば、食料の安全保障上、ひいては国家の安全保障上の大問題なのである」ということなのだ。

ガット事務局長と会談
禁句用い緊迫やりとり

その後、私はガット事務局長のダンケル氏にパリで会う機会があった。平成4（1992）年5月と記憶する。その時はパリにあるOECDの建物の中で30分の約束で会うことになった。私は日本で用意して来た英文のペーパーを渡し、主要食料品についての配慮をお願いした。

ダンケル氏は「この問題は関係国の間で話し合ってください。私は単なるまとめ役なので実質的な面にはタッチできません」と素っ気ない返事をした。私は負けずに「あなたは最後にまとめのペーパーを書く人でしょう、だから頼んでいるのです」と返し、通常ならば禁句とも言うべき次の言葉を口にした。

「もっと日本の言っていることを真剣に聞いてください。あなたの給料の13％は日本が持っているんですよ」と言うと、さすがのダンケル氏もカッとなって手にしていた日本側の紙を投げつけた。「日本はガットを脱退すると聞こえるが、それでよいか」と形相すさまじく返して来た。私は「言葉が過ぎたなら謝るが、日本人の気持ちを正直に言ったまでだ」と述べた。

それから双方、落ち着いて話し合い、30分の予定が2時間になった。その時、同席していたのは自民党の柳沢伯夫氏、大河原太一郎氏、政調の岩倉具三氏で農林省の現地職員篠原孝氏もいた。篠原氏は後に民主党の衆議院議員になっている。その後ダンケル氏とは何回か会っているが態度が以前より丁寧になった。

その頃、農業団体等による自由化反対、関税化反対の集会や行動が激しくなる一方、党内では竹下派が分裂するなどの混乱があった。ついに平成5年6月18日、宮沢内閣不信任案が小沢一郎氏、羽田孜氏らの造反により可決され解散した。

そして7月18日に衆議院選挙が行われ、自民党は過半数割れとなり敗北した。不信任案の採決が行われた際、本会議場で生産者米価をどうするかについて羽田氏と話をしているところが中継していたテレビに映された。保利も造反かと誤解され、後に地元のご老人から「うろうろするな、落つけ、頑張れ」と声を掛けられたことを覚えている。テレビの影響の大きさを改めて感じた。

かくして宮沢内閣は退陣し、日本新党、新生党、さきがけ、社会党、公明党、民社党、社民連、民主改革連合の7党1会派による非自民の細川連立政権が誕生し、自民党は野に下った。しかし自民党は政権を失ったというものの最大政党であることに違いはなかった。そしてその年の12月、細川内閣によってついにコメの部分自由化が決定した。

ガットのダンケル事務局長と激論した

サザーランド氏に会う　自民総裁の親書手渡す

細川連立内閣が平成5（1993）年8月9日に成立してからコメの最低輸入量、ミニマムアクセスの受け入れ、すなわち部分自由化を決めた同年12月15日までに、私は二つの仕事をした。

ガットの事務局長は既にダンケル氏から次のサザーランド氏に交代していた。細川政権が発足して間もなく、河野洋平自民党総裁から総裁応接室に呼び出され、アメリカに行くようにとの指示を受けた。それはサザーランド氏が金融関係の会議でワシントンにいるから河野総裁の親書を持って彼に会って来いということだった。

私は9月22日に東京をたって、ブリュッセル経由でワシントンに入った。サザーランド氏に会って河野氏の親書を渡し、ウルグアイ・ラウンドに対する日本の立場を説明した。氏は銀行関係の人で農業はほとんど知らないということだった。

氏は私の話をよく聴いてくれ、こんな質問をした。「日本のコメは高いそうだが、よく消費者が黙っていますね。反乱が起こるんじゃないですか」と言うのである。

私はとっさの思いつきで答えた。「日本の消費者の家計で最大の費目は住居費で、これは日本の土地の狭さのせいです。次は子供の教育費で、塾や予備校に通わせるのは大変です。次は多分交通費でしょう。そして食費でしょう。しかしコメ購入費の家計に占める割合は全体の2％以下です。ですから米の値段が半分になっても家計全体から見るとそんなにメリットがありません」と答えた。

氏は「それで分かりました。この続きはぜひ東京で伺いたいですね」と言ってくれて、事実2回目は東京でお会いした。河野総裁の意図は、自民党は目下、野党であるが、日本最大の政党でオピニオンリーダーであることを伝えることにあったので、そのことも、しっかり伝えた。

サザーランド氏に日本の農業問題を説明

もう一つは細川内閣を相手に予算委員会で野党として初めての質問に立ったことである。質問の冒頭「今日は12月8日であります」から始めた。若い議員にはアメリカとの戦争が始まった日とは気づかなかったかもしれない。私にとっては初めての野党質問で政府に厳しい質問をぶつけ、答弁がまごつくとそれを攻撃する。コメのミニマムアクセスは義務なのかと随分しつこく聴いたりした。
外務省局長の答弁にもかみついた。「保利さんも、たまにはこんな恐ろしい質問をするんですねえ」と言われたが、面白いからといって、野党ぐせがついてはいけないと、つくづく感じた。

村山政権成立

気が進まなかった指名

細川内閣は7党1会派によって支えられていたが、この連立政権の運営は難しかったと想像される。ウルグアイ・ラウンドでのコメのミニマムアクセス受け入れに加え、小選挙区比例代表並立制導入が行われたが、細川護熙首相が佐川急便からの借り入れ問題などで予算委員会は紛糾し、平成6（1994）年度予算編成は越年した。

その審議も開けぬまま4月8日、細川首相は突然辞意を表明した。私と同期の亀井静香氏らが舌鋒鋭く首相を問い詰めていた光景を思い出す。首相の辞意表明から首班指名投票が行われ、新生党の羽田孜党首が自民党の河野洋平氏を破って当選したが、その直後に社会党とさきがけが連立から抜け、羽田内閣は少数与党に支えられるスタートとなった。この頃の動きは現場にいた私も何が何だか分からないうちに進んだ。

羽田内閣は平成6年度予算成立を条件に6月25日、自主的に総辞職を表明した。そして29日、次の首相を決める本会議が開かれた。それに先立って自民党の両院議員総会が開かれ、河野総裁から「自民党は村山富市社会党党首を推す」と言明された。

私は初当選来、ずっと自民党員として活動してきたので、この決定には疑問を感じた。「なぜ村山なんだ」という声があちこちから出た。私は2人の代議士と相談して、「どうしても気が進まないから本会議は欠席しよう」と申し合わせ、付け加えて「派閥の長だけには欠席する旨、話しておこう」と言って橋本龍太郎氏を探した。

彼はどこにいるのか皆目分からなかった。一方でテレビのニュースでは、連立を組んでいる新生党などは海部俊樹氏に投票することを決めた、と流れていた。

本会議のベルが鳴った。そこへ橋本氏が現れたので3人で欠席する旨を伝えた。すると橋本氏は深々と頭を下げ「気持ちは分かるが今回は馬鹿《ばか》になってください」と頼まれた。いろいろいきさつがあったらしいが、一般の議員には説明不足だった。

しかし派閥の長が頼んでいるので従う他なく、「今回は馬鹿になりましょう」とやけ気味に言って議場に入り、「村山富市」と書いた。1回では決まらず決選投票の結果、村山261票、海部214票で村山氏が首相に指名され、参議院でも村山氏が指名された。

海部氏は離党し、自民党は社会党、さきがけと組んで政権に復帰した。すさまじいばかりの政変劇を体験し政治の難しさをつくづく感じた。このあと私には連立政権での難しい仕事が待っているのである。

ウルグアイ・ラウンドで武村官房長官（左）に申し入れ。中央は森自民党幹事長

ウルグアイ・ラウンド協定の国会承認

「真水」の対策予算を要求

細川内閣当時、自民党政調会長は橋本龍太郎氏、同代理は津島雄二氏、私は筆頭副会長で主としてウルグアイ・ラウンド問題を担当していた。その頃、この問題はヤマ場を迎えていて、衆議院本会議で橋本氏が代表質問、私が補足質問をすることになった。

橋本氏は私に「自分は農業問題は苦手なので、保利さん済まないが、演説の原稿を作ってくれませんか」と頼まれ、橋本氏と私、2人分の原稿を一気に書き上げた。それを本会議で読んでもらったが、私は補足質問の中で食料の安全保障問題に触れた。

「この地球上で10億に近い人々が飢えに苦しんでいます。日本の主要食料であるコメは、完全に自給体制が取れているから外国から買う必要はありません。それを貿易自由化の名のもとに無理に日本に買わせ、無駄に使うことがあれば、飢餓に苦しんでいる他国の人々に対して罪を犯すことになるのではないでしょうか」と発言した。共産党からも大きな拍手をもらった。同党の人から「君のせりふは使わせてもらうよ」と言われたことを思い出す。

細川、羽田内閣が倒れたあとの村山内閣で橋本氏は通産大臣に就任し、新しい政調会長には加藤紘一氏、私は同代理に昇格した。橋本氏は入閣に当たって、代理には保利を充てるようにと加藤氏に進言したとのことである。

就任後、米価決定などの問題があったが、細川内閣で決着したウルグアイ・ラウンドの協定を国会承認にかける案件があった。

もともと自民党は本件に関しては絶対反対の立場だったから、総務会で報告しても反対論で紛糾してまとまりがつかない。農林省が示した対策費などではとても収拾がつかなかった。私は思いあまって、「たとえ細川内閣で決めた事であっても国家として国際的に約束した以上、これを覆すわけにはいかない」と述べた。結局、最高政治レベルでの決着を図ることになった。

細川内閣の農業政策について質問

平成6（1994）年10月22日深夜から23日早暁にかけて村山富市首相出席のもと、首相官邸で武村正義蔵相、河野洋平外相、自民党から森喜朗幹事長、加藤政調会長、山本富雄総合農政調査会長、それに私も加わり深夜の会議が始まった。
大蔵省主計局次長から対策費として3兆5千億円が6年分として提示された。山本氏と私は口をそろえて怒鳴るように「そんなもので国会承認が取れると思うか。それに従来の農林予算の中からと言うのは何だ。真水でなければ駄目だ」と騒ぎたてた。

3党連立と政策調整会議　多数決原理利かず熟議

村山富市首相出席の会議は荒れに荒れた。社会党の人たちも満足しない。武村正義蔵相と主計局次長が席を立ち、私の後ろに回って来ていろいろと話し掛ける。ついには河野洋平外相までが「これでいいじゃないか」と言う。自民党の山本富雄総合農政調査会長と私は頑として「駄目です、国会承認はとても取れません」と大声で叫ぶ。首相は終始穏やかな表情で座っておられたが、会議の休憩を宣言された。

私は国会内に戻り、会議室で待機している自民党総務会のメンバーに中間報告をした。おおかたの意見は「駄目だ、絶対反対していた自民党を賛成に回らせるのだぞ、頑張れ！」と言われるだけだった。

午前3時すぎ、官邸での会議が再会され、冒頭、政府としての検討結果が五十嵐広三官房長官から発表された。「政府として検討の結果、対策費として6兆100億円計上することに致しました」との思い切った提示である。私は上乗せしてもあと1兆円くらいかなと内心、思っていたのでびっくりした。恐らく社会党の内部でも工作が行われたのかもしれないと思った。

早速、総務会に報告し、今度は了承され、もめにもめたマラケシュ協定の国会承認が取れることになった。細川内閣が続いていたら承認が取れたであろうか。

自・社・さによって成立した3党連立政権で、まずやらなければならない事は3党の政策調整で、そのための機構をつくらなければならなかった。政策がバラバラのままでは政権運営はできない。そこでつくられたのが「政策調整会議」で、メンバーは自民3、社会3、さきがけ2の計8人による機構が設けられた。

自民党は加藤紘一政調会長、同代理の私、それに参議院から宮沢弘氏が入った。社会党は関山信之政審会長、さきがけは鳩山由紀夫氏が代表となり菅直人氏も参加した。そしてあらゆる政策事項について連日協議を重ねた。法律案の審議などは8人による調整会議のもとに各省庁別の調整会議を設けて検討された。

連立政権での政策調整の難しさは多数決が利かないことである。多数党、すなわち自民党が多数決で押し切ろうとすれば、少数党が離反し連立が崩壊する。あくまで「1対1対1」なのだ。ただ少数党も政権から離脱することが必ずしも得策とは考えられない。結局よく話し合いをすることである。私は「連立民主主義には多数決原理は働かない」という政治学原理のようなものを実地に学んだ。その後連立政権は順調に動き始めたが大きな仕事がやって来た。

連立与党政策調整会議室の看板掛け

密使としてシンガポールへ　北朝鮮要人と極秘会談

平成7（1995）年2月に入って間もなく、国会内の自民党総裁室に来るようにとの指示を受けた。行ってみると河野洋平総裁、森喜朗幹事長、加藤紘一政調会長、それに野中広務氏が難しい顔をして私を待っていた。

私が緊張して席に着くと、総裁からおもむろに「保利君、黙ってシンガポールに行ってください。行けば全部用意してありますから分かります」と言う。一同は私の顔を見て皆、黙っている。私は何となく不安になり「一体、何の用件でシンガポールに行くのでしょうか」と尋ねると、「行けば分かります」とだけ。私は「はい」と答える他なかった。嫌な命令だなと思った。

あとで野中氏に別室で会ったので「一体、何のご用なんですかねえ」と聞いてみると、「北朝鮮の要人と会ってもらうんだよ」と耳打ちしてくれた。私は重ねて「何で私が選ばれたんですかねえ」と聞くと、「君が一番、口が堅いからだよ」と言う。私は「これはよほど極秘の仕事のようだ。誰にも気付かれないようにする必要がある」と思った。

北朝鮮の日本における窓口政党は社会党だから、自民党が北朝鮮と何かやっていることが表に出れば社会党の機嫌を損なうことになるだろう。いや、むしろ北朝鮮が社会党に不義理を働くことになる。だから双方ばれないように細心の注意を払わなければならない。

たまたま東南アジア各国はヨーロッパと自由貿易協定設立の下交渉が行われていた。その進ちょく状況をシンガポールの要人から聞きたいと思い、アポイントを取り付けた。そして同じ頃、ベルギーのブリュッセルで開かれていた日・EU議員会議に参加した。自由貿易協定についてのシンガポールの状況を報告するため、シンガポールからベルギーに飛ぶ計画も作った。

2月15日、成田をたち、シンガポールのホテルに1泊し、翌朝10時に指定された部屋に入り北朝鮮の要人に会った。李種革という人の良さそうな人で、話を始めた。

シンガポールの象徴マーライオン

話は中断している政府間の国交交渉を再開させたいので、自・社・さきがけの代表団を送ってほしいと言う。北側の交渉代表は金溶淳氏を充てるので、日本側もそれに見合う代表を立ててほしいとのことであった。私は「よく分かりました。日本に帰って相談して返事をします」と述べ、後は雑談をして別れた。そのあとシンガポールの要人を訪ね会談した。後になって東南アジア各国とEUの間で「アセム」という組織ができたが、その前触れの話を聞いたのである。

平壌訪問団出発　事務局長として協議入り

シンガポールで会ったその国の要人とは国家開発大臣代理のリム・フンキャン氏で、シンガポールなど東南アジア各国、いわゆるアセアン各国とヨーロッパが自由貿易協定を結ぶため交渉に入っている話などを聞いたのである。

その後、私はベルギーに飛んで、その時開催されていた日欧友好議員連盟の定期協議に参加し、シンガポールで聞いた話を伝えた。そして何食わぬ顔で帰国し、密使として北朝鮮の李種革氏に会った話を報告した。これがもとになり、3月28日から31日までの訪朝団が結成された。

ところが私が帰国すると共同通信から電話があり「シンガポールで北朝鮮の方に会いませんでしたか」と言う。私は「知らない、シンガポールの要人と会っただけだ」としらを切った。すると「保利さんが行ったその日に北朝鮮から要人がシンガポールに飛んでいるので…」と続ける。私は「全く知らない」と言って、それはそれで終わった。

その数日後、今度は週刊誌アエラの記者に追われ、同じ質問を受けた。「知らぬ、存ぜぬ」で突っ張ったが、その後出たアエラには「保利氏は頑強に否定するが、」と断って「自民党が北朝鮮と接触」という主旨の記事を載せた。いかに隠密行動が難しいか、またマスコミの情報収集力の恐ろしさを感じた。

そして3月28日、3党訪朝団が出発し平壌に向かった。3党の団長は自民党渡辺美智雄氏、社会党久保亘氏、さきがけ鳩山由紀夫氏、その代表は渡辺氏が務めた。自民党からは麻生太郎、中川秀直、大木浩の3氏に私が事務局長として加わった。社会党から関山信之、深田肇、さきがけから菅直人の各氏が参加した。また各党事務局および通訳が同行、外務省からはアジア局審議官が加わった。全日空のチャーター便で平壌に直行し、多くの記者団も乗り込んでいた。

平壌に着くと北朝鮮側の代表金溶淳氏らが出迎えた。そのまま用意されたベンツに乗りこみ、車列は宿舎の百花園に向かった。それから万寿台にある金日成の銅像に献花、北朝鮮側幹部とあいさつを交わし懇談した。夕刻、舞踊組曲を見てから歓迎の宴に招かれた。

翌日、一行は用意された場所などで見学をしていたが、私は覚書について北朝鮮側と協議に入った。覚書の目的は日朝間の国交について政府間交渉を始めるように促すことである。それを一枚書きの覚書にまとめて双方で確認することだったが、これが手間取った。

平壌空港に日本代表団が到着

覚書のやりとり　表現論議、気迫で押す

実は同じような日朝協議は既に平成2（1990）年、金丸信氏と社会党田辺誠氏らの訪朝団によって行われていた。その時は漁船の紅粉船長らが不法操業の件で拿捕《だほ》されていて、解放してもらうことも目的だった。当時、覚書が作られているが、重大な事項が記載されている。その一節に次のような文言がある。

「三党は、過去に日本が三六年間朝鮮人民に与えた不幸と災難、戦後四五年間朝鮮人民がうけた損失について、朝鮮民主主義人民共和国に対し、十分に公式的に謝罪を行い、償うべきであると認める。」

この文言が5年後の渡辺ミッションの訪朝に当たり大きな影を落としていた。金丸ミッションの時の3党とは自民党、社会党、朝鮮労働党である。これは政党による覚書であるから政府を拘束するものではないが重い文言である。

新しい覚書の草稿は、加藤紘一氏が事前に東京で大筋作成し北朝鮮側とファクスなどで何度かやりとりをしていたので、それを下敷きにして文書作成に当たった。場所は宿舎の百花園の一室。相手はやり手の金養健国際部副部長、それに李種革氏。こちらは私と社会党関山信之氏、さきがけ菅直人氏の3人だった。

たたき台を使って文章を詰めてほぼ「これで良し」ということになり、あとの整理は事務局に任せ、日本側3人は記者団の待つ別のホテルに行き、合意の内容を伝えた。夜中の12時

ごろだったと思う。

それから宿舎の百花園に戻ってみると、双方の事務局がワーディング（言い回し）を巡ってもめている。記者団には合意と発表したばかりで困ったことになったと思ったが、仕方がない。先方の金・李両氏と関山・菅の2人に来てもらい、一行ずつの読み直し作業に入った。すると細かいところで文字や言葉で意見が食い違うところが出てきた。

日朝覚書について社会党の関山政審会長と協議

途中で「言った、言わない」の議論になり、相手側は大きなテープレコーダーを持ち出してきて「保利さんが言った言葉は録音してあるので聴いてもらいましょう」と言う。私は関山氏と菅氏に「スイッチを入れさせていいですか」と尋ねると、2人は「保利さんはそんなこと言ってないからスイッチを入れさせていいよ」と応じた。
私は双方の通訳の顔を見ると何とも変な顔をしている。これは双方の通訳に迷惑がかかることだと思い、強い調子で「待て！ここは国際交渉の場だ、国際交渉は信頼に基づいてやるものだ。証拠調べなら警察でやってくれっ！」と言った。相手は私の気迫に押されたのか、すごすごと機械を引っ込めた。

文書作成の難しさ

「改めて」巡り徹夜交渉

深夜に始まった詰めの交渉は、深々と引かれた厚いカーテンの中で行われたので時間の経過を全く意識せず、いつの間にか白々と夜が明けていた。私は渡辺美智雄代表の部屋に行き、北朝鮮側とのやりとりを逐一報告し理解を求めた。

交渉の場と渡辺代表の部屋との間を何度も往復した。渡辺氏は私に「保利君、あんまり無理をしなくてもいいよ。覚書なんか相手側が嫌だと言うなら作らなくてもいいんだ」と言う。私は「もう少しでまとまりますから、やらせてください」と粘った。

文中、最後までまとまらなかった個所はいくつかあった。特に問題となったのは「国交正常化のために、改めて第9回会談を速やかに行う…。」という文章だった。北朝鮮側から見ると、「改」の字は1990年の金丸ミッションの覚書にある「戦後45年の補償」という文言を打ち消す印象があるので受け入れられない、と言うのである。

私は「改めて」は90年の覚書があるので成立する字句だからと言って譲らなかった。そして妥協案として、日本文の覚書には「あらためて」と平仮名で書くから、北朝鮮側の覚書にはそれと同様の朝鮮語で表現したらいいと述べ、落着した。

やがて双方の覚書ができたが、和文の覚書はさきがけの事務局が持って来たワープロを使って仕上げた。私はすぐに覚書原案の作成者であり、東京で待っている加藤紘一氏に電話し「字句修正で若干もめましたが、徹夜で交渉して何とかまとめました」と報告した。

その後、双方の代表が一室に集って覚書の調印式が行われ、渡辺、久保亘、鳩山由起夫の日本側団長と北朝鮮側金容淳団長によって署名が交わされた。これで一連の仕事が完結し、シンガポールで会った李種革氏と笑顔で握手した。

予定より半日遅れでチャーター便に乗り、羽田に戻った。機内で私はマイクを取り平壌での一連の経過を同行議員団と記者団に説明した。羽田に着いてからは団長らが中心になって記者会見が行われた。

今回の訪朝時には予想された北朝鮮側からの食料援助に対する要請は一切なかった。代わって95年6月、李種革氏などが来日し全日空ホテルで会合、50万トンのコメを売り渡す話が成立した。なおその時、極秘に行われたシンガポールでの秘密会合の件は互いにオープンにすることにし、記者に話をした。

覚書署名後、金容淳団長（右）と渡辺団長が握手

第９章
自社さ３党協議

３党合意見直し／公募展美術館の原点／国立新美術館誕生／終戦50年平和決議／決議案作成の苦労／住専国会／２人の政調会長／小選挙区比例代表並立制／当選７回の政務次官／国対委員長就任

3党合意見直し　文化政策提言のチャンス

平成6（1994）年6月、村山連立内閣が発足した際に作られた自・社・さ連立政権の政策合意書は、政権発足から1年たった平成7年6月の時点で、合意内容の実行状況を検証した。その結果、8割は実行したので、新たな政権合意を作ることになり、政策調整会議原案の作成作業に入った。数次の会議を経てまとまったのが、「三党合意の検証の上に立って新たにつけ加えるべき当面の重要政策」という文書である。

その主な内容は、国連改革、国会改革、政治改革、行財政改革、情報公開、談合排除、教育改革、男女共同参画。さらに景気回復等、新首都建設、ウルグアイ・ラウンド対策、少子高齢化対策、NGO、NPO支援、阪神淡路震災対策、オウム真理教対策など、実にさまざまな政策が盛り込まれた。社会党や、さきがけの意見が多く取り入れられたのは言うまでもない。

とりまとめの中心的存在だった加藤紘一座長が私に向かって、「保利さん、これでいいですかね」と言われた。私は「もちろん、皆で検討して決めたことなので結構です…が」と言ってほんの少し間を置いて、「文化という字が入るといいですね」とつぶやいた。

すると加藤氏も他のメンバーも私の発言に賛意を示し、「面白いじゃないか、保利さん書いてよ」と口々に発言した。加藤氏は「済まないが、スペースがないので3行で書いてください」と言う。私は国の文化政策をたった3行で書けるかなと思ったが、私の提案が認められてうれしかった。

というのは、私が文部大臣当時から抱いていた構想を実現する機会を得たからだった。私の構想は二つあった。その一つは京都、奈良、東京にある三つの国立博物館に加えて4カ所目の国立博物館を造ることだった。これは文相就任時、九州の有力者から頼まれていた案件であるが、当時は「日本のどこかに設ける」というくらいしか言えない状況だった。

二つ目は国立の公募展美術館を造りたいということであった。公募展美術館とは日展、光風展、二科展、一水会展などのように全国から公募によって作品を集め、展示する美術館であり、従来、上野にある東京都美術館で行われることがほとんどだった。

従って東京都の美術家団体が上野で展覧会を開く余地が限られ、不満が多かった。こうした話を聞いていたので私自身いつか実現すべきだと思っていた。3党で作る当面の重要政策の中に、「文化政策」を盛りこむいいチャンスを得たのである。

政策調整会議で忙しい加藤氏（右から３人目）、菅氏（同２人目）と共に中央大学工学部視察

公募展美術館の原点　芸術家の嘆願とグランパレ

文化政策を3党合意に挿入することが決まり、私は心の中で「チャンス到来」と喜んだ。実は文部大臣当時、その時の文化庁次長から「大臣、こんなものがあるんです」と言って一通の古い文書を見せてもらった。それは筆と墨で書かれた「国立公募展美術館設立に関する嘆願書」だった。

それには全国規模の公募美術展を行う施設の必要性を切々と訴え、署名は横山大観、川合玉堂、梅原龍三郎、安井曽太郎ほか多数の著名な芸術家の名前が墨痕あざやかに記されていた。私はこの嘆願書を見て芸術に生きる人々の切々とした願いをいつの日かかなえることが文部大臣の務めであると強く感じたのである。

私には別にもう一つの動機があった。私がフランスで仕事をしていた頃、しばしばコンコルド広場の近く、セーヌ川沿いにある「グランパレ」を訪れたことがあった。天井がガラス張りの美しく大きな美術館で、春には「ル・サロン」、秋には「サロン・ド・オートンヌ」という公募による美術展が開かれ、たくさんの人が鑑賞にやって来る。

実は私の妻も花や風景の油絵を出品し入選してここに並べられたことがあった。その頃、私は「こんな美術館が日本にもあればいいいな」と秘かに思っていた。

そこで、3党の新しい政策合意書に盛りこむための短い文章を、当時の遠山敦子文化庁長官と相談して次のように書いた。

すなわち、「明るい文化国家建設のため、国民が身近に芸術文化や文化財に親しむ機会を拡充し、音楽、演劇など創造的な舞台芸術の支援を推進するとともに、新構想の博物館や絵画、工芸部門等の全国的な公募展開催の施設などの建設を進める」と言う短い文章であり、新3党合意に入れることができた。

合意書ができても実際に実現しなければ、それこそ「絵に描いた餅」でしかない。私は早速、文化庁と文部省に対して実行計画を作るようお願いした。

数日後、文部省が一つの案を持って来た。それは当時、計画されていた晴海での「東京都市博」が青島幸男都知事によって中止され、その空いた土地に公募展美術館を造るという案であった。

ところがこの案に対して大蔵省主計局からクレームが付いた。「あそこは東京都の土地であり、それを国が買い上げるとすれば、少なくとも300億円を払わなければなりません。これは長期検討事項にしてください」。主計局の林次長が自民党本部の私の部屋に来て大蔵省の考えを話した。私は「ここで負けたら終わりだ」と思い、彼に強い調子で話をした。

3党合意に盛り込まれ、実現した国立新美術館

国立新美術館誕生　大蔵省と強気で交渉

「林さん、いろいろ検討していただいて、ありがとう。しかし、長期検討事項と言うことは、われわれの常識では『やらない』に近いんです。この話は連立3党の政策責任者が決めたことです。それをやらないと言うのですか。文部省、文化庁と相談して代案を考えてください。待っています」と厳しい調子で求めた。

さすがの大蔵省次長も私のけんまくに押され、「分かりました。文部省と話してみます」と言って自民党本部を出て行った。

私は「一体どうなるだろう」と期待と不安の気持ちで新しい提案が来るのを待っていた。すると3日ほどたって文部省幹部が来て、「大蔵省と協議して新しい提案を作りました」。私が目を光らせ「と、言うと?」と聞くと、「東京の六本木にある東大の生産技術研究所を移転させて古くなった建物を解体し、そのあとに美術館を造ろうと思います。あそこは国有地ですから土地代は不要です」との提案だった。私は「やむを得ませんね」と了承した。

この建物は、その昔、二・二六事件の時、蜂起した陸軍の兵隊が駐屯していた巨大な古い建物でかなり傷んでいた。後に一部の人がこの建物は歴史的記念物であるとして解体に反対する人もあった。

その後、文部省の主導で画家の平山郁夫氏が中心になって建設委員会が立ち上がり、黒川紀章氏が設計を担当して工事が進められた。黒川氏と私は同年齢で、お会いした時、私は設計について一つだけお願いをした。それは「展示場の天井を少しでも高くしてください」というただ一点であった。

こうしてスタートしたのだが、私の心配は予算がうまくつくかどうかだった。主計局の林次長のところへ行き、「あなたのおかげで何とかスタートができましたが、予算のことが心配です。そこで予算獲得のための議員連盟をつくろうと思いますが…」と言って彼の顔色をうかがっていると、彼は意外にも「それは勘弁してください」と言う。

理由を聞くと、議連ができると、多くの先生方にいつも呼ばれて説明を求められるし、注文もつくからだという。私は「予算がつかなければ元も子もないですが、予算はちゃんと付けていただけますか」と聞くと、「それは私が責任もってきちんとつけます」とはっきり答えてくれた。

私はその足で宮沢喜一蔵相にお会いし経過を報告した。「よい仕事をなさいましたね」とお褒めの言葉を頂いた。今は時折この国立新美術館を訪れ、コーヒーを飲みながら一人、思い出に浸るのが楽しみである。

国立新美術館を設計した黒川紀章氏

終戦50年平和決議　反対団体を説得も難問

国立新美術館が完成し、しばらくして政策研究大学院大学の教授が私のところにインタビューに来た。「こんな立派な建物が議員連盟もつくらず知らぬ間にできたのは不思議議です。保利先生は経過をご存じとのことなのでお話を伺いたいのです」と言うので経過を詳細に話した。結果は大学院大学の公式文書にインタビュー記事として掲載された。

さて、自・社・さの政策調整会議が次に取り組むべき仕事は、平成7（1995）年8月15日の終戦50年に当たって「平和に対する国会決議」の案文を作ることだった。これは村山政権が発足するに当たっての3党の合意事項である。公党の約束であり、案文作成の準備に入った。

作業は調整会議のもとにある各省庁別調整会議である内閣調整会議に委ねた。そこでは3党がそれぞれの案文を作り、一本化する作業が行われた。しかしいくら会議を重ねても一体化して案文を決定できず、結局親調整会議に持ち上げられた。ここでも一本化は困難で座長の加藤紘一氏も「これがまとまらなければ3党連立は崩れるなあ」と嘆いていた。

そのような状況で自民党の中では決議反対論がくすぶっていた。ある日、党本部8階ホールの舞台上にトラック1台分の国会決議反対要請書が積み上げられた。軍人恩給団体、戦争遺家族の団体、また神社庁などが作成したもので、紹介議員は参議院の村上正邦議員であった。そして同ホールで決議反対の要請集会も行われた。

一方、決議案を何とかまとめなければならない加藤座長は私に「保利さん、これ何とか処理してよ」と言う。それから私は腹をくくって先の3団体の代表者に党本部に来てもらい懇談をした。いろいろ意見もあったが、最後に私は総括した。「皆さんから頂いた要請書の共通点は、わが国を一方的に断罪する国会決議反対という点です。私たちはその趣旨を踏まえて決議案を準備いたします」と述べ、了解していただいた。

この問題はそれで終わったが、「わが国を一方的に断罪しない」と言う案文はどう作ればよいか、私は思い悩んだ。

政策調整会議でも決議案文はまとまらず、手がつかない状況が続いた。私はできるだけ短い文章がよいと考え、秘かに200字詰めの原稿用紙を用意して、自分の考えで案文を考え、一つの文章を書いてみた。そして小さくたたんで胸のポケットに入れ、持ち歩いていた。その文案とは…。

国立新美術館建設や終戦50年の国会決議でコンビを組んだ加藤紘一氏（右から2人目）と保利氏（同4人目）＝2006年6月、東京・六本木の国立新美術館

決議案作成の苦労　草案まとめ幹部に提示

２００字詰め原稿用紙に書いた私の草案とは、まず、戦争犠牲者に対する哀悼の誠をささげた後、「人類史上における数々の植民地支配や侵略的行為に思いをいたし、我が国が過去に行ったこうした行為や他国民に与えた苦痛を認識し、深い反省の念を表明する。」と決議文の骨格をまとめた。それを小さくたたんでポケットに入れておいた。

ある会議の後で私は加藤紘一氏に「こんなものを書きましたので、ご参考までに」と言って、その紙をそっと渡した。彼は「オッ、いいじゃないか」と言って引き取り、すぐに社会党の久保亘議員に見せ、若干の修正と少し筆を加えて決議案の原案ができた。

修正点は、人類史上を近世史上にしたくらいだったが、末尾に「歴史観の相異をこえ、」平和を誓うという言葉が入った。これには、さきがけも同調し「歴史を教訓に平和への決意を新たにする決議」案が確定した。決議案は平成７（１９９５）年6月9日の衆議院本会議に上程され可決成立したが、新進党は欠席した。さらに自民党からも欠席者が出た。衆議院本会議の決議は通常、全会一致を原則とするが、この決議は不完全な形で成立した数少ない例である。私はそれでもよいと思った。なお参議院では決議が行われなかった。また村山富市首相はさらに踏み込んだ終戦50年に当たっての総理談話を発表されたことはご存じの通りである。

7党1会派によって成立した細川内閣、羽田内閣が相次いで崩壊したが、その政権運営は極めて困難であったろうと推測される。連立内閣は主義・主張の異なる政党が、一つの政権をつくるのであるから当然安定性に欠ける場合がある。

従って村山政権発足に当たって3党による「政策調整会議」を発足させ、3党の最高意思決定機関として「院内総務会」をつくったことは前例もなく苦労もあったが、今後も続くであろう連立政権運営のモデルケースとして参考になるだろう。

村山首相は就任後の本会議演説で「皆さん、よく聴いてください。社会党は日の丸を認めます。自衛隊を認めます。原子力発電を認めます。韓国を認めます」などと従来の主張を覆す発言を、皆がびっくりするほどの大声ではっきりと発言した。強い印象を受けたことを記憶している。

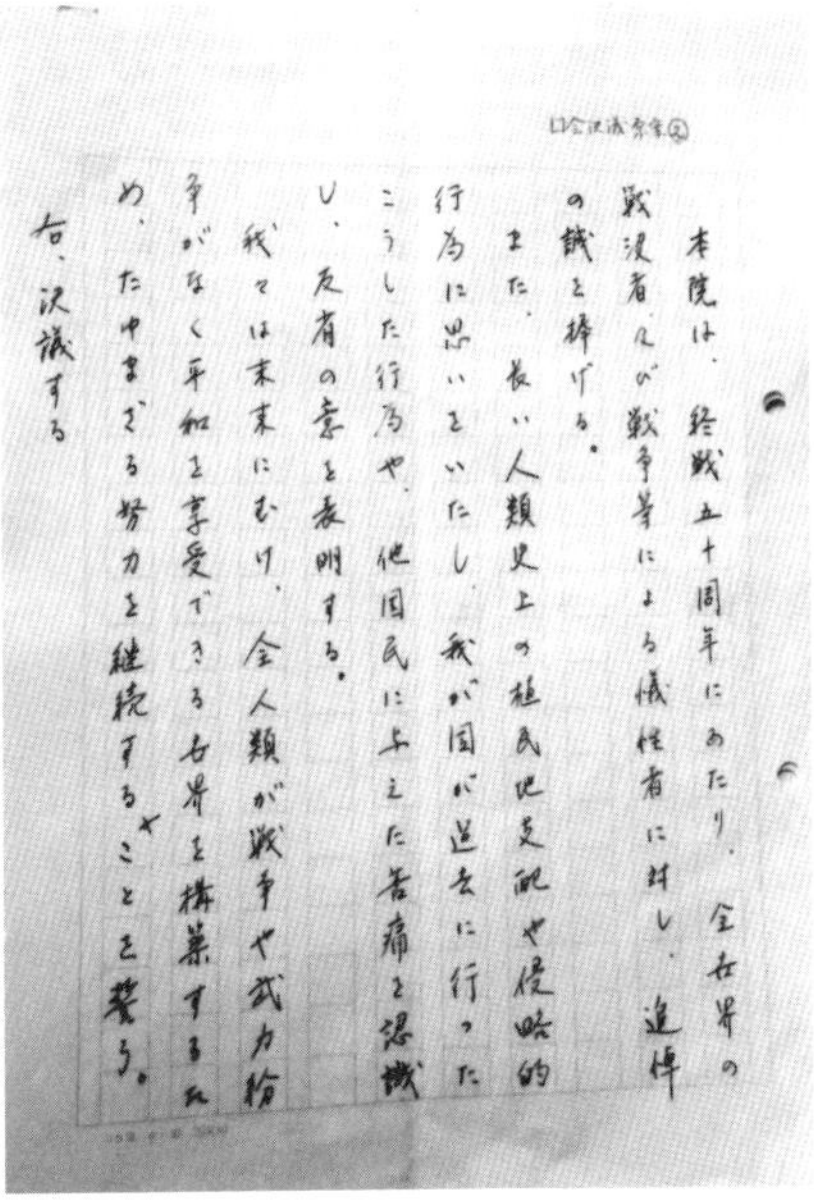
国会決議素案②

本院は、終戦五十周年にあたり、全世界の戦没者及び戦争等による犠牲者に対し、追悼の誠を捧げる。

また、長い人類史上の植民地支配や侵略的行為に思いをいたし、我が国が過去に行ったこうした行為や、他国民に与えた苦痛を認識し、反省の意を表明する。

我々は未来にむけ、全人類が戦争や武力紛争がなく平和を享受できる世界を構築するため、たゆまざる努力を継続することを誓う。

右、決議する

200字詰め原稿用紙の国会決議素案

やがて平成8年度、政府予算の編成時期になり「住専」救済のための予算を、いかに扱うかという大きなテーマが発生した。村山内閣は6850億円の公的資金を投入することを苦渋の決断で決定した。

住専国会　予算採決攻防で混乱

「住専」とは「住宅金融専門会社」のことで、農林中央金庫が関係していたことから、農林省がこの問題の処理を担当した。当時住専各社は経営困難に陥り、もし1社でもつぶれることがあれば、国民生活に大きな影響をもたらすであろうと予想され、政府が救済に乗り出したのである。

一方、村山富市首相は平成8（1996）年1月5日、辞任を表明した。1月11日、臨時国会で次期首相に自民党の龍本龍太郎氏が指名され、ただちに組閣と党人事が行われた。私は引き続き、予算委員会理事として活動することになった。

通常国会の予算委員会では住専問題が大きく取り上げられ、野党、特に新進党は住専予算6850億円の削除を厳しく求め、ついに採決阻止の行動に出た。

3月4日、予算の年度内成立を期して、予算委員会を開会しようとしたところ、野党は予算委員会室の二つの扉の前でピケを張り、政府、与党の入室を阻んだ。

橋本首相も扉の前まで行って入室しようとしたが果たせず、やむなく控室に戻った。上原康助予算委員長や与党理事は連日、理事会の部屋に陣取り待機した。与党理事は口々に「いつまで、こんなことをしているんだろうね。ばかばかしい」などと顔を見合わせて苦笑いをしていた。

このピケは長期にわたった。部屋の中もテーブルや椅子を積み重ね、ピケの前面には女性議員を配置し、また別の委員会室も封鎖するという徹底ぶりだった。与党理事は理事会室に集まる時、わざと第1委員会室の前を通り、軽蔑したまなざしを向け「君たちはいつまでそんなことをやっているんだ」と、つぶやく毎日であった。

やがて世論も新進党から離れ始め、世の批判を浴びるようになり、ついにピケも解かれて、平成8年度予算案は無事、衆議院を通過した。

住専問題で質問の矢面に立っていたのは友人であり、また親しい碁仇《かたき》でもあった大原一三農林大臣だった。参議院でも難しい質問に悩まされていたが、彼は体調を崩していて病院から国会に通っていた。そのため手当てが遅れ命を縮めたことは気の毒であった。

予算は参議院でも審議、可決されたが、年度内成立は野党によって阻まれ、政府は暫定予算を編成せざるを得なかった。

国会はもともと言論の府であり、度を越した実力行使はかえって国民の支持を失うという例を如実に示した住専国会のありさまであった。

予算委員会で住専問題について質問

2人の政調会長

代理で仕え、大所帯仕切る

政治の世界は想像もつかない形で千変万化する。予想もつかなかったハプニングで自・社・さによる連立で村山政権が誕生したのは平成8（1996）年6月30日であった。社会党首班とはいえ自民党は政権に復帰した。

細川・羽田政権時代、私は橋本龍太郎政務調査会長のもとで筆頭副会長を務めていた。村山内閣組閣の折、橋本氏は請われて通商産業大臣として入閣し、加藤紘一氏が新しい政調会長に就任した。その際、橋本氏は加藤氏に対し「保利君を政調会長代理に昇格させ、一緒に仕事させるように」と進言してくれた。

加藤氏は昭和14年生まれで私より5歳年下だが、外務省出身で英語も中国語も堪能だった。また実に頭がよく議論も上手であった。往時、党内で農業問題に精通している一人で羽田孜氏、加藤氏、そして私の3人が「農林三人衆」と呼ばれ、難しい農林部会を取り仕切っていたことがあった。加藤氏は政調会長としての表向きの仕事が多く、政府・与党連絡会議や自民党総務会での報告、テレビ討論会への出席など席を温める暇もなく、活躍していた。

一方、私は大所帯である政務調査会の監督やアドバイスをするどちらかと言えば地味な仕事をしていた。例えば政策を検討する外交部会など十数部会の運営、加えて数々の調査会や特別委員会からの報告、相談とその処理などに携わることなど随分と忙しかった。

政府や議員から提出される法律案などは部会の了承が得られると、政調審議会にかけるが、その仕切り役は政調会長代理である私の仕事である。了承を得られれば、最後の手続きとして党の最高議決機関である総務会にかけ、通れば国会に提出され、党としては党議拘束がかけられる。もし異論が出た場合は部会差し戻しとなる。

その他陳情処理などは数多くあるが、重い仕事の一つは政調内部の人事である。これは個人的願望あり、派閥の要望あり、また参議院からの申し出にも配慮しなくてはならない。

橋本政調会長（左）と打ち合わせする保利筆頭副会長

こうして政務調査会の中で橋本、加藤の2人の会長に仕え、難しい案件をさばく事で政治の実力をつけていったと自分では感じている。もちろん、各官庁との連絡も密に取り、役所に対しての発言力を強めていくことができた。

平成8年1月、村山富市首相は辞意を表明し、橋本内閣が誕生した。沖縄問題などを片付けた後、9月27日衆議院が解散され、10月20日投票で衆議院選挙が行われた。

小選挙区比例代表並立制　比例山下氏と二人三脚

平成8（1996）年10月20日の衆議院選挙は小選挙区比例代表並立制で行われた初めての選挙で、この公職選挙法改正は既に細川内閣の時に成立していた。私にとっては7回目の選挙で、佐賀県は1区、2区、3区の選挙区に分かれ、私は佐賀3区の唯一の自民党公認候補として立候補するつもりだった。

しかし、3区内には現職代議士として私の他、先輩の山下徳夫代議士がおられ、2人のうちどちらかが公認候補者になるべきかという難しい問題があった。双方とも支援者は随分と悩んだようだった。

しばらくは戦線膠着《こうちゃく》状態であったが、ある日、山下先生から直接「小選挙区は若い保利君がやりなさい。私は比例に回るよ」と言ってくださった。こんなありがたいことはない。私はただただ「ありがとうございます。一生懸命頑張ります」と言い、先輩議員のご配慮に心から感謝した。

そして公示になり選挙戦が始まると2人は一緒に街頭活動をした。山下先生は「佐賀3区では保利さんがかけている襷《たすき》と同じように『保利こうすけ』と書いてください。決して山下と書かないように」と大声で話をしていただいた。

山下先生の襷には「自由民主党」とだけ書いてあり、「もう1枚の比例代表の紙には自民党とだけ書いてください」とマイクで話しておられた。先生も選挙を長くやってきた身で、ご自分の名前が言えないのは本当におつらいことではなかったかと思っていた。

投票の結果、私は9万1871票を頂き当選、山下先生も比例代表でめでたく議席を得られた。私の過去6回の選挙は「佐賀県全県区、定員5名」という枠の中で行われ、自民党は県連大会などで普通5人の公認候補者を立てることを決定していた。従って野党を含めて多数の候補者がしのぎを削った。特に自民党の場合は同じ党の候補者同士が戦い合う選挙になり、後援会と後援会がぶつかり合う選挙でもあった。

また資金的には党本部から若干の公認料が給付されたが、候補者が属する派閥からの支援が多く、派閥の幹部は資金調達に苦労していた。

これらの弊害を除こうとつくられたのが「小選挙区制」で、同じ党の候補者同士が争うことをなくし、派閥選挙から党営選挙へと移行させることになった。そして中小政党の立場を考慮して「比例代表制」を組み込み、加えて小選挙区との重複立候補を認めることとしたため、極めて複雑な選挙制度になった。選挙制度はいかにあるべきか、極めて難しい永遠の課題である。

山下先生と手をたずさえて選挙活動（＝有田町）

当選7回の政務次官

省庁に光らせる政治の目

平成8（1996）年10月の衆議院選挙の結果、第2次橋本内閣が社民党（社会党は社民党に党名変更していた）、さきがけの協力を得て成立した。ただし社民・さきがけは閣外協力の形となった。官房長官は梶山静六氏、そして三塚博蔵相、池田行彦外相、麻生太郎経企庁長官、古賀誠運輸相、そして小泉純一郎厚相らが起用された。

その後、橋本龍太郎首相からちょっとびっくりするような電話が入って来た。「保利さん、誠に申し訳ないけれど、農林政務次官を引き受けてもらいたい」と言うのである。選挙が終わり、私は当選7回になっていて、考えようによっては大幅な格下げである。しかし総理からの直接の依頼でもあり「何か理由もあるのだろう」と考え黙ってお受けした。

あとで聞くと当選7回の中村正三郎氏が大蔵政務次官、当選6回の高村正彦氏が外務政務次官に任命され、大物政務次官が誕生したことになる。思うに、これは橋本首相の一つの考え方によるもので、各省庁に対する政治の目を光らせようとの考え方に基づくものと考えられた。その後、副大臣制度が作られたが、そのさきがけとなる措置だったと思われる。

私は早速農林省の政務次官室に入り、まず新任の藤本孝雄農相にあいさつした。当選8回の大臣、同7回の政務次官を迎え、農林省の中に緊張感が走ったと想像される。

国会の答弁や閣議出席などは大臣の仕事であり、私はもっぱら省内にいて、各部局に対して目を光らせていた。時折、「ご進講」と称して局長が職員を伴ってやってくる。局長の話は面白くない。びっしりと書いた紙を持って来て、読み上げるように話をする。私はそれまで17、18年くらい農業関係の勉強をして来たので退屈だし無駄だ。

そこで私は各局長にお願いをした。それは、私のところへ来る時はできるだけ局長1人で来てもらいたい、文書は極力持ってこないように、話をする項目は整理してせめて3～4点に絞ってもらいたい―と要望した。

2回目の農林政務次官と職員

それは思わぬ効果を発揮し、局長など幹部の間に緊張感が走り、職員たちは勉強を始めたという。これこそが橋本首相が狙った効果ではないかと思う。藤本大臣が党本部で約束してきた農業会議所の廃止を、私が党本部に乗り込んでひっくり返し、会議所を存続させたのはこの頃であった。ゆったりと仕事をした時期だったが、実質的な働きができた。そのあと思いもかけぬことが起こった。

国対委員長就任

「逃げるわけにはいかない」

平成9（1997）年9月のこと。橋本龍太郎首相から連絡があり、「保利さん、今度、国会対策委員長を引き受けていただきたい」と言う。私にとってはまさに驚天動地の話だった。

私はかつて議院運営委員会の理事をしていたことがあり、議会の切り回しや野党工作など若干は経験していたが、国対委員長ともなると国会という大舞台を動かしていく重い役である。

党内にもさまざまな意見があった。「保利さんは真面目すぎるから党内や野党相手に手練手管を使ってやる仕事には不向きではないか」という意見があり、極端な意見では「これはミスキャストだ」と言うものもあった。しかし私は「ここで逃げるわけにはいかない。頑張ろう」と心に決め、国対委員長を引き受けた。

そして幹事長室を中心に国対副委員長の人選が進められた。副委員長は確か14人だったと思うが、どの副委員長も政治経験を積んでいて、よりすぐりの人材がそろった。特に筆頭副委員長は川崎二郎氏、次席は後の衆議院議長、大島理森氏で、「助さん、格さん」で不慣れな「保利黄門」を支えてくれた。他に後に幹事長を務めた武部勤氏、政調会長になった茂木敏充氏など、多くの人材が集った。特筆すべきは若き日の安倍晋三氏もいたことだろう。

副委員長の皆さんはそれぞれ担当する委員会を決め、法案審議などの促進に努めた。各官庁や議員立法で提出される法案は数知れず、これらをスムーズに成立させることが国会対策委員会の重要かつ大きな仕事で、通称「揚げ屋」と言われていた。もちろん、各法案は各委員会に付託され審議されるから、副委員長各氏は各委員会の委員長や理事と密接な連絡を取ることが重要な任務だった。

私はこうした各委員会の動向に目を光らせていることが重要だった。党内の最高役員会、拡大役員会ともいうべき、役員連絡会、そして最終議決機関である総務会に常時出席し、国会内の状況について報告することも仕事だった。

しかし、ある時は「説明が長い！」と言って叱られ、またある時は「もっと詳しく説明してほしい」とも言われ、その頃合いを測るのが難しかった。

記者団との付き合いも大切な仕事で、私は生来、口数が少なく、あまりしゃべらなかったので、記者団には不評だった。特に私は当時、花粉症に悩まされていたので、いつもマスクをしていた。私は「余計なおしゃべりをしないようにマスクをしているんだ」と国対内部では冗談を言っていた。無口なのは父親譲りかもしれない。

国対委員長に就任し、副委員長と共に。後列右端に安倍晋三氏

第10章
自民復活政権

国対委員長始動／委員会強行採決／強行採決その後／橋本内閣から小渕内閣へ／小渕総裁再選／自治相・国家公安委員長拝命／大臣認証式／２省庁掛け持ち／石原都知事と会談／友人を失う／

国対委員長始動　やりにくかった野党交渉

国会対策委員長に任命されたのが平成9（1997）年9月11日、橋本龍太郎自民党総裁が無投票で再選された日だった。その時の幹事長は加藤紘一氏であり再びペアを組むことになった。それから平成10年7月25日まで10カ月余り重い職責を担うことになった。

私の前任者は秋田県選出の村岡兼造氏で1期上、慶応大の先輩でもあり、また同じ田中派、竹下派、橋本派で活動してきた同志でもあった。橋本首相のもとでは官房長官を務めていたので何かと相談に乗っていただいた。

当時、野党はできたり壊れたり、全くバラバラだった。国会運営について野党と交渉しようにも、誰が本当に責任を持ってくれる人かよく分からず、まるで八岐大蛇《やまたのおろち》と話しているようで非常にやりにくかった。

ある時、まだ野党だった野田毅氏と二階俊博氏から会談の申し入れがあり、国会内の部屋でお会いしたことがある。政府高官や自民党の実力者が、やっと審議入りした平成10年度政府予算案を前に、一段の景気対策のため補正予算を組むべきと発言したことを受けてのことだった。

二人は口をそろえて「補正予算が必要だということは、今、審議している政府本予算では不十分であるということ。いますぐに本予算は撤回し、修正のうえ改めて出し直すべきだ」と強い調子で責めたてられた。

私は、ここは勝負どころだと考えて力を込めて答えた。「いま審議をお願いしている政府予算案はベストのもので変更する必要はありません」と言って激論になったが、梃子《てこ》でも動かず押し切った。本予算の審議中に補正予算に言及することは議会運営上タブーなのである。

こんなこともあった。東京都出身の新井将敬代議士が株取引を巡る問題で検察から調べられ、国会でも野党から証人喚問せよと迫られていた。検察は国会開会中ということもあり、逮捕許諾請求を政府に求めた。政府はこれを許可して国会に提出した。議員運営委員会では衆議院本会議での代表質問のあと審議にかけることになった。

すると代表質問の進行中「新井氏が自殺したらしい」との話が入ってきた。すぐに法務省や警察庁に調べてもらったが彼の行方は分からなかった。やがて品川のホテルで彼の死亡が確認され、大島理森副委員長が野党を回って許諾請求審議の取り消しを議場内交渉で決めてくれた。

新井氏が亡くなる2日ほど前、私は彼に会ったので「元気かい」と話し掛けたところ、「はめられました」と言って苦笑いをしていた顔が忘れられない。

橋本首相を挟んで村岡官房長官（右）と保利国対委員長コンビ

委員会強行採決　空前絶後のやり直し

バブル期に住宅に対する資金需要が増し、住宅金融専門会社（住専）がつくられ個人住宅向けの貸し出しが盛んに行われた。その後バブルがはじけ、地価が大幅に下落したため、貸し出しに対する土地の担保価値が下がり、貸し出しの一部が担保不足で不良債権化した。住専7社の貸し出しが約13兆円、うち「焦げ付き」と思われるものが6兆円余りとなって大きな社会問題になっていた。

一方、同様の問題が銀行にも発生し、預金保険法改正案が国会に提出され、大蔵委員会に付託、審議が進められた。国対委員長室には各銀行の頭取らが一日も早くこの改正案を成立させてほしいと、そろって要請に来た。ところで大蔵委員会の方ではある程度審議はしたものの、野党は採決には頑として応じず膠着《こうちゃく》状態になっていた。

そんな中、大蔵委員長が国対委員長室にやって来て懇願した。「採決について野党は言うことを聞かないし、早く通さないと銀行の一つや二つはつぶれるかもしれません。すみませんが、強行採決をやらせてください」

私は何とか話し合いで片付かないかと考えたが緊急性のこともあり、「幹事長と相談するからしばらく待て」と言って隣の加藤紘一幹事長のところへ行って事の次第を報告した。加藤氏は「事は急を要するし、このところ野党はわがままばかり言ってくるからこのへんで一発ガンとやりますか」と言う。私も「じゃあ一発やりましょう」と腹を決め、待っていた大蔵委員長に「よしっ、やろう。うまくやれよ」と伝えた。

後は委員会の現場任せだと思い、国対委員長室にいて、「強行採決なんてそんなに時間のかかるものじゃない。うまくいったかな」と思いつつじっと待っていた。

やがて大蔵委員長が情なさそうな顔をして入ってきた。「すみません、失敗しました。採決はしたのですが、速記者が席についていなかったので採決不成立ということになってしまいました」と泣き出しそうな顔をしている。この委員長は高校の後輩ということもあり「このばか野郎、速記を入れて、さっさとやり直せっ」と大声で叱った。

2度目の採決は速記者を入れて、無事終了した。野党の抵抗は口々に騒ぐだけで物理的抵抗はなかった。強行採決のやり直しとは議会史上でも空前絶後のことではないだろうか。後に本会議で可決され参議院に送られたが、そこで予期せぬ大きな問題が発生した。

預金保険法改正案の強行採決を決める

強行採決その後　参院側の非難受け平謝り

預金保険法改正案が衆議院本会議で可決され、参議院に送られたが、ここで大きな問題が発生した。それは衆議院大蔵委員会での強行採決のため野党側が態度を硬化させ、参議院での審議になかなか入れないことであった。そのため参議院自民党の幹部が、衆議院で行った強行採決に対して猛烈な非難を浴びせてきたのである。

いわく「こんな荷くずれした荷物は受けとれませんぜ」「めちゃくちゃやって持ってきても、参議院じゃあ審議に入れません、当分ダメですな」と非難ごうごうである。加藤紘一幹事長と私が参議院の幹部のところへ行き、一生懸命おわびをしても許してもらえない。参議院議員会長も幹事長も許さない。思いあまって参議院議長にもおわびに行っても、とりつくしまもない。

あげく、党の役員会や拡大役員会、そして総務会でも、参議院側からひどく叱られるばかり。加藤幹事長も私もほとほと閉口した。

しかし、法案は衆議院本会議で可決されているし、金融政策上も一刻の猶予も許されない。こういう時は相手の懐に飛び込んで叩《たた》かれても、叱られても審議に入るようお願いしなくてはならない。会社員だった頃、製品の納期遅れで得意先の購買からひどく叱られたものだが、そんな時には相手のところへ飛んで行って、顔を見ながら叱られ許しを乞うたものだった。

私は参議院の議員会長のところへ行った。「いつでも、どこでも、うんと叱っていただいて結構です。ただ、何とか一日も早く審議に入っていただき、金融危機を救っていただくようお願い致します」。誠意を込めてお願いした。

いろいろあったが、その後参議院も動き出し無事、法案は可決された。その裏には、私と同じ派閥の青木幹雄参議院議員が動いてくれたものと信じている。

役員会でも強行採決で参議院側から叱られる

この一件から衆議院で強行採決をやむを得ずする時でも、よほど参議院と話をつけてやらないと問題を起こすという事を学んだ。もとより自民党の国会対策委員長は参議院の国会対策についても責任者の立場にある。といっても、参議院の運営について干渉がましいことはしてはならない。参議院にも幹事長や国対委員長がいて議会の運営は彼らに任せなければならない。

ある時、私が国対委員長室に残っていると職員が「委員長、衆議院の議事は全て終わりましたからお引き取りいただいて結構です」と言ってきたので、私は「参議院の灯は消えたか」と聞いたのを覚えている。

橋本内閣から小渕内閣へ　自社さ体制の終わり

村山内閣のあとを受けた橋本内閣では実にさまざまな政治の動きがあった。私が国対委員長に就任する前にも平成9（1997）年4月には消費税率が3％から5％に引き上げられた。これは平成8年10月の衆議院選挙の際のテーマになり、賛成、反対の議論が沸騰した。

選挙の際、街頭である老人が、私の腕を強く引っ張って「消費税は上げたらいかん」と言う。私は「税金を上げるなんて僕も嫌だ。だけど、年金の払われんごてなってよかですかな」と言うと、近くにいた老婦人が「うんにゃ、年金は払ってもらわにゃいかん。物ば買わんならよかっちゃるけん消費税は上げてよかさい」と話した。2人は互いに言い合いをしていたが、結局おばあさんが勝ったようだった。税金は庶民にとって大きな問題なのである。

平成9年6月には臓器移植法が成立した。これは科学の問題であると同時に生命倫理の問題であり、また宗教の問題でもあり党としては党議拘束は全くかけず、議員個人の判断で投票することになった。

脳死とはいえ、まだ動いている心臓を切りとることをどう考えたらいいか、投票の前夜はなかなか眠れなかった。結局、医者でもある提案者の中山太郎議員に賛同することにしたが非常に難しい判断だった。

橋本政権下では2度の国政選挙があり、1度目は平成8年10月に行われた初めての小選挙区比例代表並立制による衆議院選挙で、この時は自民党は好調裏に選挙を行った。山下徳夫先生と並んで選挙運動をしたのはこの時である。

2度目の選挙は平成10年7月に行われた参議院選挙で、この時は金融不安や不況が影響して大きく議席を減らして大敗した。その選挙の直前、社民党とさきがけは閣外協力を解消し4年にわたる自社さ体制は終わった。橋本龍太郎首相は参議院選挙不振の責任を取って辞意を表明した。

これを受けて自民党は両院議員総会の形で平成10年7月24日、総裁選挙が行われ、小渕恵三、梶山静六、小泉純一郎の3氏が立候補した。地方代議員を交えて投票の結果、小渕氏が大差で当選し、国会の議決を経て7月30日、小渕内閣が発足した。

橋本内閣は約2年半政権を担当し、特に財政・金融の不安除去に努め、1府12省庁への再編などに取り組む一方、大蔵省の不祥事に悩まされ、苦難の多い内閣であった。しかし、その後半、10カ月ほどだったが、難しい仕事を国対委員長として補佐させていただいたことをありがたく思っている。

橋本内閣から小渕内閣に

小渕総裁再選

派閥事務総長として準備

平成10（1998）年7月の参議院選挙不振の責任を取り橋本龍太郎総裁が辞任したことを受け、幹事長以下党役員もそろって辞任し、私も国対委員長の職を解かれた。そして小渕恵三氏が首相になったことにより、経世会会長は小渕氏から綿貫民輔氏に代わった。私は綿貫氏の下で派閥の事務総長を命ぜられた。派閥の事務所は議員会館裏手のビルにあり、その運営に専心携わった。

まず派閥に属する議員の選挙区事情や成績、同一選挙区内の野党の動向、国会や党における役職などを自分で分厚い資料を作り、常に持ち歩いていた。特に若手の議員からは極力話を聴き、必要な時はアドバイスをしたり、指導したりすることも大切な仕事だった。また幹部の議員とは随時集まり協議を重ねた。

小渕氏の総裁任期は橋本前総裁の残りの任期、つまり平成11年9月までだった。従って小渕再選の準備にかからなければならなかった。私は事務総長としてその準備を考え、行動しなければならない立場にあった。時は流れ、やがて総裁選挙の日が近づき、誰が対抗馬として名乗りを上げるのか世間は注目していた。

いよいよ9月9日、立候補の受け付けが始まり、小渕氏のほか加藤紘一氏、山崎拓氏の3人が立候補の届け出をした。推薦人は30人で経世会以外の各派閥や無派閥からも名を連ねていただいた。届け出を済ませて赤坂プリンスホテルで出陣式が挙行された。この選挙は一般党員も郵便で投票できる形をとっていたので出陣式には各種団体も参加していただいた。総裁選挙が始まる前、８月末には「小渕総裁の再選を実現する会」が結成され、会長に藤本孝雄議員が選ばれていた。

出陣式は昼前から始められ、議員本人と夫人、婦人団体を含む諸団体、秘書などがあふれんばかりにホテルのロイヤルホールを埋め尽くしていた。そして小渕氏と藤本氏の到着を待っていたが、その前に私が経過報告をすることになった。

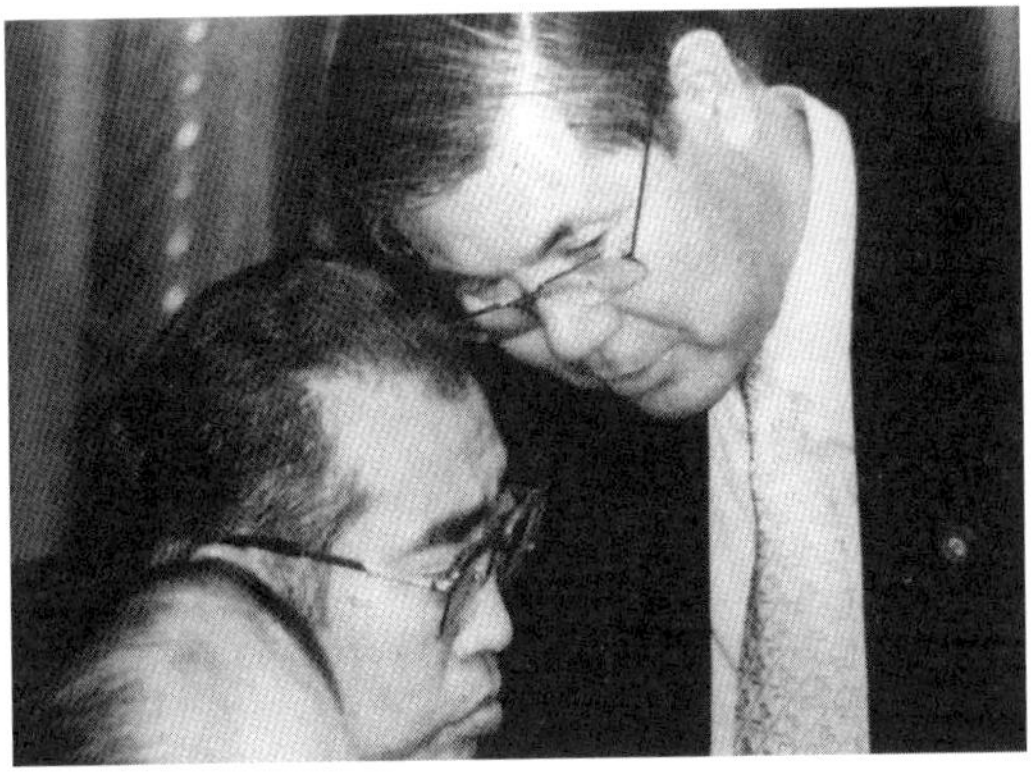

小渕総裁の再選に向けヒソヒソ話

「実現する会」の結成、そして「清和研」「志帥会」「番町研」、無派閥の議員を交えて合同選対がつくられ、291万人の全国の党員に働き掛けたり、激励集会に参加したりするなど運動を続けてきたことを報告した。そこで場内から思わぬヤジ。「大勇会（河野派）が抜けてるぞぉ」。これは弁解の余地はなく、平謝りして事なきを得た。

あとで記者団に「大事な、大事な大勇会を抜かし大失敗をしたので事務総長は辞表を提出しよう」と言うと、「いやいやそれは困ります。続けてもらわないと」。私は「懲罰のため辞任させないということか」と言って笑った。

自治相・国家公安委員長拝命　地方財政巡る答弁に苦労

総裁選挙は小渕恵三氏の圧勝に終わり、お礼回りなどを済ませた後、10月5日に内閣改造が行われた。いろいろないきさつがあったが結局、自民党、自由党、公明党の3党連立体制で組閣が行われた。自由党からは二階俊博氏が運輸相兼北海道開発庁長官、公明党から続訓弘氏が総務庁長官として入閣した。

異色だったのは宮沢喜一元首相が、副総理兼大蔵大臣として入閣されたことだった。実は加藤紘一氏と私とで宮沢邸に伺い、蔵相就任を直接お願いしに行ったことを覚えている。その時、宮沢氏は「お二方にわざわざおいでいただいたのじゃあ、いやとは言えませんな」と言われた。

ところで、私自身にも再び大臣の話が回ってきた。最初、法務大臣という話もあったが、自治大臣兼国家公安委員長として発令された。私は「また難しい仕事が入ってきたなあ」とやや不安を感じた。

自治省といえば県や市町村など地方自治体に関する事務を取り扱う官庁で、地方交付税交付金の配分などを扱う。それは、国が集める国税5税（所得税、法人税、消費税、酒税、たばこ税）から規定によりその約3分の1を地方に戻すものを財源にしている。県や市町村はそれを財源として予算を組んでいる。それはいわゆる「ヒモ」付きではなく、自由に使える財源だから地方自治体にとってはありがたいものである。

地方交付税交付金は近年政府総予算のうち約20％近くを占め、社会保障費、国債費に次ぐ大きな費目になっている。また地方の財政も厳しいことから国税5税からの戻し金では不足し、交付税特別会計の中で借り入れを増やさざるを得ない状況となっている。

つまり国が借金をして地方自治体に配分しているのである。年末や年度末には地方自治体から特別な財政事情に基づく特別交付税の要望が出てくる。それらに対応するのも自治省の仕事だった。

国会の中では地方行政委員会で質問を受け、慣れない答弁をしていた。各議員からは地方自治体の財政面での苦しさが訴えられ交付税交付金に対する要望が主張される一方、交付税特別会計の赤字をどうするのかとの厳しい指摘も受けた。あちら立てればこちら立たずで、割り切った答弁をすることができなかった。

幸い鳥取県選出の平林鴻三議員が政務次官として支えてくれたので大いに助かった。彼は自治省出身で知事を務めたことがあり、自治事務のベテランだった。

自治大臣就任あいさつ。平林鴻三政務次官とともに

大臣認証式　官邸、皇居を行き来

ここで、大臣認証式を振り返ってみよう。平成11（1999）年10月5日、青木幹雄氏から電話があり「13時20分に官邸にお入りください」とのこと。やがて首相の執務室に呼び込まれ、自治大臣、国家公安委員長の内示を口頭でいただいた。小渕恵三首相は「記者会見では好きなことを言ってください。ドンドンと。よろしく頼みますわ」と言われた。午後4時ごろ、記者会見し、落ちついて短く発言した。

官邸を出て、平成研究会の事務所に寄り、議員会館でモーニングに着替えて4時半に再び官邸に戻った。5時ごろ車列を組んで皇居に入り、控えの間でしばらく待った。その間、天皇陛下への首相の上奏、天皇が認証書に署名され、その墨が乾くまで待った。

6時すぎ、大臣が一人ずつ呼び出され陛下から認証を頂く。認証にはただ「国務大臣に任命する」とのみ記されている。陛下は「重責、ご苦労に思います」と言われた。控室に戻りご下賜のシャンパンで乾杯、皇居北口で写真を撮り、官邸に戻った。

官邸では改めて自治大臣と国家公安委員長の2枚の辞令書を首相から頂いた。このあと初閣議、自分の「花押《かおう》」を登録し、官邸の階段での写真撮影、これで一連の行事は終わった。

それから自治省へ初登庁した。拍手に迎えられて「日本たばこ」のビル14階の大臣室に入ると、眼下にホテルオークラ、そして米大使館が見え見晴らしはすこぶる良い。次官以下の職員にあいさつ、記者会見をして警察庁へ移った。幹部と話をして記者に会い、秘書官、S

P、運転手と共に帰宅したのは12時近くだったが、用意された赤飯を食べ一日が終わった。
翌朝9時半に自治省へ入ると、佐賀県から井本勇知事と福島善三郎唐津市長が来ていた。知事は「ほんにうれしか、何と言うてん、自治省は一番頼るところですもんね、大臣はおどんが親父さんのごたるとですよ」と真っ赤な顔をして笑っていた。続いて前任の野田毅大臣から引きつぎを受け、広間で職員を前に野田氏のお別れのあいさつ、私の就任あいさつが行われた。

認証式後、官邸で記念撮影

大臣就任3日目の10月7日は初当選からちょうど20年目の日。午前10時から第1回の国家公安委員会が開かれ、4人の公安委員が顔をそろえた。すなわち那須翔氏、岩男寿美子氏、新井明氏、磯辺和男氏。欠員1で、それに委員長の私が加わって、国家公安委員会を構成する。この日は初顔合わせで特段の事項はなかった。

しかし、この日から私には地獄の日々が続くことになるのである。神奈川県警の不祥事に始まる数々の事件は、私の政治家としての経験の中で最も苦しく、つらい事だった。

2 省庁掛け持ち

多忙極め、国会中はホテル泊

自治大臣と国家公安委員長の掛け持ちの仕事は難しく、かつ多忙を極めた。自治省は当時、虎の門にあった日本たばこのビルに間借りしていた。一方、警察庁は警視庁隣の古いビルに入っていた。このビルは今では立派な建物に造り替えられ、警察庁と自治省（現・総務省）が入っている。

国会開会中、予算委員会や地方行政委員会に呼ばれ答弁する時はまず自治省で勉強した。それが済むと警察庁に移って予習をするという日々だった。それも委員会の質問取りと、答弁書の作成を事務方が行うのだが、早くても夜9時ごろにならないと準備ができない。それから大臣のところで勉強会、それも二つの役所で別々にやるのだから、とても家には帰れない。いつも近くのホテルに泊まっていた。

国家公安委員長としての初仕事はモスクワへの出張だった。平成11（1999）年10月18日から21日まで、臼井日出男法務大臣と一緒だった。会議の名称は「G8国際組織犯罪対策閣僚会議」で、アメリカ、ドイツ、カナダ、フランス、英国、日本などから閣僚が出席し、冒頭プーチン首相（当時）が演説をした。そのあと各国代表が発言し、私も密航、麻薬、テロ対策、さらには国際犯罪の資金的側面についても言及した。

会議後、アメリカのリノ司法長官とも会談した。主として臼井大臣が対応したが、私も沖縄サミットの警備について報告したところ、ＦＢＩと連絡を取ってもらいたいとのことだった。またアメリカは数千億円の予算でサイバー対策を取っているらしいが、と尋ねたところ、ほとんど軍関係で扱い、機密事項に属するとのことだった。

全体会議そのものは引き続き毎年やろうという雰囲気だったが、その後どうなったか、私は知らない。

日本に帰国すると次の出張予定が決まっていた。平成12年7月には沖縄県でサミットが予定されていて、その警備体制のあり方について県や県警と協議し視察するための出張であった。米海軍の普天間基地の移転については既に基本的な日米合意は成立していたが、どこへ移すかは決まっていなかった。しかし沖縄県議会は県内移設について賛成していた。

問題はサミットにあたっての警備体制で、約2万人の警察官を全国から動員するとしていた。沖縄県や関係地域に協力を要請することも私の重要な役割だった。後にサミットは無事開催され、ホッとしたものである。

リノ米司法長官と会談＝モスクワ

石原都知事と会談　銀行税の懸念を伝達

平成11年10月に自治大臣を拝命し、またたく間に年末を迎えた。大みそかは西暦1999年から2000年になるミレニアムで気持ちが改まる時であったが、自治省としては地方自治体やあらゆる組織にコンピューター上のトラブルが発生しないか、交通機関などに障害が起きないか警戒体制を取っていた。

私は自治大臣として、また国家公安委員長として役所の職員たちに促されて街へ出てその様子を視察した。夜、12時には銀座4丁目にいて年が改まる鐘の音を聴いた。心配したトラブルも2、3の軽いものはあったがおおむね平穏だった。役所に戻って職員が作った手打ちの年越しそばを皆で食べて新年を祝った。

新年に入りしばらくすると、東京都の石原慎太郎知事が、銀行を対象に地方税である法人事業税に外形標準課税を導入すると発表した。専門的で一般には分かりにくいが、通常、利益にかける税金の代わりに会社の規模などを対象に法人事業税をかけることで赤字会社にも課税されるやり方である。

その方法は党や国会でも議論されていたが結論が出ていなかった。石原知事は国会の結論を待たず銀行を対象にした外形標準課税、俗にいう銀行税に踏み切ったのだった。

私は自治省の税務局長と相談し、東京都の意向には正面から反対できないが、銀行税は銀行狙い打ちの感もあるし、全体として税体系のバランスに欠けていると判断した。そこで自治省としての懸念事項を6項目に整理した。
①所得による課税との不均衡②大手銀行のみ対象の不公平性③東京都だけ先行してよいか④他の地方自治体に減収をもたらさないか⑤景気回復や金融システムに影響しないか⑥銀行に充分説明されているか。

銀行税を巡り石原知事と会談

これらを私が手書きにして宮沢喜一蔵相に説明し、了解していただいた。

この懸念事項は石原知事に渡すことにした。平成12年2月21日、ホテルの一室で私が知事にお会いし、手書きのままの紙をお渡しした。知事はしばらく黙って読んで「言っていることは分かりますが、自分はやらせてもらうよ」とのことだった。私は「そうですか」と言い、あとは雑談をした。その中でいわゆる「保利書簡」と青嵐会の動きなど2人きりで話をして別れた。

その後、銀行税は実行できず一件落着したことはご存じの通りである。自治大臣としての仕事は多岐にわたったが、同時進行でより難しい仕事に取り組まなければならなかった。国家公安委員長としての仕事である。

友人を失う

戦友の死に言葉出ず

本稿執筆中の平成28（2016）年9月9日、元官房長官で元自民党幹事長、政調会長の加藤紘一氏が亡くなった。翌10日夕にテロップがNHKテレビで流れた。たまたまテレビを見ていた私は、その報に接しがく然とした。体調不良ということは知っていたが、あまりに突然のことで言葉が出なかった。

思えば加藤氏とは長い付き合いだった。派閥は違っていたが、仕事を一緒にしたことは数多くあり、いわば戦友という間柄であった。最初は農林議員として共に会議を運営し、農産物価格決定の際は一緒に徹夜して交渉に当たり、農産物自由化阻止ではそろって汗をかいた。自・社・さきがけの3党連立時代には難しい政策調整会議を運営し連立内閣を支えた。またシンガポールでの北朝鮮高官との会談とそれに基づく渡辺美智雄氏を団長とする北朝鮮訪問団の編成など加藤氏の筋書きによるものだと私は思っている。

マスコミによれば、加藤氏はアンチ経世会で小渕恵三自民党総裁再選の時も、自ら総裁選挙に出馬しかなりの票を集めた。その後の山崎拓、加藤、小泉純一郎氏による「YKK」の活動も反経世会の動きの一環だったといわれている。私はそうした政治的な動きには全く関係せず、ひたすら自民党のためにやるべき事に真面目に取り組んでいた。

良き友人であり、良きパートナーだった加藤氏亡き今、私が残念に思うことは、2人で思い出話をすることができなくなったことである。ただただご冥福をお祈りするしかない。

そしてもう一人、大事な人が旅立った。7月26日、ピアニストの中村紘子さんが亡くなった。彼女は私の妻の知り合いで、時々、音楽会に私たち夫婦そろって招待されていた。私もクラシックは好きな方なので喜んで出掛けていたし、時折は港区三田のご自宅に呼んでいただいてピアノを楽しみ、またごちそうにもなっていた。

彼女の話では、音楽学校を出たばかりの若手の演奏家がたくさんいるが、演奏の機会がない。一方、地方には小さな音楽会を開くことができるホールが数多くある。ただ若手演奏家と地方のホールを結び付けるシステムがない。日本のクラシック音楽を盛んにするために、このシステムを作りたいと熱を込めて話されていた。それは自治省（現総務省）の外郭団体によって一部実現したが、まだ十分ではない。これから伸びる若手演奏家のために惜しい人を失ったと思うのである。

中村紘子さん（中央）、庄司薫さん（右）ご夫妻と＝中村紘子さんの自宅で

第11章
試練の国家公安委員長

警察不祥事／監察時の酒食と麻雀／国会での苦闘／警察刷新会議設置／警察、消防で働く人々／小渕内閣から森内閣へ／森内閣発足と解散／皇居でのご進講／小泉内閣誕生

警察不祥事　厳しく訓示後も続く

警察問題について私が最初に考えたことは、政治は警察組織に干渉してはならないということであった。つまり警察は中立的立場で国民の安全、安心を守らねばならない。その証拠に、戦後、国家公安委員会制度が設けられた頃からしばらくは政治家が委員会の組織の中に入ることはなく、政治家以外の人たちで構成されていた。

しかし、その後、国会との連絡役が必要と認識され、国会議員が公安委員会の組織の中に入るようになった。そのような経緯もあり、公安委員会の中で政治家である公安委員長は表決権がない。

警察法第6条によれば「委員長は、国務大臣をもって充てる。委員長は会務を総理し、国家公安委員会を代表する」と記されている。委員長は国家公安委員会の総責任者であり、ひいては警察組織の最高責任者であるかのような誤解が国民にも、そうして議会内でも生じていた。

そうした誤解に基づいて、議会内で、また一部マスコミによって国家公安委員長は警察不祥事の責任を取って即刻、辞職すべしとの主張や論調がなされた。

表決権のない国家公安委員長が警察法に記されている「会務を総理し」とはどのようなことを意味するのであろうか。警察庁の中で議論もし、勉強もした。国家公安委員長は公安委員諸氏の意見のとりまとめ役であるが自らは議決権がない。会議のとりまとめ役なのである。

そういう微妙な立場に立って国会で野党の激しい質問に答えるのは極めて難しかった。私が着任した時には既に神奈川県警での不祥事が発生していて、しかも重大な事態に発展していた。それは神奈川県警の警部補が覚醒剤を使用したことから県警組織ぐるみで、そのもみ消しをしていたことが明るみに出て、当時の県警本部長らが起訴された事案である。マスコミによれば逮捕や書類送検された警察官は19人、内部処分者は54人と伝えている。まさに大事件であった。

首相官邸を出る保利国家公安委員長

当時の警察庁長官は関口祐弘氏で、彼のもとで全国の県警本部長および管区警察局長を全員、東京に招集し、大会議を開き、警察の不祥事根絶を申し合わせた。私も冒頭、厳しい調子であいさつした。

治安維持について、「国民は警察に頼る以外ないのだから、心を引き締めて正しく親切に対応してほしい」などと話したことを覚えている。だが、残念なことに、その後も不祥事が起こっていた。いろいろな事案が次つぎと起こり、その極め付きが新潟県警の事案である。

監察時の酒食と麻雀　深夜に長官が重大報告

年が明け平成12（2000）年1月、関口祐弘警察庁長官は神奈川県警本部長以下が起訴されたことから一件落着と見て辞任し、次長の田中節夫氏が長官に就任し、佐藤英彦氏が次長となった。

やがて第147回通常国会が始まり、首相の所信表明、各党代表質問が行われ、予算委員会が開かれた。私は自治大臣、国家公安委員長として「針の筵《むしろ》」に座らざるを得なかった。予算委員会などでは警察不祥事問題が取り上げられ、私に対する引責辞任要求が連日のように野党各党から突き付けられた。

そうした中で1月28日、新潟県柏崎市で平成2年以来9年間、行方不明だった、当時小学校4年生だった女性が見つかったというニュースが入ってきた。女性は既に19歳になっていて、男の部屋に閉じこめられていたという。

第一発見者は実は保健所の職員だったのだが、警察はそのことを発表しなかったことが虚偽の報告としてとがめられた。国会では野党の各質問者が警察問題を取り上げ、田中長官や佐藤次長が答弁に汗をかき、私も公安委員長として弁明に努めた。

そうした中で2月24日、いつものように自治省、警察庁での勉強を終え、夜遅くホテルに入り寝間着に着替えてくつろいでいると、「トン、トン」と扉をたたく音がした。ドアを開けてみると田中長官が立っていた。私は「この時間に長官自らが訪ねて来るからには何か重大な話があるな」と思い、狭い部屋に招き入れ、長官は椅子に、私はベッドに腰掛けて話を聴いた。

長官はかなり緊張していたが、おもむろに口を開いた。

「かなり残念なことですが、ご報告しなくてはならないと思い、やってまいりました」

1月28日、新潟県の県警本部には関東管区警察局から局長以下十数名による特別監察が行われていた。その日の夕方、県警本部長が設定した夕食会があり、管区警察局長と県警本部長らは酒食を共にしたという。

その席に9年間行方が分からなかった女性が見つかったという報告が入ってきた。監査に来た管区警察局長は県警本部長に対し「県警に戻らなくていいか」と尋ねたところ、「大丈夫です」と言って席を立たず、その後、夜12時すぎまで麻雀《マージャン》をして過ごしたという。

このことはしばらく表に出ることはなかったが、やがてマスコミの気付くところとなり、警察庁としても黙っていられなくなったという。以上が警察庁長官の報告だった。私は床に就いたものの、ほとんど眠れなかった。

田中警察庁長官と国会内で苦心の協議

国会での苦闘　首相慰留、辞表思いとどまる

平成12（2000）年2月末から3月初旬にかけて、新潟県警を巡る事案が衆参予算委員会や地方行政委員会などで野党側の激しい追及を受け、警察関係者や私も国家公安委員長として攻撃の矢面に立たされた。

それは猛火の中に立たされているかのようであり、心労のあまり、警察庁次長も刑事局長も入院してしまい、ひとり田中長官が奮戦していた。私自身に対しても鋭い質問が続き、警察庁職員が議会終了後、鎮静剤を持ってきてくれるほどだった。

新潟の事案で問題になった中心人物は小林幸二県警本部長と監察に行った中田好昭関東管区警察局長で、当初は温泉での夕食会や麻雀《マージャン》の事などは表に出ていなかった。しかし、神奈川県警の覚醒剤使用もみ消しなど不祥事が相次ぎ、しばしば会議や通達などで襟を正す申し合わせをしていた中で起こした事案であり、やがてマスコミも気付きはじめたこともあり、中田局長が警察庁長官に会い事実を明かした。

そのあと長官が深夜、私の泊まっているホテルに来て事の次第を明かしたのである。私は、あれだけ会議をやって、全国の県警本部長や管区警察局長に規律の厳正化を訴えたにもかかわらず、それが守られない事態が発生したことは残念であり、悔しくもあり、切ない気持ちにもなった。

しかもその会議には小林本部長も中田局長も列席していた。そして9年間、行方が分から

なかった女性が見つかった時に、現場にも急行せず、酒食を共にし深夜まで麻雀をしていたとは言語道断、憤りというより、裏切られた情けなさがこみ上げてきた。

それからしばらく新聞各紙はこの問題や警察、公安委員会の不手際を書き立て、それを受けて野党各党は私の辞任要求を連日、委員会などで主張した。

その後、当事者に対する懲戒処分が甘いとか、公安委員会の決定を持ち回りで行ったとか、強い逆風にさらされ、私もついに辞表を提出する腹を決め、警察庁の公安委員長席で筆と墨で辞表を書いた。そこには警察庁長官と次長が来て辞表を書くことを制止しようとしたが、私は一気に書き上げた。それを懐に入れ、国会の総理大臣室で小渕恵三首相に会い、正直に「私ももうもちません、辞めさせてください」と言った。

国会で野党の追及の矢面に立ち苦闘

小渕首相は「連日、ご苦労されているので気持ちはよく分かりますが、これは思いとどまってください。君が辞めると越智通雄大臣（金融再生委員長）に続いて2人目になり小渕内閣はつぶれる。ぜひ警察再生のために頑張ってほしい」と切望され、私は辞表提出を思いとどまった。

警察刷新会議設置　6委員努力で不祥事沈静化

小渕恵三首相には心配をかけたが慰留され、その後は首相も政府も野党に反論して私をかばってくれた。私自身も以後の委員会答弁で「総理が任命権者として辞めろと言われれば辞めますが、警察組織の引き締めのため頑張れと言われている以上辞めることはありません」と力を込めて述べた。

やや開き直りと言えないこともないが、断固とした意志を表明することによって気が楽になったように思えた。しかしそれでも参議院本会議では「まだやっているのか」とか「早く辞めてしまえ」などの激しいヤジが飛んでいた。

3月17日に平成12（2000）年度政府予算案が参議院本会議で可決、成立した。警察問題は地方行政委員会などで散発的に取り上げられたがヤマを越したように思えた。その前から政府は警察問題を討議する組織をつくることが密かに検討され、人事構成なども固まりつつあった。

すなわち、氏家斉一郎氏、大宅映子氏、中坊公平氏、大森政輔氏、後藤田正晴氏、樋口広太郎氏の6人で座長には氏家氏が内定した。その人選は内閣官房や警察庁が内々に進めていたものと私は推測しありがたく思った。だが、警察関係の組織を政府主導でつくることは警察の中立性を損なう危険性があるので、形の上では国家公安委員会からお願いするのが筋だと考えた。そこで6人の方々に私から直接に電話を掛け就任をお願いし、了承していただいた。これは大切な行動だったと思っている。

かくして警察刷新会議が発足し、第1回の会議が3月23日、虎ノ門で開催された。席上、6人の委員がそれぞれ意見を述べたが、会議の持ち方としてテレビ入りの完全公開論と、それでは自由な意見が言えないという非公開論に意見が割れ、当面、座長の記者会見を会議後に行うことになった。

その後、警察刷新会議は国内数カ所で地方公聴会を行い、広く国民の意見を聴取した。刷新会議の中でも討議がなされたが、警察に対しての監察体制のあり方が大きなテーマになった。

議論には二つの流れがあった。一つは外部監察であり、警察外部の人に委ねるやり方。もう一つは警察内部の事情に明るい人がやらないと真の監察はできないとする意見、つまり内部監察が良いとする意見であったが調整の結果、内部監察とすることになった。この刷新会議の努力によって警察不祥事問題は沈静化に向かったのである。委員各位のご努力に心から感謝の念をささげたい。

警察刷新会議であいさつ　（写真提供：共同通信社）

警察、消防で働く人々　実直な仕事ぶり、頭下がる

一連の警察不祥事については、多くの国民に心配をかけ警察としても深い反省の上に立って襟を正して治安の維持に当たらなければならないのは当然のことである。国会における批判、そしてマスコミが連日書き立てたスキャンダルの数々で、一般には「日本の警察は何とだらしがないことか」との印象が広く国民の間に広がった。

しかし私の見るところ、現場の警察官はあらゆる罵詈《ばり》雑言に耐えながらも実直に働き、治安を守ってくれているのである。私は頭の下がる思いだった。

日本各地で起こった不祥事の数々はとても書ききれるものではなく、後に私も取材を受けノンフィクションの小説として出版されたほどであった。今、読み返してみて当時のことを思い起こし、いたたまれない気持ちになる。願わくば警察の皆さんには良い仕事を続けていただきたいと願うのみである。

さて警察とともに国民の安全と安心を守っているのが消防であり、これは自治省が所管する仕事である。佐賀県の民間消防団の組織率は日本有数で、県内各地で出初め式や夏季訓練などが盛んに行われている。

私は自治大臣として東京消防団の出初め式に招かれた。晴海の広場で行われた式典は盛大で、石原慎太郎都知事や曽野綾子さんと共に参列した。何台ものはしごを並べて一斉に「はしごのり」が展開され、江戸らしさを満喫した。

丸の内にある東京消防庁も見学したが、ちょうどその時、江東区で火事があり、ヘリコプターからの映像が流れ、消防の活躍ぶりを見た。また119番による救急車の出動ぶりにも接した。119番通報には緊急性のないものも多く、ある時は老婦人から「寂しかったから電話したの」という電話もあったという。

ある時は晴海のヘリポートから立川近くにある消防の訓練場へ飛び、消防職員の訓練ぶりを見学した。また煙の充満した部屋での行動や人工呼吸の実習を経験し、消防活動の多様性を学んだ。かくして消防は国民の安全と安心の確保に貢献しているのである。

東京消防庁のヘリで見学

予算成立後の国会でもしばしば委員会に呼び出された。印象に残ったことに、新潟県警の不祥事に関連して、9年間閉じこめられていた女性とそのご家族に国家公安委員長として警察の不手際のおわびに行けとの質問を受けたことがある。

私はしばらく考えて、「今、私が動けば、マスコミが付いてきて騒ぎになるので、今はそっとしておきましょう。本人のためにもそれが良いと思います」と述べたことが心に残っている。

小渕内閣から森内閣へ

再任で「秩序回復が私の責任」

小渕恵三氏といえば平成元年に「平成」と大きく書いた書を掲げたことで知られているが当時、彼は竹下内閣の官房長官であった。首相としては「周辺事態法」「金融再生法」などを成立させ、また私が議員立法法律案として提出した「国旗・国歌法」も小渕内閣の時に成立した。

しかし、平成12（2000）年4月1日、小沢一郎氏の自由党が自・自・公の連立から離脱し、小渕首相はかなりのショックを受けたと思われる。その日は土曜日だったが、午後7時のニュースで自・自・公の連立が崩壊したと流れた。

青木幹雄官房長官が後に伝えたところによれば、小渕首相は1日深夜ごろから体の不調を訴え、土曜の真夜中すぎではあったが順天堂医院に入院、症状は脳梗塞であったという。青木氏は2日夕刻、小渕氏に会い首相臨時代理を務めるよう頼まれたという。

その後、小渕氏の症状は急変し集中治療室（ICU）に入ったとのことで、青木官房長官は夜11時ごろ記者会見をして首相入院の事実を発表した。それが3日（月曜）の朝刊に載ったのである。

そして同日朝9時に内閣法9条の規定により、青木氏が内閣総理大臣臨時代理になった。翌4日（火曜）も私は平常通り、国会や警察刷新会議などの諸会議に出席して働いていたが、午後7時に「内閣総辞職」をする旨の発表があり、官邸に集って総辞職の署名をした。

小渕首相としては６１５日間の在職であった。

５日には両院議員総会が開かれ、森喜朗幹事長が自民党総裁に選出された。同日午後の衆参両院の本会議で投票により森氏が第85代内閣総理大臣に指名され、同日夕刻、官邸から呼び出しを受け森首相から再任を言い渡された。青木氏は「いやいや、本当にご苦労さまですがまたよろしくお願いします」。

私は森氏と青木氏の前で次のように発言して念を押した。「警察問題については私の責任ですが、任命権者から特段のお話がない限り、警察の秩序を回復させ日本の治安を維持することが私の責任だと思います。これでよろしいか」とあえて確認を求めた。青木氏は「それで行くしかありません」と言われた。

私は首相には、サミット準備、麻薬対策、サイバーテロ対策、さらに外形標準課税、地方分権推進などの項目をメモに書いてお渡しした。

その後改めて皇居での認証式に臨み森内閣が正式に発足した。忙しく、難しく、つらい仕事がまだ続くのである。ため息をつく思いであった。

小渕内閣から森内閣へ

森内閣発足と解散　大臣として選挙戦へ

森内閣が発足しても、なお警察問題はくすぶっていた。警察刷新会議は氏家斉一郎座長のもとで精力的に会議を重ねていたが、国会でも野党からの攻撃は絶えなかった。中には「警察改革は国家公安委員長が辞めるところから始めるべきだ」と大演説をする者もあった。

私は答弁に立った。

「今次森内閣の発足に伴い、総理から国家公安委員長に任命されました以上、諸々の不祥事案に対する反省の上に立って、警察の規律を正すとともに、国会や各党、さらには警察刷新会議などのご論議やご提案を踏まえ、警察の制度や運営全般について見直しを図ることにより、国民の信頼の回復に努め、併せて薬物対策、サイバーテロ対策、有珠山噴火対応、九州・沖縄サミット警備対策などに全力を挙げ日本の治安の維持を図ることが、私に課せられた責務であると思っております」

参議院本会議の壇上から、私自身で書いたメモに基づき力を込めて答弁した。

森内閣のもとでは比較的淡々と仕事をした。北海道有珠山や三宅島の噴火対応などもあり、平成12年7月には九州・沖縄サミットも行われるので警備・警戒体制にも心を砕いた。平成12年は西暦２０００年であることから2千円札が発行され、沖縄の「守礼門」がその図柄に使われた。

森喜朗首相のもとで私は自治大臣および国家公安委員長として冷静に仕事をしたつもりで

ある。自由党は連立内閣から離脱したが、その一部は保守党として連立内閣に残った。つまり自・公・保の形で森内閣は形成されていた。しかし森首相の「神の国発言」等もあり内閣支持率は低下の一途をたどっていた。

6月2日、午前9時から閣議があり、解散の政府声明が決定された。そして本会議で、議事進行係の野田聖子議員が野党提出の「森内閣不信任決議案」の上程動議を読み上げた。その時、議長席の後の扉が開き、青木幹雄官房長官が紫の袱紗《ふくさ》に包まれた詔書をささげて入場し、それを伊藤宗一郎議長に渡した。

議長は「ただいま、内閣総理大臣から詔書が発せられた旨の通知がありました。これを朗読いたします」と言って起立、議員全員も起立した。議長は大声で「憲法7条により衆議院を解散する。御名御璽《ぎょめいぎょじ》」と一気に読み上げ、しばしの後で議員一同は「万歳、バンザイ」を叫んだ。

衆議院は解散され、6月13日公示、25日投票が確定した。私は議員の資格は失ったが大臣としての資格は次の大臣が決まるまでそのまま継続する。つまり大臣として選挙を戦うのである。

森内閣の閣僚として答弁

皇居でのご進講

皇室との大切な思い出

平成12（2000）年6月に森内閣のもとで行われた衆議院選挙は私にとって8回目の選挙だった。結果は10万票を超える票を頂き当選したが、なんと不思議な選挙で自治大臣、国家公安委員長のままSP付きで選挙カーに乗って県内を駆け回った。

当時のSP古川氏は佐賀県牛津町の出身でご父君は同町の議長だったから、彼は随分張り切っていた。また現職自治大臣として日本各地からの応援依頼も多く、諫早、徳島、京都、大津、愛知、北九州、三重、兵庫、久留米などと飛び回って応援をした。

当選した後もしばらくは現職大臣としての活動が残り、そのうち最も大切な仕事は皇居に伺い、天皇陛下に選挙結果を奏上することであった。

皇居では大きな部屋で陛下とテーブルを挟んで宮内庁の役人も入れず、陛下と2人きりで相対した。私は冒頭立ったまま「このたびの皇太后陛下のご崩御に対し哀悼の誠を捧《ささ》げ、衷心よりお悔やみ申し上げます」と述べた。陛下は「ありがとう」と仰せられ、「さあ、どうぞ」と椅子を勧められた。

選挙結果の報告は自治省が用意したメモに基づき約10分で終了した。残る時間は有珠山や三宅島の噴火と避難状況、また在外投票などについての話題もあったが、陛下との対話は表に出さないことになっている。緊張したが、比較的落ち着いてお話しできたと思う。

陛下との仕事は他にもあり、自治大臣初期の頃、全国から6人の知事をお招きになり、地方の実情についてお聴き取りになった。私は陛下の横で司会進行の役を務めたが、知事1人の持ち時間を10分としていたが、それを超えてとうとうと話し出す知事もいて進行係として苦心した思い出もある。この時は皇太子殿下も同席しておられた。

さかのぼって文部大臣の頃は天皇・皇后ご臨席のもと、学士院や芸術院での表彰式に出席し、主管大臣として両陛下の前で祝辞を述べた事もあった。また雲仙岳の麓で行われた全国植樹祭の際、これまた主管大臣として出席し、とりわけ愛野町役場での昼食会では皇后陛下の隣の席で、1時間近くを過ごし、いろいろと気楽にお話をさせていただいたこともあった。

他にもまだいろいろな経験があるが、こうして皇室と接する機会を与えられたことはこの上ない名誉なことであり、私の長い人生の中で貴重な経験で、大切な思い出である。ある時、皇族のお一人から「あなたもお父さまに似てこられましたわね」と話し掛けられたことは忘れられない。皇太子がある席でお立ちになる時、私を見つけ「あっ、ホリさん」と言われたのも貴重な思い出である。

ＥＵ大使の親任状奉呈に侍立

小泉内閣誕生　法務委員長で各法案処理

平成12（2000）年7月、森内閣は総辞職し、私は自治大臣、国家公安委員長の職を辞した。思えば就任以来274日間在職し、困難で、つらい仕事であったがよく頑張ったと思う。

選挙後の臨時国会で森喜朗氏が改めて首相に指名され、第2次森内閣が組織されたが、私は自治大臣、国家公安委員長の職を後任の西田司氏に引き継ぎ、「ホッ」とした。自治省や警察庁の職員たちが別れを惜しんでくれた。

第2次森内閣では7月に沖縄での先進主要国首脳会議が無事行われ、西暦2000年を記念して、首里城の守礼門を図柄にした2千円札が発行されたのもこの年だった。

翌年1月には現行の1府12省庁体制がスタートし「大蔵省」は「財務省」に、「文部省」は「文部科学省」に、「厚生省」は「厚生労働省」に統合かつ名称変更が行われた。それより半年早く金融庁も発足した。私は大臣を辞任したあと自民党総務として働いていたが、概して平穏な日々を過ごしていた。

4月、森首相は退陣を表明し、自民党内での総裁選挙が行われた。立候補したのは橋本龍太郎、麻生太郎、小泉純一郎の3氏で、各陣営は日本各地でキャンペーンを張った。4月24日、党本部で行われた投票の結果は地方党員票を加えて小泉298票、橋本155票、麻生31票で小泉氏が第20代自民党総裁に選出された。そして国会の指名を受けて小泉内閣が成立した。

組閣に当たっては従来の派閥均衡の形は取らず、適材適所の形で行い、慶応大学の竹中平蔵教授や遠山敦子元文化庁長官らを入閣させた。直後の内閣支持率は80％台に達した。自、公、保の連立を維持し、7月の参議院選挙に臨む万全の態勢を構築した。

私は森内閣で自治大臣を退任した後しばらく自民党総務の役にあったが、平成13年1月から1年間、衆議院の法務委員長の仕事をした。地味な仕事だったが、審議する法案は多く、民法関係、刑法関係、商法、会社法など多岐にわたる法案を処理し、毎週の本会議に登壇して報告した。「保利先生はよく登壇しますね」と言われたものである。

お別れ会見に臨む

中でも記憶に残っているのは「法科大学院」設立に関する法案で、かなり反対意見もあった。この法案が成立した後、各大学は競って法科大学院を設立したが、果たして法科大学院と司法試験との関係について突っ込んだ検討がされたのかと若干の疑問を感じていた。

第12章

教育問題への熱意

教育基本法改正の経過／検討会議論と報道／伝統と文化の心／義務教育制度で私見／高等学校と高等専門学校／冊子作成／小泉首相とのやりとり／西九州自動車道／バスの窓から思う／

教育基本法改正の経過　検討会座長で論点洗い出し

私の長い政治生活の中で印象に残っている仕事は教育基本法改正問題への取り組みであった。古く明治23（1890）年には「教育勅語」が発せられ、教育の重要性が強調された。私の国民学校時代にはこの勅語を全文暗記していたものである。

終戦後、米国教育使節団の勧告もあり、教育基本法が作られ、昭和22（1947）年3月31日に施行された。一方、日本国憲法は昭和21年11月3日に公布、22年5月3日に施行された。これが今日の「憲法記念日」に当たる。

平成8年に橋本内閣が発足したが、内閣の施策の重要な柱として教育改革が挙げられていた。続く小渕内閣では「教育改革国民会議」が設置され、その後の森内閣の時、平成12年12月、同会議から報告書が提出され教育基本法の改正が提唱された。

これを受けて、文部科学大臣から基本法改正についての諮問が中央教育審議会（中教審）に出され、中教審では議論の上、平成15年3月にその答申を提出した。答申は改正の方向性は示しつつもやや抽象的な記述が多く見られた。通常の手法から言えば、この答申に基づいて文科省で条文化するのが普通であるが、教育基本法の改正は政治上の重要事項であるとの認識に立ち、政治家同士でもう少し議論を深めようということになった。

そこでできたのが、「与党教育基本法に関する協議会」で、自民、公明の幹事長らで構成された。しかし当初は公明党の意見もあり「改正」を前提としない協議会としてスタートした。そして親協議会の下に「教育基本法に関する検討会」を発足させ、現行基本法の問題点を洗い出すことを目的に実務者ベースでスタートした。

私は検討会の座長を務めることになり、精力的に勉強を始めた。この検討会は平成15年中に10回の会合をもち翌16年1月に論点整理として親協議会に報告した。その結果、この検討会および親協議会を「改正」を前提とすることにした。

教育基本法改正について中間報告

改正を前提としない会合10回を含めて平成18年4月まで70回に及ぶ検討会を重ね最終報告をまとめ政府に提出した。文科省で「教育基本法改正案」を作成、4月28日閣議決定を経て国会に提出され、秋の臨時国会で衆議院では11月16日、参議院では12月15日、ともに可決成立した。改正前の基本法は全部で11条だったが、全部改正の形をとった新しい基本法は18条になり内容を充実させた。

検討会議論と報道　愛国心議論の記事突出、残念

平成15（2003）年6月に「教育基本法に関する検討会」の座長に就任してから平成18年12月にこの法律の改正案が成立するまで、実に3年半を要した。その期間中に2度の衆議院選挙と参議院選挙を挟み、また国会閉会中などもありしばしば中断せざるを得ないこともあった。70回にわたる協議会を粘り強く続けることができたのは、これにかかわる議員の協力の賜物《たまもの》であった。

ただ、この期間中に小泉内閣での郵政民営化法案の採決が行なわれ、私は反対投票したため自民党を離党した。1年ほど無所属議員として過ごしたが、検討会には籍を置かせてもらったし、国会の「教育基本法に関する特別委員会」でも自民党枠から私に1議席が与えられ1時間の質問時間もいただいた。

その時は安倍晋三官房長官、小坂憲次文科相が答弁し、後にその議事録を冊子にして関係者に配布した。その時、森喜朗前首相が「保利さんは総理指名選挙で小泉君に投票しているのだから今は無所属でも与党の一員なんだよ」と応援してくれたのはありがたかった。

検討会の座長は文科大臣経験者の大島理森氏に交代したが、私は検討会の中で依然重要な役割を果たしていた。検討会のつどマスコミには丁寧に会議の様子を伝えていた。

例えば教育基本法と憲法や他の法律との関係、教育の理念や目標、義務教育制度のあり方、高等教育や私学教育の位置付け、男女共学、政治教育や宗教教育のあり方、地方分権と

教育、教育委員会制度、家庭教育および社会教育、生涯学習、幼児教育、公共の精神と国を愛する心、などなど。各般の議論の説明を詳しく時間をかけて記者レクをしたが、記事になったものは全くなく、ただ一点、「国を愛する心」の議論だけが記事になった。

しかもその報道ぶりは「愛国心で自公に亀裂」というもので、ある人からは「教育基本法の検討って愛国心だけやっているの？」と言われ、検討会の内容が新聞によって一方的にゆがんだ形で伝えられていることに残念な思いをしたことを覚えている。記者たちに聞くと「記事は送っているんですがねェ」と言うばかり。おそらく編集の段階でカットされていると思う他なかった。

それでは「国を愛する心」の表現ぶりはどのようにして決めたか。その状況を少し詳しく見てみよう。年配の人には愛国心という言葉は戦時中叫ばれた国家主義や軍国主義を想起させるという意見があり、学校教育上最も注意すべき課題であった。

教育基本法改正について議論を尽くす

伝統と文化の心　腐心した教育目標文案

「国を愛する心」という文言は平成元（1989）年3月、文部省が作成した学習指導要領の道徳の項目に既に記載されていて、特に新しい言葉ではない。これはごく自然に当たり前のこととして批判めいた話は聞いたことがない。しかし、これを教育基本法の教育の目的の中に書きこもうとすると難しい問題が出てきた。

それは「国」とはどんな概念なのか。国とは一般的に「国土・国民・統治機構」の3要素を構成要件とする。統治機構つまり政府などが存在しなければ「国」にならないのだ。なんとなく土地の上に人がいる状態は「国」ではない。従って「国を愛する心」は統治機構、つまり政府など権力者を愛することになりかねない、というのが公明党の主張だった。確かに「権力者を愛せよ」とは自民党も言えないのである。

検討会の最終段階で、この難しい問題を、大島理森座長と公明党の太田昭宏代表と私の3人で一室に閉じこもり、新しい教育基本法原案の第2条、教育の目標に掲げる文案を考え抜いた。この3人の集まりは名前の頭文字をとって「HO2」の会と私は呼んでいる。検討の途中プロセスは省略するが、大島座長を中心に3人で作り上げた文章は次の通りである。

「伝統と文化を尊重し、それらをはぐくんできた我《わ》が国と郷土を愛するとともに、他国を尊重し、国際社会の平和と発展に寄与する態度を養うこと」。これは現行教育基本法にそのまま採用され、六法全書にきちんと掲載されている。大島座長、太田代表のご努力に敬意を表したい。私も立法府に働く者として静かな満足感に浸った。

以上に関連して我が国の「伝統と文化」を実地に勉強するため、他の国会議員と共に、当時上野の国立博物館で開催されていた奈良薬師寺の仏像展を見学した。特に「日光・月光」の両菩薩像は大変な人気で、たくさんの人が「押すな、押すな」の状況で見学していた。

安置されている仏像2体の周りを一周できるように見学通路が設けてあり詳細に見学できた。しかも仏像の後の光背が外してあり、仏像の背中をつぶさに見ることができた。よく見ると経文のようなものがびっしりと彫ってあり、仏像の彫刻的美しさとともに感銘を与えるものだった。

これが千年も前のものかと驚き、日本の伝統文化の素晴らしさをつくづく感じさせられた。こうした経験が「伝統と文化を尊重し、それらをはぐくんできた我が国と郷土を愛し」という言葉に集約されているのである。

伝統と文化の心。薬師寺日光菩薩を見学

義務教育制度で私見　小中学の一体化が合理的

われわれ日本人が外国に行って教育について質問する時、その国の義務教育制度がどうなっているかを尋ねることが多い。同様に外国人は日本の義務教育制度を質問する。そのように義務教育制度は教育の最も根元的なテーマである。

わが国は長い間、義務教育を小学校の6年間として位置付けてきた。戦後、米国教育使節団の勧告によって「六・三制」の導入が求められ、昭和22（1947）年3月にできた旧教育基本法では「国民はその保護する子女に、9年間の普通教育を受けさせる義務を負う」と規定された。

しかし、われわれが作った平成18（2006）年の新法では9年間のところを「別に法律の定めるところにより」と規定し、将来の義務教育年限の延長も視野に入れている。そして現在の学校教育法では小学校6年、中学校3年と規定し「六・三制」としている。

これは戦後、急いで作った制度だが、そのまま今日まで続いているのである。それはやむを得ないことだったかもしれない。昭和22年というのは私が国民学校を卒業した年で、卒業間際まで中学が義務教育となるのかどうか、中学に進むのに試験があるのか、ないのか、先生に聞いても先生も分からず「さあねえ」と言うのみであった。

こうしてできた「六・三制」であるが6年制の小学校と従来の中学校3年までを別々の学校として存在させ、小学校の上に新制中学を「ちょこん」と乗せた形が義務教育となっている。最近は、小・中一貫教育ということが一部で言われているが、私は「小」と「中」を別々に存在させ、その上で一貫教育というのは教育効率上いかがなものかと考えている。

将来は小と中を一本化し、「義務教育学校」あるいは「普通教育学校」として途中の「くびれ」をなくした方がカリキュラム（教育課程）編成上、合理的ではないか。例えば、小学校から英語を教えるとすると仮定した場合、そのカリキュラムは中学3年までを一本化して編成したほうが合理的かつスムーズではないかと思うし、そのため小6と中1の「くびれ」を除いて考えてはどうかと思う。

ただし、長期にわたる義務教育は子供の精神的、肉体的な発達段階に応じて管理上、仕分けをする工夫が必要となることもあり得ると考える。以上のことは私の全くの私見であるが、こうした問題を常に考え、合理的、かつ円滑な制度を考えていくことは文部科学省の知恵と協力を求めつつ、立法府議員に課せられた命題なのである。

昭和22年4月。新制中学第1期生になった

高等学校と高等専門学校

学校制度で整理しきれず

戦後、学制改革に基づいて旧制中学は二つに分断され、1年から3年までは新制中学として義務教育に組み込まれ、4年、5年にもう1年足して3年制の新制高等学校が誕生した。それはもともと旧制中学の後半部分が主体であったため、文部省の初等中等教育局が所管することにし後期中等教育と位置付けられた。

従って高校までいかないと中等教育は終わらない形になっているが、高校は義務教育ではない。そこに「中等教育とは何だ」という問題が出てくる。この点が今次の教育基本法の改正論議の中で詰め切れない問題として終わってしまい残念に思った。

私は高校は高等教育の入り口として高等教育局で所管すべきではないかと考えている。現在の高校には小学校、中学校と並んで学習指導要領が作られていて、何となく中学の延長のような教育体系下にあるように思われる。

一般の高校の教師は「教諭」とされ小学校、中学校と同列である。一方、中学を終わって、5年制の高等専門学校に進めば直ちに「教授」に習い、しかも高等教育局の所管のもとに置かれる。この点が目下の学校制度の中で整理しきれていない点だと思う。

高等専門学校の教育は職業教育に主眼が置かれ、学生は「自分はこの仕事で生きていく」という考え方のもと、5年間みっちりと勉強し、職業人としての知識と経験を身に付ける。その間、受験勉強に精を出す必要がない。卒業すれば「準学士」として直ちに第一線で仕事につける。もちろん、さらに学問を続けたければ大学3年に編入することが可能である。

私は過去20年余りベアリングメーカーである日本精工に勤務し、工場実習も経験し、その後も工場の現場との接触も多かった。そこは高度な精密工業の現場であり、理論上も多くの研究や実験が行われていた。それは主として学卒の人たちによって研究が行われていたが一方、実地の製造現場では経験と技術を磨いてきた職人芸ともいうべき技能を持った人々の仕事場であり、高等工業専門学校を出た人々が多く見受けられた。

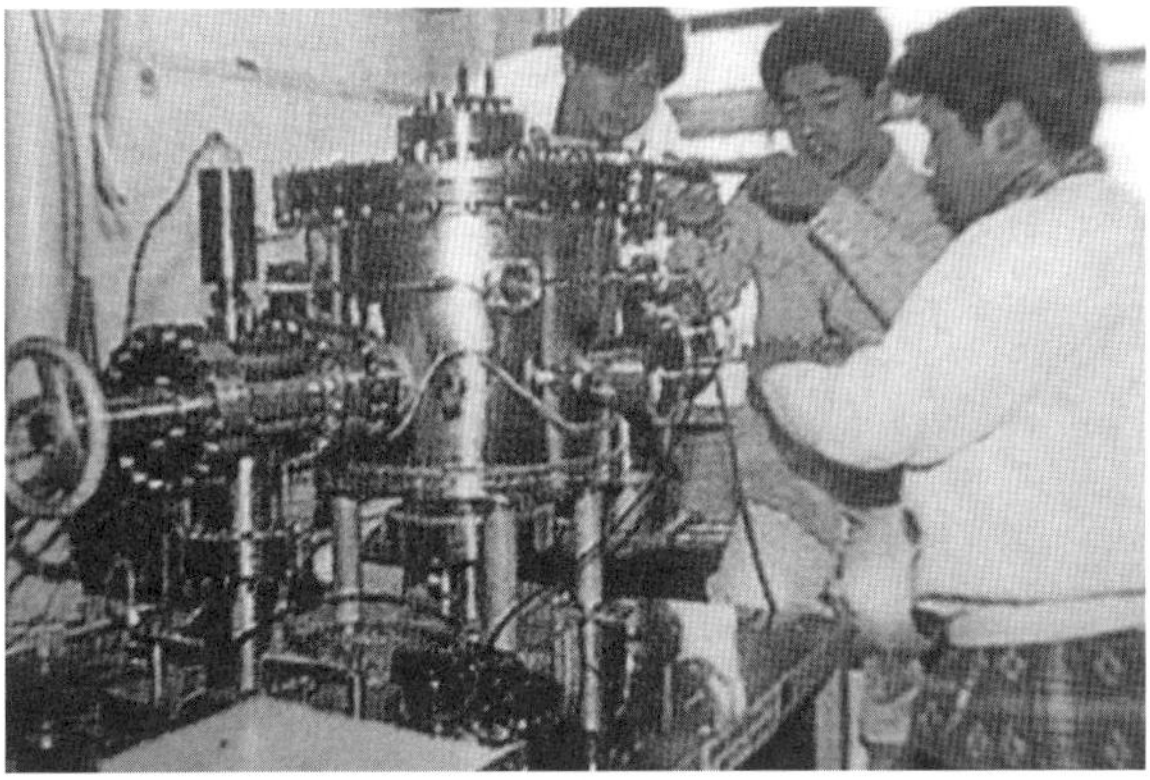
高等工業専門学校での実習風景

今日、地方においては企業誘致が地域発展のために叫ばれているが、企業家が工場進出を考える場合の一つの重要な要素として技能を持った人材がいるかどうかという点がポイントになる。しかし、残念ながらわが佐賀県には高等専門学校が一つもなく、企業誘致という点で大きなハンディキャップを負っていると言っても過言ではないと思っている。

冊子作成　研究成果や国会質問を収録

教育関係については、数限りなく勉強もしたし話も聞き、議論もした。ある日、突然に文部大臣を拝命したり、自民党の文教制度調査会長を務めたりしたが、いわゆる「文教族」ではなかったので、従来の文教の流れにとらわれることなく、かえってフレッシュな頭で教育問題を考えることができたと思う。

今日、過去を振り返ってみると、学習や研究の成果は自分で書いた何冊かの冊子に残されている。これらの冊子は関係者に配布したがあまり反応はなかった。

冊子を読み返してみると「当たり前のくだらないことを書いているなあ」と思う半面、「いつの日か、これを読んで教育改革のヒントにしてくれる人が現れるかもしれないなあ」とも思うのである。冊子は予算委員会での議事録を基にまとめたものがたくさんあるが、教育関係でも次のようなものが残っている。

まず「義務教育制度を考える－教育改革の視点から」と題して既に冊子を平成9（1997）年に出した。そこでは小・中を統合して9年制の「義務教育学校」の設置を提唱している。

さらに「義務教育費国庫負担の堅持を訴える」は国庫負担金を教育費の2分の1から3分の1に減らそうとする動きに反対する意図をもって書いた。結局、国庫負担は3分の1になり、2分の1との差額は地方交付税交付金で交付するということになった。

次に、衆議院の「教育基本法に関する特別委員会」の平成18年6月の1時間にわたる私の質問を冊子にした。この時、私は郵政民営化のこともあり無所属議員であったが、安倍晋三官房長官、小坂憲次文科大臣に質問した。その際の質問の中で、教育基本法や学校教育法に義務教育の目標や目的が記載されていないことや、敬語の使い方の不適切さを指摘している。

平成20年8月には「教育再生に関する検討会」の中間報告を冊子にして配った。ここでは学校教育の他、職業教育、大学、大学院、進学塾、美術、体育、歴史教育、教師、生徒、保護者の関係、など各般にわたり報告した。

平成18年11月には伊吹文明文科大臣に質問をした冊子もある。これらの冊子は私の長い政治生活の貴重な記録であり、作成に当たって協力してくれた秘書の皆さんに感謝の念をささげたい。

教育は国家の基礎であり、これからも深い関心を持ってその行方を見守っていきたい。

教育関係の考え方をまとめた冊子

小泉首相とのやりとり

2度の農相就任打診を固辞

平成13(2001)年、小泉純一郎内閣が自・公・保の3党連立でスタートし、武部勤氏が農相に就任、翌14年の改造で大島理森氏が新農相になった。その大島農相が秘書の問題の責任を取って辞任したのが15年3月末のことだった。

その日、私の川崎市の自宅に小泉首相から直接電話があり、大島氏のあとの農相に就任してもらいたいとの強い要請があった。突然だったが、当時私は教育基本法改正の検討会の座長をしており、私自身、何としてもこの改正はやり遂げたいと思っていたので、首相に直接電話で次のようにはっきりと伝えた。

「教育基本法改正に精力的に取り組んでいるところですので、総理のご配慮にはありがたく感謝いたしますが、ぜひ教育基本法の問題は私にやらせてください。お願い致します」

小泉首相は「よく考えてくれよ」とのみ言われた。

その後すぐ派閥の長である橋本龍太郎氏と連絡を取り、小泉首相からの農相就任の依頼があったこと、そして私が辞退したことを伝えた。橋本氏は「やったらいいじゃないの」と言われたが、私は気持ちを素直に話した。「農相はやれる人はたくさんいますが、教育基本法のことは乗りかかった船なので私にやらせてください」とお願いした。

その後、小泉首相から2度目の電話があった。同じやりとりになり小泉氏は「やっぱり、駄目か」と言って電話を切った。

この人事は二転、三転して結局、亀井善之氏が新農相に就任した。私のわがままで首相と亀井氏に迷惑をかけ申し訳なく思った。しかしおかげで教育基本法の改正は成立させることができた。一つことをやり通したという政治家の満足感をひそかに味わうことができた。

ちょうどその頃、私の政治生活の上で忘れることのできないことがあった。少しさかのぼるが、平成13年10月13日がその日である。爽やかな初秋の日、西九州自動車道と福岡市の都市高速道路が直結し、その開通式が福岡市早良区百道のインターチェンジで華々しく盛大に行われた。

平成15年11月総選挙では自民党公認を頂き10万票を超える票で当選した

福岡市と唐津市が一本の高速道路で完全に結ばれたのである。福岡市の式典であったが私も招かれた。「私はこの22年間、一日千秋の思いでこの日を待ち望んでおりました。佐賀県民、唐津市民の一人として御礼申し上げます。国土交通省、都市高速公社などの関係者の皆さま、そして室見辺りの土地収容にご協力いただいた方々に厚く御礼を申し上げます」と感極まって涙声であいさつをした。

西九州自動車道　親子2代で完成へ尽力

　私がまだサラリーマンだった頃、父の選挙を何回か手伝ったことがあった。父が唐津から上京する時は父の車に乗せてもらった。当時の国道202号は流れが悪く、特に海水浴シーズンや競艇のある日は前原や今宿辺りは数珠つなぎの混雑だった。父は「この道路は何とかせにゃならんたい」と口ぐせのように言っていた。

　私が議員になってから数年後、全国高規格幹線道路が計画されていると聞いて、福岡・唐津間の道路をこの計画にのせてもらいたいと考え、建設省に頼みに行った。道路企画課長に会って「福岡・唐津間の道路を採択してください」と頼むと、「そりゃあ、駄目ですよ。福岡から長崎へ行く九州横断道路は整備中で、もう一本、道路をひくなんてとんでもない」とけんもほろろに断られた。

　実はその企画課長は東京の国民学校時代の同級生だったので少し声を荒げて「これを採択してくれないのなら俺が代議士をやっている意味がない。お前が辞めさせたと言いふらすから覚えていろ」と友達同士だから乱暴な言い方をした。彼は私が真剣に頼んでいると感じたらしく、その後、いろいろと協力してくれた。

　私の方も佐賀県、長崎県の国会議員を総動員して玄界灘沿岸道路ともいうべきこの道路の採択へ向け大陳情を展開したり、自民党道路調査会長だった金丸信先生にお願いしたりした。「この道路は何とかせにゃならんたい」という父の言葉もあちこちで使った。

いよいよ明日は計画発表という日、金丸先生の部屋に行き、先生にしがみつくようにして「採択へ向けてもう一押しお願いします」と、ちょうど息子が父親に頼むようにしてお願いした。先生は「よしっ」と言って建設省に電話をかけてくださった。「ほら、福岡から唐津へ行く道路、保利君が頼んでいる道路さ、絶対に入れてくれよ」と頼んでくださった。

昭和62（1987）年6月30日、「第4次全国総合開発計画」が閣議決定され、「国土の均衡ある発展」の理念のもとに、諸々の国土計画が発表された。その中に全体で1万4千キロの高規格幹線道路が書きこまれ、別表で49路線が掲載された。

そこには福岡県、佐賀県、長崎県（佐世保付近）を通過する「西九州自動車道」が記載されていた。この自動車道の名称はここで初めて世に出たのである。あれから30年近くたち、現在は伊万里市や松浦市で工事が進められている。一本の道路を計画し、採択を受け予算を取り、工事を進め、完成させることは政治家一代以上の仕事なのである。

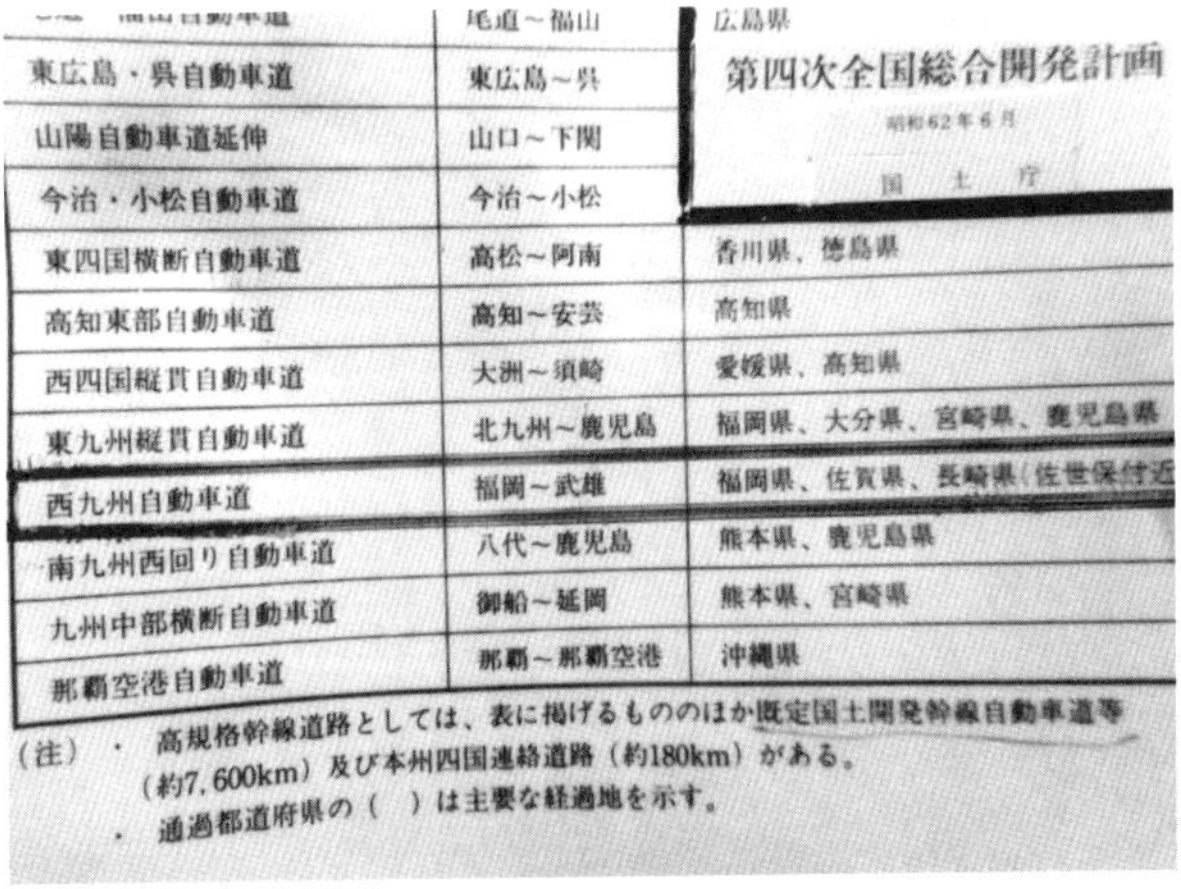

第四次全国総合開発計画
昭和62年6月
国土庁

[illegible]	尾道～福山	広島県
東広島・呉自動車道	東広島～呉	
山陽自動車道延伸	山口～下関	
今治・小松自動車道	今治～小松	
東四国横断自動車道	高松～阿南	香川県、徳島県
高知東部自動車道	高知～安芸	高知県
西四国縦貫自動車道	大洲～須崎	愛媛県、高知県
東九州縦貫自動車道	北九州～鹿児島	福岡県、大分県、宮崎県、鹿児島県
西九州自動車道	福岡～武雄	福岡県、佐賀県、長崎県（佐世保付近
南九州西回り自動車道	八代～鹿児島	熊本県、鹿児島県
九州中部横断自動車道	御船～延岡	熊本県、宮崎県
那覇空港自動車道	那覇～那覇空港	沖縄県

（注）・高規格幹線道路としては、表に掲げるもののほか既定国土開発幹線自動車道等（約7,600km）及び本州四国連絡道路（約180km）がある。
・通過都道府県の（　）は主要な経過地を示す。

四全総で西九州自動車道が認められた

バスの窓から思う　国民協力で進むインフラ

平成26（2014）年11月の解散に伴って35年間の政治生活にピリオドを打って退職した。その後は佐賀県に戻ることも少なくなった。必要がある時は新幹線で新横浜から博多までのんびりと旅をし、博多駅からはJRの電車かバスに乗って唐津まで行く。

大体バスに乗ることが多く福岡の都市高速に入れば唐津までノンストップで走ることがうれしいし、窓から見える景色は乗用車からの景色とは少し違って見えるのも楽しい。

特に室見川を渡る辺りから福岡市西区拾六町の辺りまでは毎回、思い出に浸ることがある。それはこの高速道路を完成させる上でかなり心配し、苦労した部分であるからだ。この辺りはいろいろな店や住宅が密集し、用地買収が進まず工事がはかどらなかった。ひと頃は空港で高速道路に乗って百道でいったん降り、拾六町のゲートまで平道を走らなければならず、随分いらいらしたものだった。

この辺りは福岡市の道路公社の仕事だったと思うが、私は九州地方建設局（現九州地方整備局）も関与していると考え、何度か訪問し早く完成させてほしいとお願いし、道路部長とも協議した。

その結果なかなか用地買収に応じてもらえず、困惑しているとの事だった。私は思い切って「この路線は第4次全国総合整備計画に上っている路線なので、そうそうは待てない。そろそろ強制収用に踏み切れませんかねェ」と話してみた。部長は渋い顔をして「強制収用はめったにはできませんよ」と言って、すぐには「うん」と言ってもらえなかった。
同じことの繰り返しを何日か何度かやったある日、部長はついに「やりますか！」と言ってくれた。願い事には押しが必要なのである。私は「無理を言ってすみません。よろしくお願いします」と頭を下げた。後のことは九州地方建設局と福岡の道路公社が仕事をしてくれた。

西九州自動車道唐津伊万里道路「北波多—南波多谷口」の開通式で祝辞を述べる＝2015年2月1日、伊万里市

　こうして多くの人々のご苦労と努力によってこの道路の工事が進んでいることはありがたいことである。一方各地で地権者のご協力で高規格道路の建設が進んでいることに心からの感謝の念をささげつつ、快適な旅ができることをありがたく思うのである。

　しかしまだまだ日本のインフラ整備は十分ではない。各地で国民のご協力をいただき、道路、港湾、市街地などの整備を続けていく必要がある。そんなことを思いながらバスの窓から美しい景色を見て旅をする昨今である。

第13章

郵政選挙と離党

民営化法案／民営化議論／荒れた総務会／民営化法案の採決／佐賀３区／小泉内閣から安倍内閣へ／復党と第１次安倍内閣／農業共済とライスセンター

民営化法案　反対投票で離党勧告

小渕恵三首相の跡を継いだ森喜朗首相が退陣し、自民党総裁選挙の結果、平成13（2001）年4月26日、小泉純一郎氏が内閣総理大臣に就任した。小泉内閣は18年9月26日まで続き5年5カ月の長期政権となった。その間、2度の衆議院選挙があった。すなわち15年11月および17年9月で、私にとっては9回目と10回目の選挙となった。

9回目はいわゆる「マニフェスト選挙」といわれているが、特に問題はなく自民党公認を得て佐賀3区支部支援者の手厚い応援を得て当選できた。

次の10回目は世に言う「郵政選挙」で、私は「郵政民営化法案」に反対投票をしたため党本部の公認を得られなかった。やむを得ず「無所属」で立候補し、また自民党の公認候補を立てられたため苦しい選挙となった。それでも3区の支援者のいつもと変わらぬご支援によって当選を果たすことができた。しかし、自民党が立てた対立候補は比例1位で重複立候補していたため当選した。

私は選挙直後までは自民党籍を持っていたが「郵政民営化法案」に反対投票をしたという理由で離党勧告を受けた。もしこれに従わない場合は「除名」と通告され、やむを得ず「離党届」を提出し無所属議員となった。

その結果、衆議院本会議場の議席も議長席から見て一番左側の一角に移された。この一角に並んだのは堀内光雄氏、野呂田芳成氏、野田聖子氏、古屋圭司氏、平沼赳夫氏、山口俊一氏、今村雅弘氏、江藤拓氏、森山裕氏、亀井静香氏ほかで、私もその中に加っていた。

本会議場でははるか離れた自民党席を見やりながら「俺は自民党以外の政党に行くつもりはなく、あくまで無所属を通し、いつの日か、自民党に復党する日を待つ」と考えていた。

離党勧告を受け無所属となった議員たち

事実、次の年の参議院選挙、特に1人区では離党を強いられた議員の協力が欠かせないとする有力者の発言もあった。ただ、小泉首相のもとでの復党は実現しなかった。

そのような中でも「教育基本法改正」は自民党、公明党の大きな課題であり、自民党も私を必要としていた。改正の協議会座長は大島理森氏に交代してもらったが、私も引き続き顧問として協議会に参加し、意見を述べていた。そして70回にわたる協議会の成果として教育基本法改正が成立したことは、私の政治生活の中で意義深いことだった。

それではなぜ「民営化法案」に反対したのか、少し詳しく述べてみたいと思う。

民営化議論　団体の反対要請、無視できず

郵政民営化の考え方は小泉純一郎首相の強い主張であった。自民党内でも随分議論があったが、当時、私は教育基本法改正問題にかかりきりで郵政関係の会議にはほとんど出席していなかった。しかし地元の特定局長会やその全国組織からは「郵政民営化反対」の強い陳情を受けていたし、選挙のたびに強力な応援を頂いていた。

特定局とは明治政府が郵便制度を作る時に日本各地の有力者にお願いして郵便事業を担ってもらっていたので、特定局長はその地域での実力者だった。従って各種選挙での選挙運動の中心的活動家でもあり、また特定局長会は自民党の強力な支援団体であった。その状態が長く続いていたので、「郵政民営化反対」の要請を無視することはできなかった。

確かに肥大化した郵便貯金制度は民間の銀行を圧迫するし、郵便局の簡易保険制度も民間の保険会社と競合する。そのバランスを取るため、ある程度の制約を郵貯や簡保に求められるのはやむを得なかったであろう。また中曽根内閣の時に実現した旧国鉄の民営化と分社化によって効率化とサービス向上はその実を上げていた。

郵便局はその歴史とともに郵便事業のネットワークを張り、かなりの山の中にも、各地の島々にも郵便局を設け、あまねく一般国民にサービスを提供してきた。民間の銀行ではまず店を開かない辺ぴな所にも郵便局を設け、郵貯などの仕事をしてきた。

民営化の議論が高まってきた頃、私の選挙区の山の中の老人たちは「民営化になると、稼

ぎの悪い郵便局は廃止になるちゅうばい。そやんしたら、バスで下さん降りて農協でん行かんぎりゃ、年金も受け取れんし、貯金もでけん。手紙はどやんすりゃあ良かとかにゃあ」という。偽わらざる気持ちのようだった。鉄道の赤字路線整理のような問題がもっと身近なところで起こるという老人たちの心配である。

私が、かつて勤務したフランスの郵便局はペー・テー・テー（ＰＴＴ）と言って国営であり、サービスも良かった。だが日本では小泉首相の執念とも言うべき郵政民営化の流れが勢いを増していた。自民党の中でも法案の審議が行われ、その法案がついに自民党の意思決定機関の総務会にまで上がってきて審議が行われることになった。

平成17年４月27日の総務会のことで、大勢は「郵政民営化法案」に反対ないし慎重論が多く、３時間40分にわたり議論が続いた。

郵政民営化特別委員会の視察団が馬渡島郵便局を訪れた＝２００５年６月27日、唐津市鎮西町の馬渡島

荒れた総務会　「中身の賛否は別」で了承

平成17（2005）年4月27日の自民党総務会は大荒れにあれた。執行部が法案の説明に入ろうとすると「この法案は党内での議論の末、少数決で決めたんだ。そんなもの総務会の議題にするわけにはいかない」という意見に対し、かなりの有力議員たちも口をそろえて「全くだ」「本当に少数決だった」「差し戻しだ」などと叫ぶ者が多かった。

結局、「まあ、まあ、そう言わないで説明だけは聞こうじゃないか」と執行部のとりなしで説明が始まった。政府側から長々と説明が続いたので反対派のいら立ちは増していった。私は執行部や政府の説明を聞いて、「賛否は別として、頑張っているな、しかし、それならなんでこんなに反対が多いのかなあ」と思った。

私は発言を求めた。「執行部とは別に郵政事業懇話会が出している郵政公社改革法はどう処理したのか。少数決という言葉が出たが実態はどうだったのか。この法案は当然、党議拘束をかけるべきものと思うが、もし、かけるのであれば皆が納得するように議論を尽くすべきだ。執行部の意見を求める」と述べた。

執行部はいろいろと強い調子で説明をしていたが、結局、明確な答えはなかった。しばらく押し問答が続いた。そうこうするうちにある有力総務の一人が「とにかく、この法案を政府が国会に提出することは認めたらどうか。中身の賛否は別だが」と発言した。

するとと間髪を入れず総務会長が「ただ今のご提案でいかがですか」と発言、出席していた多数の執行部の議員たちが大声で「賛成」「賛成」と手を挙げた。勢いにのまれた形で、各総務も躊躇《ちゅうちょ》しながら肩の辺りまで手を上げる者もいた。総務会長は即座に「了承とします」と仕切ってしまった。「了承できないっ」と叫ぶ者もあったが、こういう形で総務会は終わった。ただし「中身の賛否は別として」という言葉はそのままであった。

総務会が終わったあと、「総務会は通った」という言葉が独り歩きし、総務会で郵政民党化法案は了承されたという解釈になってしまったものと思われる。小泉純一郎首相にもそのように報告されたのではないかと想像される。

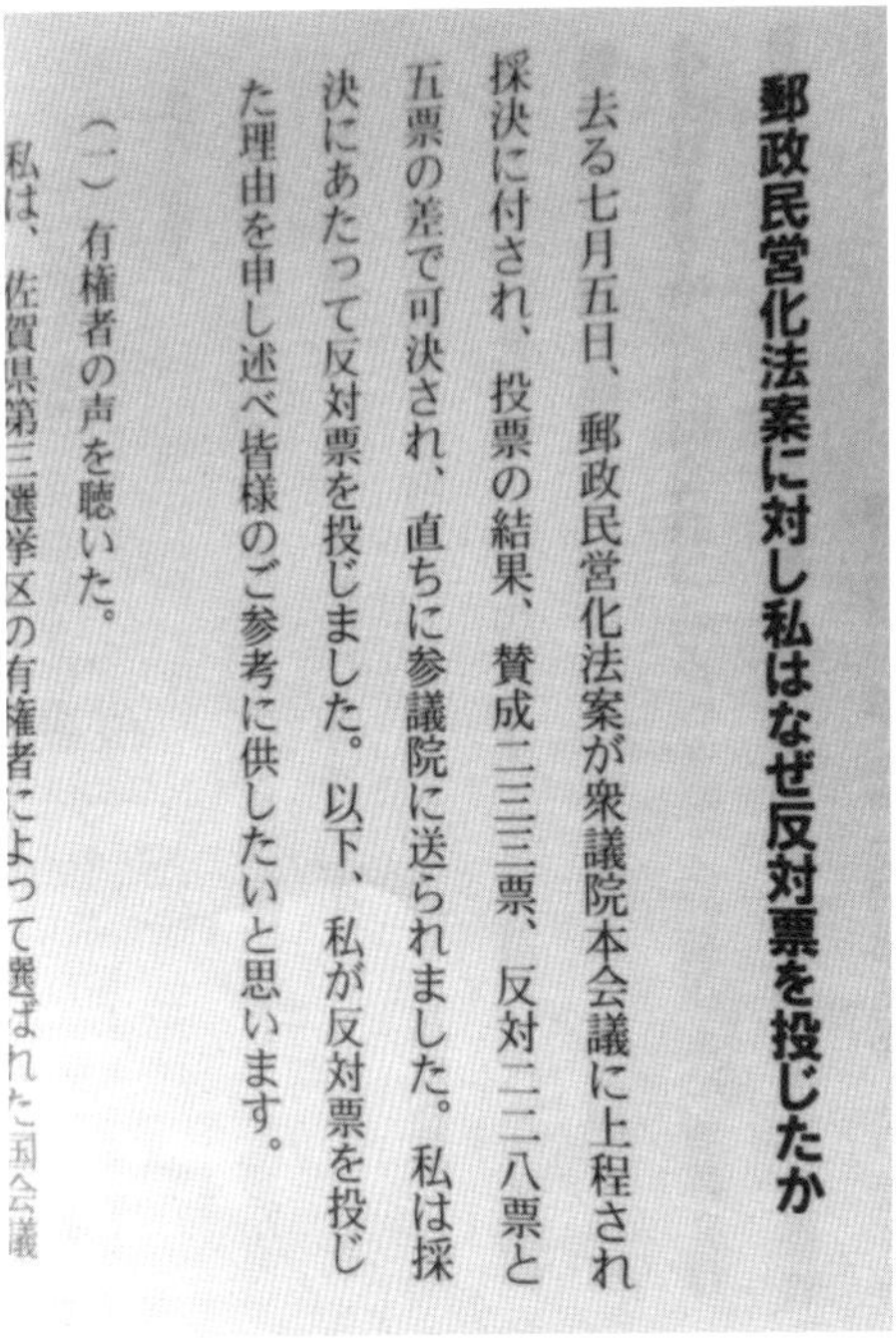
郵政民営化法案に対し私はなぜ反対票を投じたか

去る七月五日、郵政民営化法案が衆議院本会議に上程され採決に付され、投票の結果、賛成二三三票、反対二二八票と五票の差で可決され、直ちに参議院に送られました。私は採決にあたって反対票を投じました。以下、私が反対票を投じた理由を申し述べ皆様のご参考に供したいと思います。

（一）有権者の声を聴いた。

私は、佐賀県第三選挙区の有権者によって選ばれた国会議

郵政民営化法案に反対した理由

その後、法案に対する一部修正があり、6月28日の総務会で審議、了承されたが、あくまで修正部分のことであって、本体は「中身の賛否は別として」のままであったと思う。法案は委員会での審議、可決の上、7月5日の本会議に上程された。

民営化法案の採決　欠席も思案の末、反対投票

平成17（2005）年7月5日の衆議院本会議では、郵政民営化法案が記名投票による堂々巡りの採決に付された。開票の結果、投票総数461、賛成233票、反対228票となりわずか5票の差で可決され、参議院に送られた。マスコミ各社の予想では自民党の反対は10票程度と予想されていたが、反対票を投じた自民党議員は37人、14人が欠席した。

私は党内手続きに欠陥はあるが、党が責任を持って提出している法案だから賛成はできないまでも、せめて欠席しようと思っていた。しかし、今日まで反対して行動してきた同志のことや、先輩議員から「欠席なんてけちなことを考えず、正々堂々と反対しろよ」と促され青票（反対票）を握って登壇し投票した。

5票差で可決された法案は参議院に送られて8月8日、本会議で投票に付され、賛成108票、反対125票の17票差で否決された。その結果、小泉純一郎首相はためらうことなく衆議院を解散し、この問題の民意を問う決断をした。

同日午後7時、衆議院本会議が開かれ、民主党が提出した「内閣不信任案」が緊急動議により上程され、その直後、細田博之官房長官が紫の袱紗《ふくさ》に包まれた召書を河野洋平議長に渡した。議長は「日本国憲法第7条により衆議院を解散する」と読み上げた。若手の議員たちは立ち上がって「万歳、万歳」と叫んでいたが、議席の後方の当選回数の多い議員たちはぶぜんとした表情で突っ立っていた。

私は「党の政策に反対投票したのだから次の選挙は難しいな、もう国会に戻ってくることはできないかもしれない」と思った。森喜朗元首相からは議場で声を掛けられ「保利さんには教育基本法改正のことで本当にお世話になったなあ、よく頑張ってくれた」と言って握手を求められた。また、私の方から公明党の方へ行き「教育基本法で大変お世話になりました」とお礼のあいさつをした。解散はひとつのドラマなのである。

議会制度に詳しくない人からは「参議院で否決したのに、なぜ可決した衆議院が解散されたのですか」と聞かれることがあった。民意を聞くのはこの方法によらざるを得ないという説明をしたが、首相は制度上、参議院を解散することができないのである。

世に言う「郵政選挙」は8月30日に告示され、9月11日が投票日となり、激しい選挙戦が日本各地で展開された。小泉首相は「郵政民営化」を重点に置いて日本各地を飛び回り、獅子奮迅の活動を展開した。私は自民党公認は得られず「一誠会」という支援組織のもとで10回目の立候補をした。

郵政選挙では自民党公認が得られず一誠会を設立して選挙運動を行った

佐賀3区　無所属で出馬、「刺客」破る

平成17（2005）年9月のいわゆる「郵政選挙」は私にとって10回目の選挙で、「郵政民営化法案」に反対投票したため自民党公認での立候補はできず、無所属候補として選挙を戦うことになった。しかし佐賀県議会はこの法案に対し反対決議をしていたこともあり、自民党佐賀県連は応援態勢を取っていただきありがたかった。

一方、自民党本部の態度は厳しく、「造反候補」のところには自民党公認の候補を立て対抗させた。次々といわゆる「刺客」が決まっていく中で、私が出る佐賀3区はその「刺客」が決まらず、マスコミの話題にもなっていた。

佐賀3区の自民党公認候補者が決まったのは告示のわずか7日前、8月23日。夜10時のNHKニュースで「最後の対立候補が決まりました」と流れ、唐津出身で女性の公認会計士とのことだった。それも自民党公認で比例代表重複立候補、黙っていて当選する比例第1位に付けられていた。

かくして選挙戦は8月30日から始まった。それまでの選挙は「自民党佐賀県第3区支部」が主体となって行われていたが、今回は無所属の選挙だから、「一誠会」という支援組織がつくられ、活動してもらった。

当時、自分で書いた「郵政民営化法案に対し私はなぜ反対票を投じたか」と題する小論文を関係者の参考にしてもらった。ありのままを書き、自分では「良く書けている」と

思っていた。

その小論文の内容は三つの項目に分かれている。①有権者の声をよく聴いたこと②自民党内の手続きに欠陥があったこと③外国からの干渉に迎合していないか。以上3点をやや詳しく記してあり、最後に「今回の行動は私の政治的判断に基づくものであり、その責任はいっさい私にあります」と記し、後は有権者各位のご判断を仰ぐのみであるとしている。

衆議院選挙では自民党が圧勝

選挙運動は地元の支援者が中心となって活発かつ冷静に展開され、各地の支援者もいつもと変わりなく応援していただいた。

9月11日の投票の結果は私が8万7485票を頂いて当選した。自民党公認の候補は4万8992票であったが比例1位で重複立候補していたため復活当選し、佐賀3区からは2人の代議士が誕生した。

私は告示1週間前に立候補を決めた人がよく5万票近くの票を得たものと内心びっくりした。後で有権者に聞いてみると「自民党候補だから入れました」という答えで、「やっぱり、自民党の力は強いなあ」と素直に感じた。

小泉内閣から安倍内閣へ　復党で総裁「お帰りなさい」

小泉内閣は平成13（2001）年4月に発足し、18年9月まで5年5カ月続いた。首相の悲願であった「郵政民営化」を実現させたほか、2回の衆議院選挙と2回の参議院選挙を戦い、外交、防衛面でも成果を挙げている。特に平成14年9月には北朝鮮を訪問し、拉致被害者5人の帰国を実現させた事は特筆すべき成果だった。

また自民党の党是である憲法改正についても平成17年の立党50年を期し、「新憲法制定推進本部」が小泉純一郎本部長、森喜朗委員長のもとに発足し、11月22日の党大会で「新憲法草案」が発表された。後に平成24年に私が本部長となってまとめた「日本国憲法改正草案」はこれを模範にして作られたものである。

このように小泉内閣は各般にわたり成果を挙げ、平成18年9月26日、第1次安倍内閣の成立とともに小泉内閣は退陣した。残念だったのは小泉内閣5年5カ月のうち最後の1年ほど自民党を離党していたことである。しかし、その1年間、党内のもろもろの仕事や行事に煩わされることなく、自民党、公明党のメンバーと共に教育基本法改正案の作成に専念することができたのは幸いだった。

平成18年9月20日、自民党総裁選挙が行われ、官房長官の安倍晋三氏が464票で麻生太郎氏（136票）、谷垣禎一氏（102票）を抑えて総裁に選出された。そして9月26日に国会の指名を受け第1次安倍内閣が発足した。私は無所属議員だったが安倍氏に投票した。

安倍政権がスタートして間もなく、郵政民営化法案に反対投票した議員の復党話が取り沙汰され始めた。12月4日に党紀委員会があり、無所属議員11人の復党についての協議が行われ了承された。ただし以後、反党行為をした場合、議員辞職が求められ、その誓約書に署名しなくてはならなかった。私は議員の資格は有権者から与えられたものだから党が議員の身分を剥奪するのは有権者に対して失礼だと思い心良く思わなかったが、皆と相談して署名した。

そして同日午後7時、自民党総裁応接室に11人の議員が集められた。総裁、幹事長などが出席し、冒頭、安倍総裁から「全員の復党を認めることになりました。お帰りなさい」との発言があり、さらに「これから美しい国づくりに向かって協力してください」との言葉があった。ほとんどの議員は頭を深く下げていたが、私はぶぜんとした表情で座っていた。「法案の中身の賛否は別として」という言葉が頭から離れなかったのである。

自民党総裁選で安倍晋三氏が当選

復党と第1次安倍内閣

久しぶりの党本部に新鮮さ

平成18（2006）年12月4日、復党が許され、約1年ぶりに自民党本部に入った。私は無所属議員でいる間一歩も党本部に足を踏み入れることがなかったので、久しぶりに党本部に入ることが何か新鮮な感じがしていた。ただ離党中でも国会内では自由に行動でき、特に教育基本法改正の会議はこれまでと同じように出席していたし、委員会などにも参加していた。

しかし、久しぶりに党本部に入り、部会や調査会をのぞいてみると、私が新人議員であるかのようなフレッシュな感覚をおぼえ、「ああ、帰って来たな」とうれしさを感じた。そして、「しばらくはじっとしていよう」と思っていた。

また離党していた間、いろいろと心配してくれた森喜朗元首相や参議院議員の青木幹雄氏に復党のあいさつとお礼に伺い、帰りに参議院の寿司屋でにぎりを食べながら一人で静かに「復党祝」をした。自民党本部玄関の受付嬢2人がニコニコ笑って「保利先生、良かったですねェ」と微笑み、受付の小窓から手を差し出して握手をしてくれたのもうれしかった。

復党後、間もなく教育基本法改正案は12月15日に成立した。まだ復党前だったと思うが、私は安倍晋三首相に会い「伝統と文化を尊重し、それらをはぐくんできた我が国と郷土を愛する…」という条文について、議論の経過を報告した。「うん、それでいいだろう」と了承してもらった事を思い出す。安倍氏の母方の祖父は岸信介元首相で憲法改正論者であったことを考えて了解を取ったのである。

憲法改正については安倍首相の関心は高い。改正のためには国会の発議と国民投票が必要であるが国民投票の具体的進め方についての法律がなかった。中山太郎議員が中心になって船田元議員と共に研究を進め、国民投票法を立案し平成19年5月、安倍内閣のもとで成立にこぎつけた。

自民党に復党する理由について会見で説明する保利耕輔衆院議員（左）と今村雅弘衆院議員＝2006年11月28日、東京・永田町の衆院第1議員会館

これは正式には「日本国憲法の改正手続に関する法律」で5章、137条の大きな法律となっていて、国民投票運動の管理や規制が詳しく掲載されている。私はこの時点では憲法改正問題に全く関与していなかった。
第1次安倍内閣は「消えた年金記録」や、「閣僚による不祥事」などの逆風を受け苦戦を強いられた。また平成19年夏の参議院選挙で敗北して参議院での第一党の座を民主党に明け渡した。加えて首相が体調を崩して9月12日、退陣を表明した。しかし「戦後レジュームからの脱却」を掲げて奮闘されたことは記憶に残る業績であった。

農業共済とライスセンター　台風被害、共済金に尽力

第1次安倍内閣の頃、私は佐賀県農業共済組合連合会（県共済連）の会長をしていた。関係者からの強い要請もあり、その全国組織からも就任を求められていた。農業共済とは農業災害に対する保険であり、農業協同組合が行っている「農協共済」つまり農協が行う生命保険や火災保険とは異なり、純粋に農業災害のためのものである。

平成19（2007）年、佐賀県、長崎県に大型の台風が来た。両県の西の海上を北上した台風は佐賀平野に大きな被害をもたらした。台風が接近した、ちょうどその時、有明海は満潮時を迎え水位が上昇していて、その海水が、強い台風の風にあおられた。佐賀平野の高い堤防にたたきつけられ、しぶきとなって舞い上がり、南の風に運ばれて約10キロ先まで飛んだ。そのため佐賀平野、白石平野の登熟期の稲はことごとく潮をかぶり壊滅した。

私は農業共済連の会長として直ちに現地を訪れ被害を視察した。このような激しくまた広範囲な被害は見たことがなかった。早速、共済連が動き、被害状況をまとめ全国の共済連や農水省に連絡を取り、共済金の早期支払いについて要請をした。その結果、佐賀県の水稲の被害だけで91億円の共済金の支払いが行われた。私は責任を果たすことができ、「ホッ」とするとともに貴重な勉強をすることができたと思っている。

農業については実にさまざまな問題にぶつかったが少し以前こんな事があった。ある日いつものように最終便で福岡空港に着いた時、「先生！」と言って私の腕をつかむ人がいた。

鳥栖市の原忠實市長だった。「えらいことになりました。何とかしてください」とすがりつくようにして話をしてくれた。

　聞いてみると鳥栖市の基里という地域にライスセンターを設置することで県と交渉し計画が認められていた。その用地は既に買収を終え、農家には秋にはライスセンターができるから自家乾燥機は廃却してよいということにしていた。そんな状況である日突然、県から「今年は国の補助金はつかなくなった」と通告を受け、市長は困って私にすがりついてきたのである。

　私は市のためと言うより農家のために何とかしなければと考え、まず熊本の九州農政局に行き頼み込んだ。その日は衆議院選挙公示の前日で、唐津では「候補者がいなくなった」と大騒ぎになった。さらに農水省本省の官房長に電話し、「役所の財布は大きいのだから少しかき回せば、このくらいの金は出てくるだろう。頼む」とお願いした。「財務省には内緒ですよ」と言って補助金を回してくれ、基里のライスセンターは完成した。懐かしい思い出である。

塩害で佐賀平野の大豆は壊滅

第14章
党四役と下野

福田内閣と政調会長就任／福田内閣から麻生内閣へ／リーマンショック対策／自民党下野／谷垣総裁のもと結束／選挙敗北の現実

福田内閣と政調会長就任　無派閥の身に首相打診

第1次安倍内閣は「戦後レジュームからの脱却」というテーマを掲げ「防衛省」の設置などを決め366日の使命を終えることになった。退陣表明を受け直ちに総裁選挙が行われ、福田康夫氏330票、麻生太郎氏197票で福田氏が総裁に選任された。平成19（2007）年9月26日、福田内閣が成立し、憲政史上、初となる福田赳夫、康夫の父子二代の首相就任となった。

福田赳夫先生は私の父、保利茂と交流があり、父からよく赳夫先生の話を聞いていたし、正月には福田家、保利家の家族ともども宮崎市へ旅行したりしていた。父が亡くなり、私が議員になったあとも私を呼んで下さり、いわゆる「保利書簡」を「これは君に返そう」と手渡しして頂いたこともある。

またある時はご自宅に呼んでいただき、私が当時、ガット（関税と貿易に関する一般協定）ウルグアイランドの交渉に関与していたことから「戦前、世界の経済はブロック経済化の流れが強くなり、これが世界大戦の遠因になったんだよ。その反省から戦後できたのがガットなんだよ。このことは良く覚えておいたらいいよ」と教えていただいた。派閥は違ってもこうしていろいろ教えていただいたことは、ありがたかった。

福田康夫内閣の大きな成果はいわゆる「洞爺湖サミット」の成功であろう。平成20年7月7日から3日間開かれた会議の中で、「温室効果ガス50％削減」を明記した首脳宣言は海外からも高く評価された。

サミットが終わって落ち着いたのか首相が内閣改造に踏み切るらしいという噂《うわさ》が走った。私は「今は復党間もない時だから、どうせ役職は来ないだろうし、まして入閣も考えられない」と勝手に思いこみ、8月1日金曜日、家内と上の娘を連れて静岡県・御殿場のゴルフ場に出掛けた。

福田首相の手による洞爺湖サミットは成功した

ハーフを終わって、議員会館に電話を入れてみると秘書が「すぐ総理に電話をしてください」と言う。電話をすると「すぐ党本部に来てください」と福田首相。「はい、分かりました。でも2時間ほどかかりますが」と私。首相は「今どこにいるんですか」、私は「御殿場です」と答えると、福田さんは笑って「ははあ、分かりましたァ。保利さんは現在、無派閥ですよねェ」と馬鹿に念を押された。

そして「政調会長をお願いします」と言われ、私は天と地が逆さまになるほど驚き、急いで党本部に駆け付け、総裁室に飛び込んだ。午後3時だった。そこには麻生、笹川堯、古賀誠の各氏がいた。首相は一同が集まったところで「と、いうことでよろしくお願いします」と変なあいさつをした。

福田内閣から麻生内閣へ　悩ましい「ねじれ国会」

福田康夫総裁の言葉を借りれば「と、いうわけで」私は政務調査会長に任命された。「役は何もこないだろう」と考えていた私の思惑は見事に外れた。

私は福田氏に「私は農業と文教ではかなり仕事をしましたが、経済や財政のことはからきし分かりません。ぜひ、よいスタッフをつけてください」と頼んだ。それで実現したのが園田博之政調会長代理だった。彼は農水大臣の口がかかっていたと聞いているが、あえて私のもとで代理を務めてくれたようで、ありがたかった。御父君の園田直先生と父とは、良く分からないが、なにがしかのつながりがあったようである。

政調会長は言うまでもなく党三役の一角で幹事長、総務会長と並ぶ重要ポストである。父と私の二代で党三役を務めたことになるのは名誉なことであった。

もっとも当時の新聞を見ると、「保利は竹下派の流れをくむ額賀派ではないか。額賀派からは笹川堯総務会長が入っているから額賀派で二つのポストを占めることになるので保利の政調会長は認められない」とする意見もあったらしいが、福田氏は私を無派閥として選んでくれた。彼が私に対して特段の配慮をしてくれたことをありがたくも、うれしくも感じた。

党の骨格役員人事が決まったのが平成20（2008）年8月1日で、福田改造内閣が翌2日に正式に発足した。それからわずか1カ月後の9月1日、福田首相は突然退陣表明をした。まさに瞬間の出来事で、私はあっけにとられるばかりであった。詳しい内情は知らないが、福田氏らしい身の処し方だなと思った。

福田首相の辞意表明に伴い9月23日、総裁選挙が行われ、石原伸晃、小池百合子、麻生太郎、石破茂、与謝野馨の5人が立候補し、麻生氏が351票の圧倒的多数を得て、総裁に選ばれた。麻生氏は初当選が昭和54（1979）年で私と同時に初当選をした仲間の一人である。また吉田茂元首相の孫にあたることから、父の関係もあり、初当選の当初から随分、仲良くさせてもらっている。9月24日、麻生内閣が発足した。

ただし、第1次安倍内閣の平成19年夏の参議院選で自民党は大敗し衆参のねじれ現象が発生していた。福田内閣ができる時も、また麻生内閣の時も参議院では民主党の小沢一郎氏が首相に指名され、国会法の規定によって衆議院の指名が国会全体の指名となり、福田首相も麻生首相も誕生した。その手続きは厄介で、随分時間をかけ何度も本会議を開かなければならなかった。政府、与党にとって悩ましい「ねじれ国会」である。

麻生首相とは昭和54年初当選の同期生

リーマンショック対策　公明と密に協議、首相に報告

福田内閣も麻生内閣も「ねじれ国会」のもとでの政権運営には苦しんだ。極端ないい方をすれば、民主党が賛成する法案でなければスムーズに国会が通らない状態になった。麻生政権下でも笹川堯総務会長、保利政調会長、そして古賀誠選挙対策委員長の陣営は変わらなかったが、幹事長は麻生太郎氏から細田博之氏に交代した。

麻生氏は福田康夫首相の平成20（２００８）年9月1日の辞意表明を受けて行われた9月23日の総裁選挙当選の結果を受け24日、麻生内閣を発足させた。選挙期間中の9月15日、米国のリーマン・ブラザーズという証券会社が経営破綻に陥ったとのニュースが流れた。これが世界の金融危機の発端となった。日本の経済・金融状況にも大きな衝撃となり、景気に大きな影響をもたらすのである。

特に株安、円高の影響は大きかった。私の友人で輸出関連会社の社長が政調会長である私のところへ飛び込んで来て、「保利君、この異常な円高、何とかしてよ、1ドル79円じゃどうにもならないよ、せめて90円ぐらいに戻せないかなぁ」と嘆いていた。私もかつて輸出業務をやっていたことがあるので友人に「そうだなぁ、何とかしなくてはならないなぁ」とつぶやくばかりだった。

麻生首相は就任早々この難関にぶつかり、苦渋をなめたことと思うが、そこは百戦錬磨の経済界出身者で早速手を打ち始めた。また「１００年に一度の国際的な経済危機」であると

して、「景気対策のための三段ロケット」と称する補正予算などを次々に打ち出した。

こうした対策は連立を組む公明党とも連絡を密に取る必要があり、朝早く公明党の幹事長、政調会長、国対委員長と自民党との会合を持ち、協議を続けては、首相に報告したものである。その報告の役目は両党の政調会長の仕事で、公明党の山口那津男氏と私が担当した。官邸では必ず記者団につかまり、マイクを差し出された。「どんな報告をされましたか？」などと質問を受け、あらまし私が答え、山口氏が補足してくれた。山口氏の補足は余計なことは言わず、それでいて極めて正確な補足をしてくれてありがたかった。

公明党の山口政調会長と共に麻生首相に党側の報告をした

首相は口ぐせのように「景気対策はドーンとやれ、ドーンと。小出しは一番悪い」と言っていた。党の方の考え方は、園田博之政調会長代理がまとめてくれていて、経済財政担当相の与謝野馨氏とよく相談していた。私が驚いたのは中小企業庁長官の行動であった。それは…。

自民党下野　総選挙で大敗、民主党政権に

中小企業庁長官が私のところに来て言うには、「リーマンショックによる不況でどの企業も苦しんでいますが、特に全国の中小企業は随分困っています。特に資金繰りが大変です。そこで決済資金を緊急に融資する必要があります」。

私は「それはそうだが一体政府としてどのくらいの資金が必要なの？」と聞くと、驚くなかれ「まあ、ざっと40兆円ぐらい必要です」と長官の答えが返ってきた。「そんな金、用意できるの？」と聞くと、「貸付資金だから大丈夫です」とのこと。

「返済は大丈夫かなぁ」と私。長官は「日本の中小企業は正直ですからちゃんと返済してくれます。ただし5％ぐらいは焦げ付くかもしれませんがね」。40兆円の5％は2兆円だ。私は随分、太っ腹な長官だなと思ったが、恐らく麻生太郎首相は「景気対策はドーンとやれ。小出しは駄目だ」と長官にも話しているのではないかと感じた。

また麻生内閣は「安心実現のための緊急総合対策」として11兆5千億円の２０（２００８）年度第1次補正予算、「生活対策」として27兆円の第2次補正予算、さらに21年度本予算に加えて21年度の補正予算などの大型経済対策を次々と打ち出した。

一方、首相は海外での経験も長く、得意な英語を駆使して外交にも力を入れ、諸外国を歴訪した。中国、韓国、ロシアなどと交流を深め、特に就任早々のオバマ米大統領とも会談した。

しかし国内の景気は一向に改善せず、むしろさらに悪化するのではないかと懸念する声も

自民党内に広がっていった。園田博之政調会長代理は「一日も早く解散して衆議院選挙を打たないと自民党は負けますよ」とたびたび漏らしていた。しかし首相はなかなか腰を上げようとはしなかった。もっともペルシャ湾での海賊行為の横行に対する対策にも力を入れ、航行する日本船舶の警護に努めなければならなかったのである。

麻生首相は結局、衆議院の任期満了直前、平成21年7月21日に衆議院を解散し、8月30日を投票日と定め衆議院選挙に突入した。私にとっては11回目の選挙である。佐賀3区では民主党は候補者を立てず、私が9万3681票を頂いて当選した。2区では今村雅弘氏が比例で復活当選、1区の福岡資麿君は涙をのんだ。

この選挙で自民党は119議席、民主党は308議席を得て政権が交代することになった。自民党は海部、山崎、笹川、深谷、中山（太）、島村、保岡、久間、小坂などの大物各氏が議席を失い下野することになった。

麻生政権での園田政調会長代理（右）と保利政調会長

谷垣総裁のもと結束　改憲は自民党の「存在理由」

平成21（2009）年8月30日に行われた衆議院選挙で自民党は119議席になり、前回平成17年9月の選挙で獲得した296議席の半分以下に激減した。一方、民主党は308議席を獲得し第1党になり、民主党代表の鳩山由紀夫氏が首相に就任し、内閣を組織した。

自民党は退陣した麻生総裁のあとを受け総裁選挙が行われ、谷垣禎一氏が河野太郎氏、西村康稔氏を抑えて総裁に当選した。私はよくぞこの困難な状況下にあって3人の候補者が立ってくれたものと感心した。まさに「火中の栗を拾う」心境であったことと想像する。

総裁就任後、大島理森氏を幹事長に、田野瀬良太郎氏が総務会長に、また石破茂氏を政調会長に任命し党幹部の骨格を整えた。さらに党綱領の見直しに着手し、「政権構想会議」を立ち上げ、伊吹文明氏を座長に任命した。

党綱領とは党の基本姿勢を表すもので「党の憲法」とも言われていて、昭和30年、立党に際して作られたもの、平成17年、立党50年に際し作られたもの、そして谷垣総裁のもとで、約1年間の議論の上、平成22年1月に作られたものがある。

三つの綱領のいずれにも憲法改正をうたっていて、自民党にとっては常に追い続けるべき基本のテーマであり、党にとってはまさに「レゾン・デートル」（存在理由）なのである。それほど重要なテーマを自民党は抱えながら行動する政党とも言えるのであって、党員たるものこのことを忘れてはならない。

平成21年8月の衆議院選挙で大敗したあと、谷垣総裁のもと改めて「自民党はいかなる政党で何をする政党か」を問い直し、結束して政権奪還に向かって活動しなければならなかった。

ところで10月7日の朝方、大島幹事長から電話があり「自民党の憲法調査会長を引き受けてください」との事。この仕事は中山太郎議員がしておられたが、選挙で議席を失い空席になっていた。加えて中山議員と共に、憲法問題を担当していた保岡興二、船田元の2議員も落選していて、担当する者は私以外に適当な人がいないという幹事長の判断のようだった。

加えて教育基本法改正の実績を考慮したと思われる。後に谷垣総裁からは、憲法改正推進本部長を引き受けるように要請された。この仕事は小泉総裁以来、歴代総裁が就いておられたこともあり、私は辞退したが、「ぜひに」と頼まれ総裁直属機関の本部長に就任した。ちなみに憲法調査会は政務調査会長管轄下の機関であった。

自民党は野党となり谷垣総裁のもとで一致協力

選挙敗北の現実　臥薪嘗胆の境地

平成21（2009）年の選挙で自民党は敗北し下野したが、世間の話やマスコミの報道以上に自民党に与えた影響は大きかった。マスコミ各社は自民党本部の4階に記者室を与えられていて、各社の一線級の記者たちが机を並べ取材活動をしていたし、日々の記者会見もここで行われていた。

しかし自民党の敗北が決まるやいなや、一線級の記者はたちまち民主党の方に拠点を移し、自民党には二線級以下の記者が残った。その変わり身の早さは驚くべきもので、冷たい現実をまざまざと感じた。

またあれだけ陳情、要請に来ていた団体も一部を除いてほとんど来なくなった。官庁関係でもこれまで局長クラスの人が来て説明や要請をしていたものが、よくて課長クラスしか来なくなった。こうしたことからわれわれは敗北感を身にしみて感じるとともに、党を立て直し、次の選挙では必ず政権を取り戻さなければならぬと全員が一致結束して頑張ろうと誓ったものだった。まさに「臥薪嘗胆《がしんしょうたん》」の境地であった。

敗北した政党にとってもう一つ厳しい現実があった。それは政治資金を巡る問題で、野党になると与党時代のように寄付が集まらなくなるのはやむを得ないことだが、頼みとする政党助成金が在籍議員数に応じて配分されるので、平成17年の総選挙で得た296議席から平成21年の選挙では119議席となったため政党助成金も半減することとなった。

政党助成金は党本部が一元的に管理している。ここで重要なことは、次の選挙で議席を回復させるためには落選中の前議員や新人に対する資金上の手当てが必要だということである。従ってそのための資金繰りは執行部が特に苦労する点で、表に出ない問題である。

政党助成金についての制度上の問題かもしれないが、目下のところ解決する手立てはない。この問題は現在の民進党が落選中の議員を救うという意味で悩んでいるのではないかと思う。

こうした政党助成金は一般的に使いにくいという。それは原資が税金であるから収支報告は厳密さが要求されるのはやむを得ないが、規定により全ての支出について「1円からの領収書」を付けなければならず、経理担当者泣かせの問題である。

さて、私は谷垣禎一総裁から「憲法改正推進本部長」の仕事を頂いた。実に荷の重い仕事であると同時に国会議員として最高の仕事をさせていただくことになり、慣れないながらも全力を傾けて取りくむことを心に誓った。

自民党が下野し民主党政権が誕生。所信表明演説をする鳩山由紀夫首相＝国会

第15章

憲法改正

推進本部長に就く／自民党大会／ポツダム宣言と憲法9条／改憲案と総務会／改正案の論点／改正案修正／改正案の完成／改正案の扱い／国土政策と国会のあり方

推進本部長に就く　悩み苦しむ草案作り

自民党の大島理森幹事長から話のあった憲法調査会長の仕事は、政務調査会長、石破茂氏の配下で仕事をすることになる。しかし今回、谷垣禎一総裁から命じられた憲法改正推進本部長の仕事は総裁直結であり、政務調査会には属さず、総裁のもとで独立して仕事をするのである。そして代表役員会にも常時出席する立場になった。

平成21（2009）年9月28日、谷垣氏が総裁に選出されて2カ月余り後の12月4日、多くの衆参議員が集まり第1回の憲法改正推進本部の会議が開かれた。総裁、幹事長の他、舛添要一本部長代理、森喜朗最高顧問、中山太郎常任顧問（前議員）らが出席した。

私は本部長としてあいさつし、「本部長は今まで歴代総裁が務めてこられたので私が就任することは僭越《せんえつ》至極に思いますが…」と切り出し、次の点などを述べた。

まず憲法に対するわが党の立場を述べ、他の党との対立軸を明確にする。そして国のあり方などについて議論し、まとめていく。さらに平成17年11月22日の立党50年にあたって発表された、森元首相が中心にまとめた「新憲法草案」を基礎とすることなどに言及した。

谷垣総裁からは、憲法改正は学問的、学理的な面からと改正運動論の両面から研究と検討していく必要があると述べられた。

その後、この本部会合は精力的に開催し、各項目について学者の意見などを聴取し、また議員からの意見開陳を求めて回を重ねていった。進行役は中谷元・事務局長、近藤三津枝同次長があたった。自民党は政権から離れ野党になっていたが、憲法改正については多くの議員が熱心に会議に参加し所見を述べ、活気に満ちていた。

会議はほとんど毎週のように開催され、初めのうちは学者や評論家を招いて勉強した。しかし、学説や評論だけでは「憲法改正草案」を党として作成することはできない。一方、平成24年4月28日には講和条約が発効し日本が真の独立を果たしてから60年を迎える。谷垣総裁からはその日までに新しい「憲法改正草案」を発表したい、との強い意向が示された。

私はもう少し時間が欲しいと思ったが「何とかやりましょう」と答えた。しかし、いろいろな意見はあっても、憲法条文にすることは極めて難しい。悩み苦しむ日々が続いた。日限を切った仕事で、1月22日には党大会もあり、そこで憲法改正についての報告を私がすることになっていた。そこで改正の決意を述べなければならない。切羽詰まった気持ちだった。

大きな看板の前で。本部長に就任

自民党大会　3カ月後の草案発表宣言

平成24（2012）年1月22日、東京のグランド・プリンスホテル新高輪で第79回自民党大会が盛大に開催された。しかし自民党はまだ野党の立場にあり、民主党政権下、鳩山由紀夫、菅直人両首相の後を継いだ野田佳彦首相の時だった。だが民主党政権下で既に3年4カ月を経過していて選挙も近づき、わが党内も、国民世論も政権交代を期待する声が高まっていた。

そのような状況下で行われた党大会は、いやが上にも盛り上がった。会場内は熱気に満ち、特に47都道府県の婦人部代表全員が一人10秒ずつそれぞれに政権奪還を訴えた。

そうした雰囲気の中で谷垣禎一総裁が「解散に追い込む」決意を表明、そして私が憲法改正推進本部長として、講和条約発効60周年の記念日、平成24年4月28日までに憲法改正案を発表する旨、高らかに宣言した。しかし、内心は非常に不安で、本当に改正案が発表できるかどうか心配だった。あと3カ月しかないのである。

党大会を終了し、そこで私が考えたことは、話を聴いたり、議論をしたりすることは結構なことだが、改正案を作るためには条文化しなければならない。議論はするが条文化は誰かがやってくれるだろうでは改正案として国会に提出できない。そのため、時間もないことだし、たたき台となる改正条文案を自分で書き、それを会議にかけて議論してもらおうと腹を決めた。

そこで手始めに現行憲法前文と各条文、並びに平成17年に森喜朗元首相が中心となって作成し党大会で発表した「新憲法草案」、さらに明治憲法、いわゆるマッカーサー草案などを勉強した。

特に現行憲法について一字一句を読む場合、衆議院法制局の橘部長の力を借り、2人で一条、一条、丁寧に読んで私が疑問に思うところを指摘し、部長の意見を聴いたりした。一、二の例をひけば、次のような疑問である。

まず、前文の中にある文章中、第2節にある「平和を愛する諸国民の公正と信義に信頼して、われらの安全と生存を保持しようと決意した」が、これは「公正と信義を信頼して」が日本語として正しいのではないか。これは後年、石原慎太郎氏が同じ主張をしておられる。

次に第7条、天皇の国事行為について、「天皇は内閣の助言と承認により、国民のために、左の国事に関する行為を行う」として10項目挙げているが、天皇の行為について、内閣の助言はいいが、「承認」は不適当ではないか。など、私が疑問に感じていることを素直に述べた。言葉使いも問題であるが理念的な問題はさらに難しいのである。

自民党憲法改正推進本部スタッフ。左から磯崎、保利、中谷、近藤の各議員

ポツダム宣言と憲法9条　マッカーサー草案の根底

現行憲法を条文ごとによく読んでみると、もろもろの問題点が出てくる。それは、この憲法が作られた時の時代背景に起因していると思われる点がまま見受けられる。その時代背景とは日本が戦争によって完膚なきまでにたたきのめされ、連合国側にほとんど「何も言えない状態」で無条件降伏していた頃のことだ。

終戦時、私は国民学校5年生だったが、米軍が唐津にも進駐して来るという、うわさが広まった時、山の方にしばらく逃げたことがあったし、教科書も「戦さ」に関係するところは墨で塗りつぶした。先生に「その紙ばさみについている城の絵も塗りつぶせ、アメリカに見つかったら殺されるばい」と言われたこともあった。

そのような状況の中でできた憲法だから、戦勝国の意向が反映されているのは敗戦国として仕方のないことであった。一般に日本の現憲法はGHQのマッカーサー草案が基本になっているといわれているが、実はその基本的考え方は「ポツダム宣言」にある。その宣言は13項目あり、昭和20（1945）年7月26日に、米大統領、英首相、中華民国主席によって作成された。

まず戦争完遂の方途を述べ、戦後の占領政策まで言及している。すなわちその10項の後段には「日本国政府は日本国国民の間に於ける民主主義的傾向の復活強化に対する一切の障礙を除去すべし言論、宗教及び思想の自由並びに基本的人権の尊重は確立せらるべし」との記述がある。13項目全体は現在の六法全書に掲載されているのでぜひ読んでいただきたい。

私はこの考え方がマッカーサー草案の根底にあるものと思っている。このポツダム宣言の全体を読んでみると憲法9条後段の記述、すなわち「前項の目的を達するため、陸海空軍その他の戦力は、これを保持しない。国の交戦権は、これを認めない」とした理由がよく分かるように思われる。

戦争が終わった直後の「命だけは助かった」という状況の中での「戦力不保持」や「交戦権の放棄」は至極、当たり前だったかもしれないが、今の世界状勢の中で「攻められても戦わない」とする交戦権の放棄のままで国民の生命や財産が守れるかどうか、私は疑問に思う。

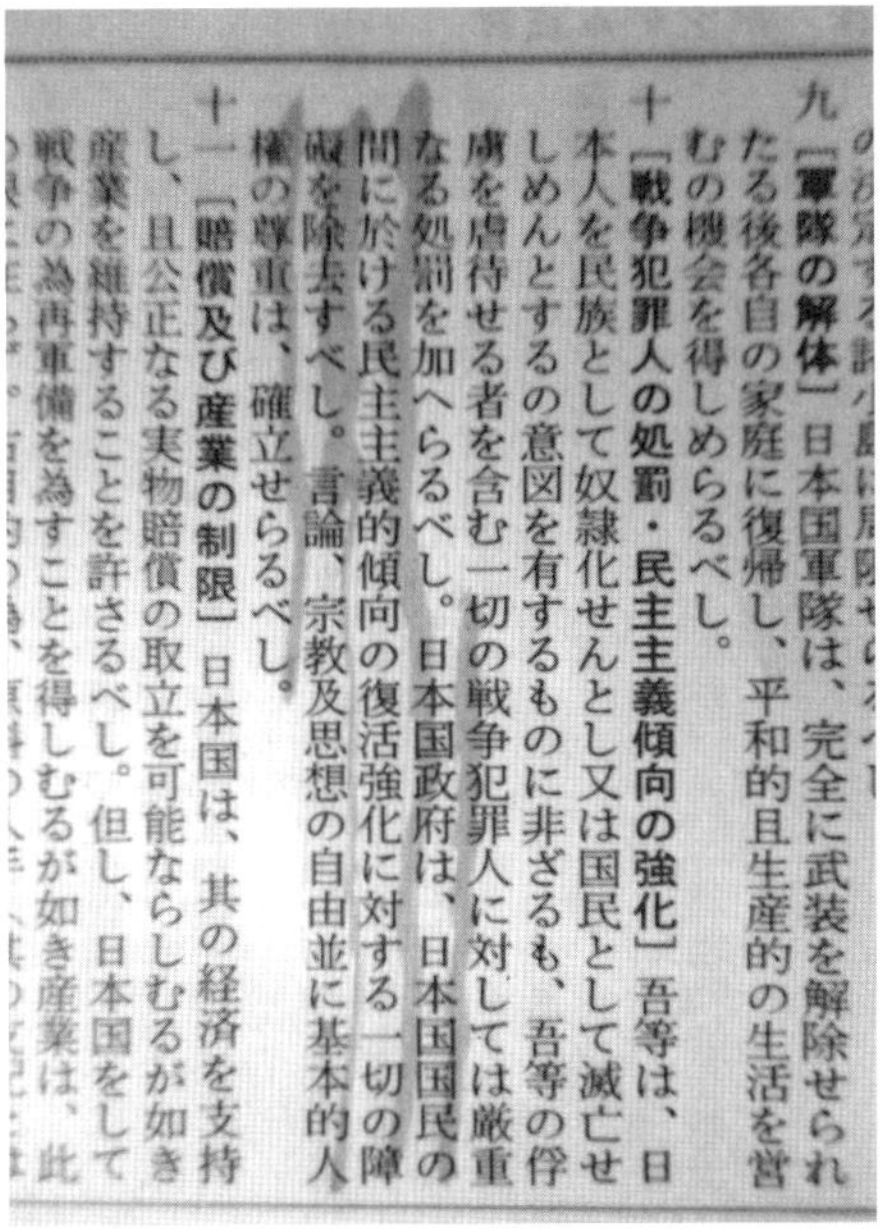

九［軍隊の解体］日本国軍隊は、完全に武装を解除せられたる後各自の家庭に復帰し、平和的且生産的の生活を営むの機会を得しめらるべし。

十［戦争犯罪人の処罰・民主主義傾向の強化］吾等は、日本人を民族として奴隷化せんとし又は国民として滅亡せしめんとするの意図を有するものに非ざるも、吾等の俘虜を虐待せる者を含む一切の戦争犯罪人に対しては厳重なる処罰を加へらるべし。日本国政府は、日本国国民の間に於ける民主主義的傾向の復活強化に対する一切の障礙を除去すべし。言論、宗教及思想の自由並に基本的人権の尊重は、確立せらるべし。

十一［賠償及び産業の制限］日本国は、其の経済を支持し、且公正なる実物賠償の取立を可能ならしむるが如き産業を維持することを許さるべし。但し、日本国をして戦争の為再軍備を為すことを得しむるが如き産業は、此

ポツダム宣言第十項。新憲法のもとになった思想

従って自民党が発表した「憲法改正草案」では戦争放棄の規定はおきつつも「自衛権の発動を妨げるものではない」と明文化した。さらに平成17（2005）年の新憲法草案では自衛軍の設置をうたっているが、憲法改正推進本部でまとめた案文では「国防軍」の保持をうたっている。これは改正推進本部の中で協議し、総裁の同意をいただいて決めた。

改憲案と総務会　保利試案もとに審議

平成21（2009）年8月30日の衆議院選挙で自民党は敗北して下野、谷垣禎一総裁のもとで結束を誓い、私が憲法改正推進本部長に任命され、第1回の推進本部会議を開いたのが同年12月4日のことであった。

以来、会議を重ねつつ、一方で私は衆議院法制局との対話を続け、平成22年6月21日付で改正のたたき台となる条文案を作り上げた。これが「保利本部長試案」である。これは本部長として衆議院法制局の力を借りて全く独断で作成したもので、前文も私の考えで書き、各条項にわたって文案を作った。

これを憲法改正推進本部の会議にかけ、たたき台にして会議を重ねていった。このやり方は少し強引かとも思ったが、これによって改正案作りが具体的に進むことになり、私の独断専行に対する批判はなかった。

会の進行は主として中谷元・衆議院議員にお願いした。条文を専門的に検討する起草委員会をつくり、条文について逐一検討に入ってもらった。法律案作りに詳しく、実績もある礒崎陽輔参議院議員には細部の検討に力を貸してもらった。後に自民党が作り各方面に配布した「日本国憲法改正草案Q＆A」の作成も彼に尽力してもらった。

こうしてできた試案を起草委員会の議を経て推進本部の会議に報告、さらに議論を重ねた上、了承され、いよいよ総務会に報告という段取りになった。既に平成24年4月に入っており、党大会で宣言した4月28日まで時間がなく、総務会でもめたらどうしようと気が気ではなかった。

総務会への報告は4月6日に行った。その前に起草委員会を12回、憲法改正推進本部の総会を7回行って平場の協議は終了していた。しかし総務会にはベテランの議員が多く難航が予想された。果たせるかな多くの議員が次々と発言し、長時間の審議となった。

まず私から経過報告を行い、次いで重点項目として次の6点を述べた。①天皇元首制②国旗、国歌の扱い③自衛権と集団的自衛権④一院制と二院制⑤緊急事態⑥96条の3分の2問題。以上6点について私の所見を述べ、出席議員の意見や示唆を求めた。

これに対し約20人の議員が発言した。その対応は私が中心となって行った。私は「今日のご意見を頂いて修文し、次回、修正案を提示いたします」と結んで、会議を閉じた。次回、修文案を提示して了承が得られるだろうかといささか不安であったが、ここまで来たら何とかまとめるよう努力しようと決意した。

憲法改正推進本部幹部協議。左から中谷、舛添、保利、森、中山氏

改正案の論点 「天皇元首制」など6点

平成24（2012）年4月6日の総務会への報告にある重点6項目について簡単に述べてみよう。

まず「天皇元首制」についてはかなり有力な議員から反対の主張があった。つまり「元首」というと何か通俗的な印象を与えるが、「天皇」はもっと格の高いご存在であって、外国の大統領や首相とは違うのであるとする意見である。

一方、各国の大使が奉呈する信認状はその国の元首から発せられるもので、それを受理する天皇は元首と規定した方が、国対国の関係を考えた場合、バランスが取れているとする考え方から改正草案では「元首」と規定した。

こんな話もある。小学校で生徒が先生に「日本で一番偉い人は誰ですか」と聞いたところ、先生は「もちろん国民統合の象徴と憲法に書いてある天皇陛下よ」と言った。生徒は「象徴って何ですか」と問うので先生は「お飾りよ」と答えたという話がある。元首論については難しい問題であり、国会の憲法審査会で議論してもらいたいと思う。

「国旗・国歌」についても議論があった。これは既に平成11年8月に施行された「国旗及び国歌に関する法律」があり、「国旗は日章旗。国歌は君が代」と規定されているので十分ではないかという意見もあったが、やはり国のシンボルとして憲法に規定すべきであるとの意見が強く、改正案では第3条に規定した。

次に「自衛権と集団的自衛権」については戦争の放棄はそのまま規定しつつも自衛権の発動を妨げるものではないと明文化した。また国際社会の平和と安全を確保するために、「国際的に協調して行われる活動及び公の秩序を維持し、又は国民の生命もしくは自由を守るための活動を行うことができる。」と規定したが、総務会では全く異論はなかった。

「一院制」についてはかなり強い主張がなされ、有力な議員もこれを主張した。それは参議院をつぶし、衆議院を残すという議論ではなく、国会全体で一院にするという主張で、会議では将来の議題として残し、改正案では二院制をそのまま残した。

ちなみにGHQ原案では一院制だった。理由は明治憲法では第二院は貴族院だったが、戦争が終わり貴族制度は廃止され、貴族は存在しなくなった以上、国会は衆議院だけでよいというGHQの考え方だった。これに対し日本側は、議会で法律案などを慎重に審議すべきであるから、二院制のもとでダブルチェックが必要とし、これが認められた。ただし第二院も選挙で選ぶべしとのGHQの考えで今の参議院選挙があり、ねじれ現象が時として起きることになった。

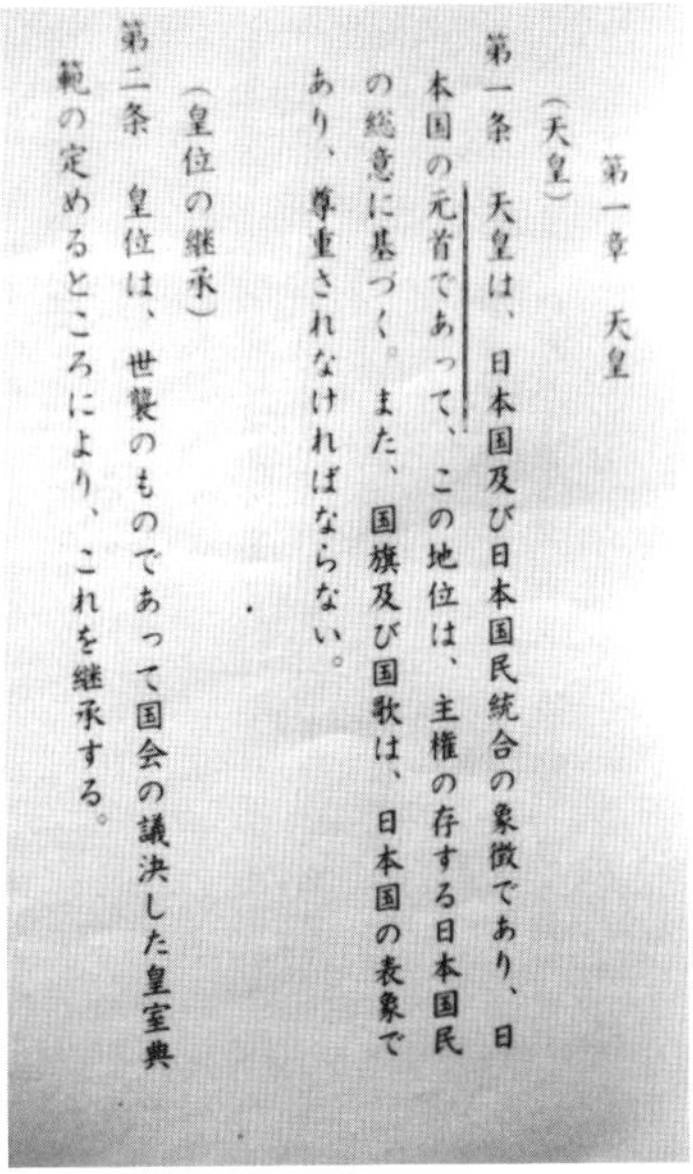
第一章　天皇

（天皇）

第一条　天皇は、日本国及び日本国民統合の象徴であり、日本国の元首であって、この地位は、主権の存する日本国民の総意に基づく。また、国旗及び国歌は、日本国の表象であり、尊重されなければならない。

（皇位の継承）

第二条　皇位は、世襲のものであって国会の議決した皇室典範の定めるところにより、これを継承する。

天皇を元首と規定。ただし異論もあった

改正案修正　気合いで一任取り付け

総務会に報告した重点事項の5番目は「緊急事態」についてだった。この条項は現行憲法にはないが、平成23（2011）年3月11日に発生した「東日本大震災」のような大災害に政府はいかに対処すべきか、被災地に対する救援などについて政府や自治体は緊急に何をすべきか、自衛隊などがいかに対処すべきかなどについて憲法上に規定する必要性が生じた。既に外国からの脅威に対応する有事立法は平成16年に一般法として成立していたが、憲法には規定がない。また大災害に対応する規定もない。しかしいずれにしても内外の緊急事態に対する対応は、政府に一時的に権力を集中させる必要がある。また国民の私権の制限も必要な場合があると判断し、改正案には新しい章を設けて内外の緊急事態に対応させることとした。

最後の改正条項は現憲法が国民投票にかける改正案について、衆・参それぞれで3分の2の多数決で決定し、国民投票にかけると規定している。3分の2を衆参両院で確保することは困難が予想されるので、今次の改正案では2分の1とした。

ただ、憲法改正案の決定であるから、2分の1より少しきつめの方が良いとの考え方もあり、その場合、2分の1よりきつめ、3分の2より緩めとしてはどうか、すなわち5分の3ではどうか、という考え方もあった。しかし国会は2分の1で通し、国民に判断の機会を早く示そうとの考え方で採用された。

以上6項目について論点をまとめ、4月6日の総務会に私から報告した。いろんな意見が出たので若干の修文を行い、谷垣禎一総裁に報告し、4月13日の総務会に提出した。そして逐条の説明を礒崎陽輔参議院議員が行った。それでもなお10人くらいの議員が意見や質問をした。いつまで押し問答をしても埒《らち》が明かないと私は考え、思い切って次の発言をした。

「既に50回を超える会議を行ってきて、貴重なご意見を頂き、それに基づき修文をしてまいりました。今日頂いたご意見をもとに修文致しますが、それを含めて、谷垣総裁にご一任していただきたいと思います。全部のご意見を入れることは難しいかもしれませんが、私どもで総裁を助けてまとめ、4月28日の講話条約発効60周年の記念の日に世間に発表できればと思います」。わざと重々しく発言した。

塩谷立総務会長は「それでは総裁にご一任願えますか」と尋ね、「異議なし」で総裁一任を取り付けることができた。気合を込めた一任取り付けだった。

谷垣総裁への一任を取り付けた総務会

改正案の完成　やり遂げても前途遼遠

平成24（2012）年4月13日、憲法改正に関する2度目の総務会で、私の発議により改正案修文について谷垣禎一総裁に対する一任の取り付けに成功した。そして改正案に対しての若干の手直しを時間をかけて行った。さらに、中曽根康弘元首相や森喜朗元首相にも説明し、その後、谷垣総裁、中谷元、礒崎陽輔、近藤三津枝の各議員、衆議院法制局や党の職員を交えて最後の協議を行った。

あとは4月27日の総務会に提出する「憲法改正草案」の刷り上がりを待つばかりとなった。しかし、これは事前にマスコミに漏れないように厳重に注意した。狙いは4月28日の講和条約発効60年の記念日の朝刊に載せてもらうことである。この憲法改正案は修文案であるから一字でも違う報道は許されない。私は改正案が一部でもマスコミに流れ、事前に報道されることを嫌った。

27日昼の総務会に出来上がった「草案」を刷りものにして配布した。そして私から報告し、全会一致で承認された。しかし、なお意見が出たのは一院制の件で、数名の議員から意見が出たが、この改正案では二院制とした。私は、一院制には問題があるが、現行の二院制のままでよいのか将来の議会制度のあり方について考えさせられる問題だと思った。

総務会を終わり、午後3時すぎ、谷垣総裁から記者発表をしてもらった。併せて改正案の全文を配布した。苦労して作った案文が初めて世に出た瞬間である。総裁の発表に続き、私と礒崎議員が中味の説明をした。終わりに私が「記者の皆さんにはサービスが悪くて済まなかったが、そのくらい気を使った仕事だった」と述懐した。

大きな仕事をやり終え、その日の日記帳の余白に日の丸を掲げてバンザイをしている自分の漫画を小さく描いた。うれしかったのである。

しかし憲法改正はこれで終わったのではない。できたものは野党である自民党の改正草案にすぎない。これから国会に提出し、国会としての改正案にしなければならない。他の党はまだ条文化された改正案を持っていない。

記者団に憲法改正案の説明をする保利本部長

各党がそれぞれの改正案を出し合い、衆参それぞれの3分の2の多数決で「国会案」を作り、国民投票にかけるのはいつのことになるのであろうか。そのプロセスを考えると「狭いトンネルの穴にそれより大きな列車を通すこと」のように思われ、前途遼遠《りょうえん》の感がある。いつの日にかこのことが成就し、真の独立国日本の憲法が出来上がるよう、これからの人々の奮起に期待してやまない。

改正案の扱い　総裁に周知徹底進言

平成24（2012）年4月28日、講和条約発効から60年の記念すべき日の各紙朝刊に、自民党の憲法改正草案の内容が大きく掲載された。谷垣禎一総裁の意向通りの仕事ができた。しかし私の正直な気持ちは、4月28日発表を目標に急いだため条文の「練り」が足りないのではないかとの懸念もあった。

その後、谷垣総裁にお会いした時、「このまま国会に提出することは待っていただきたい。現在、自民党は野党だし、衆議院に提出してもそれを審議する舞台は整っていないので、しばらく抱いていて、自民党としては憲法改正の具体的条文案を持っていることを天下に周知徹底させ、次の選挙の論点にしてはいかがでしょう」と進言した。

たしかに、今後、党内でも、また国会内でもいろいろ議論しなくてはならないことがある。例えば「天皇元首制」についても党内にも有力議員からの反対論もあり熟考を要する点であるし、多数から発言のあった一院制についても研究課題であろう。

憲法9条の2に「国防軍」と書いたが、当面は自衛軍でよいのではないかという考えもある。憲法改正について国会が国民に提示する改正案の議決条項「衆参両院の3分の2」について自民党案は「2分の1以上」としているが、これで良いのかの論点。他に緊急事態の規定のあり方など、国会案作成にあたっての協議事項、さらには条文化への道筋など問題点は多い。

特に発言の多かった一院制の問題は国政の基本を変え、政治の姿を根源から変える重要なテーマである。国会をいかなる形にするかをあまり急いで検討することは国政の混乱を招きかねないので、少なくとも30年、あるいは50年先の姿として国会のあり方を考えるのが良いのではないかと思う。

戦後GHQが示したマッカーサー草案は一院制であったが、日本側の要請で二院制を認められた際、第二院も選挙で議員を選ぶことを要求され、今日の参議院選挙が行われることになった。その結果、選挙に政党が関与することになり、時として「ねじれ国会」が発生することになった。

もともと第二院は第一院の決定をチェックするところに意義があり、また一院の決定が合憲であるか否かの吟味を行う憲法裁判所の如き機能を持たせるのが良いのではないか。つまり、第一院から送られてきた法案に第二院が同意するのであれば法律として成立し、同意できなければ、第一院に修正を求め、修正されれば法律として成立、第一院が修正に応ぜず再可決すれば法律は成立する、という考え方もある。問題は第二院の議員の選出方法である。

磯崎議員が中心となってまとめた憲法改正草案Q＆A

国土政策と国会のあり方

困難伴う議会制度変更

国会のあり方を考える場合、まず「くに」あるいは「国家」とは何か、ということから考えなくてはならない。学術的には一般に「国家」の構成要件として「国土・国民・統治機構」つまり「土地・人・政府」の三つの要素が必要であるとされる。

近代社会においては「人」は基本的人権を有し、それは平等でなければならないとする。国会における「一票の格差」問題はここから生じる。国土についてはどのように考えたら良いであろうか。

私はこの問題を考える時、昭和62（1987）年6月に策定された「第4次全国総合開発計画」を想起する。その書き始めのところに「国土の均衡ある発展」の文言が見られる。それは昭和37年に作られた第1次計画以来、貫かれてきた国土開発計画の基本思想である。つまり日本の国土、37万平方キロはあまねく平等に発展していかねばならないとする考え方である。

ただ、国土や土地は人のように物を言わない。物を言うのはその土地に住んでいる人であるから、国土が全国的に均衡して発展していくためには、そこに住んでいる人が平等に物を言えなければ国土の均衡ある発展を期することができない。

具体的には国土を道州制のような形にしてどの地域も同じ数の人を選び、国土の代弁者にすることとしたら良い。ただし、その代弁者、つまり議員を選挙で選ぶと政党が関与して

「ねじれ」が生ずる可能性が残る。

それならば選挙で選ばない方法があるだろうか。一つの考え方として政界・官界のＯＢ、経済界、学術界、文化関係者、地方有力者、言論界などから人選して第二院を構成する。人選は政府が行うが任期を設け、最高裁判所の裁判官と同じように国民審査を行う。あらましこのような方法で第二院を構成すれば選挙は行わないことになる。つまり最高裁判所の裁判官と同じ形で第二院が構成される姿となり、政党が絡んだ選挙戦はなく、従って「ねじれ」は起こらない。

国土は物を言わないが均衡ある発展が必要

以上は、憲法改正推進本部や自民党総務会で出た「一院制」の議論に対して私が勝手に考えた事であり、しかも30年、50年後の姿を想定して書いたものである。もとより記述も内容も稚拙で、ご意見や反論があることも覚悟の上、元「憲法改正推進本部長」としての経験から考えたことを素直に書かせていただいた。国の議会制度ひいては国家のあり方を基本的に変えることは本当に困難を伴うものである。

第16章
政界引退

教育再生特別委員長の思い出／最後の選挙／憲法審査会長を命じられる／解散迫る／衆院解散、政治活動終了／後継者決定／人生最大の岐路／うたかたの思い／第二の故郷、フランス／友人、フィッシェラー氏／叙勲、そして連載終了

教育再生特別委員長の思い出　野党・野田氏の行動に感動

憲法改正推進本部の作業がヤマ場にさしかかっている頃、平成23（2011）年3月11日、三陸沖から茨城県沖にかけてのマグニチュード9・0の巨大地震が発生した。同時に津波が押し寄せ、死傷者は2万人近くに及んだ。東京電力福島第1原発事故は未曽有の災害となり今日に至るも、その影響が続いている。

地震の発生は11日午後2時46分であるが、自民党は午後3時には谷垣禎一総裁を本部長とする「東日本巨大地震緊急災害対策本部」を立ち上げ、巨大災害への対策を開始した。これは民主党内閣の対応より早かった。自民党本部には日本各地から救援物資が運び込まれ、連日、トラックでの輸送が始まった。

災害対策にあたった菅直人内閣はやがて退陣し、野田佳彦内閣が9月2日に発足した。野田氏には若干の思い出がある。

少しさかのぼるが教育基本法は平成18年12月に成立していた。翌年、教育基本法に関連した「教育改革関連三法」が国会に提出され、その審議のための「教育再生に関する特別委員会」が設置され、私がその委員長に互選された。平成19年4月のことで、第1次安倍内閣の時であった。

この特別委員会の与党側筆頭理事は大島理森氏で、野党側は野田佳彦氏だった。「教育改革関連法案」には民主党も対案を提出していて、政府案と民主党案を並べて審議した。4月末から5月初めにかけての大型連休を挟んで連日のように審議が続けられた。

他の委員会との兼ね合いもあり、両筆頭理事が苦心して調整してくれて委員会の日程や地方公聴会、中央公聴会もセットされた。5月17日にはＮＨＫのテレビ中継を入れて安倍晋三首相出席のもと総括質疑が行われ、各党の討論の後、午後5時すぎ採決に入った。

その瞬間、野党の若い議員が、数名立ち上がって委員長席に駆け付けようとした。すると、野田筆頭理事が手を広げて若い野党議員の行動を止めてくれた。私は委員長席からそのありさまを見て胸が熱くなった。

おかげで、政府提出3案は可決、民主党の対案4案は否決され、全ての議事は終了した。終了に当たり委員長として大要、次の様なあいさつを行った。

「去る4月13日の当特別委員会の設置、17日の本会議趣旨説明、20日から委員会で審議入りし、連日の審査に与野党理事、委員各位には真摯《しんし》に参加していただき、また大臣および政府関係者、民主党対案提出者、参考人の皆さま、さらに国会職員の皆さまに心からの感謝の念を捧げます」

私は心の中で「大島さん、野田さんありがとう」とつぶやいていた。それから4年後に野田氏は内閣総理大臣に就任した。

教育再生特別委員長を務める

最後の選挙　心を込めて感謝の握手

民主党政権下、野党自民党を束ねて頑張ってきた谷垣禎一総裁の任期は平成24（2012）年9月で切れ、総裁選挙が行われることになった。谷垣氏は立候補せず、石原伸晃幹事長、石破茂氏、町村信孝氏、林芳正氏、それに健康を回復した安倍晋三元首相が立候補した。石破氏は地方党員票ではリードしたが党本部での安倍氏との決選投票で敗れ、安倍氏が第25代総裁に就任した。9月26日のことである。

その後、印象深かったのは11月14日の党首討論だった。党総裁に返り咲いた安倍氏は民主党の野田佳彦首相に激しい口調で衆議院の解散、総選挙を迫った。党首討論としてはまれに見る激しいやりとりで、ついに野田首相は「特例公債法案と選挙の0増5減および定数是正のメドがつけば、あさって11月16日に解散してもいい」と発言した。野田氏は続けて「定数是正については来年の通常国会で決めると約束するならば」と付け加えた。

その日の午後7時のテレビは早くも16日解散、12月4日告示、16日投票と流した。さあ、いよいよ選挙だ。私にとっては12回目の戦いになる。私は既に78歳になっていた。心の中では「これが最後の選挙だな。今までお世話になった佐賀県有権者の皆さんにお礼参りのつもりで、しっかり選挙区を回ろう」とひそかに思っていた。

選挙となると盆と正月が一遍に来たような忙しさである。選挙用のポスター、選挙公報や政策冊子の原稿作成、新聞各社からのアンケートへの回答、テレビの録画撮り、自民党県連や党本部への公認申請手続き、街頭宣伝隊の編成と訓練、選挙事務所設置と事務所開き、選挙キャンペーンの日程作成などなど。全て自分でやるわけではないが、目の回る忙しさである。

一方、東京の方でも、年末のことでもあり、予定されている各種団体の要請集会への出席依頼にも応じなければならない。その頃は、TPP問題もヤマ場を迎えていて、東京でJAの千人集会があったり、文化庁関係の集会、リニアコライダーの会議など多種、多様な集会にも呼ばれている。

それらを短期間のうちにこなし、12月4日の告示を迎えた。期間中12日間、丁寧に選挙区を回り、心を込めて握手をしながら「ありがとう、ありがとう」と叫び続けた。

妻や2人の娘、孫娘まで来てくれて手伝ってくれたのはうれしくも楽しくもあった。陣営一丸となって戦ってくれ、父が手帳に書き残していた「人の世の人の情に生きるわれ、人の世のため誠、尽くさん」と同じ気持ちをもった。

最後の選挙。親子４人唐津にて

憲法審査会長を命じられる　最高法規改正関わり光栄

平成24（2012）年12月16日に行われた衆議院選挙で、自民党は294議席を獲得し政権に復帰することとなった。一方、民主党は57議席となり惨敗した。そして12月26日、第2次安倍内閣が発足した。

選挙後、「保利衆議院議長」説を流す新聞もあったが、その時点で私には誰からも、どこからもそのような話はなかった。あちこちのマスコミから議長説確認の電話が入ってきたが、私は「そんな話、どこからも来ていませんよ。知りません」と答える他なかった。しかし「保利は議長を断った」という報道もあり随分迷惑した。

その後、安倍晋三首相から電話が入り「保利さんは教育基本法改正をやり、憲法も自民党の改正草案を作ってもらったので、衆議院憲法審査会の会長として引き続き憲法を担当していただきたい。いいですか」とのこと。

私は「それは光栄の至りです。頑張らせていただきます」と返事をした。こうして憲法問題に再び携わることになった。国会議員として国の最高法規である憲法の改正問題に携わることは名誉なことである。

自民党の理事には船田元・議員、中谷元・議員ほか、民主党は武正公一議員らで理事会は構成された。憲法審査会は原則週1回、特定の論点について各党均一に時間を割り当て発言してもらった。もっとも予算委員会中や他の委員会がもめたりしている時はその影響を受けて、日程が立ち難いこともあったが、概して各党協力的だった。

ただ私の悩みは委員総数50人の大世帯で、うち31人が自民党議員で、他の委員会との「掛け持ち」の議員もいて、席を立つ者が多く、自民党席はほんの数人ということもあった。

一方、審査会開催の日は外部からの人で傍聴席がいっぱいになる。そんな時、野党側から「自民党は出席議員が少ない。これでは審議ができない」などの発言があり、これは傍聴者を意識した発言と考え、私は会長として、野党から言われる前に自民党側に出席を促すよう注意を与えるようにした。

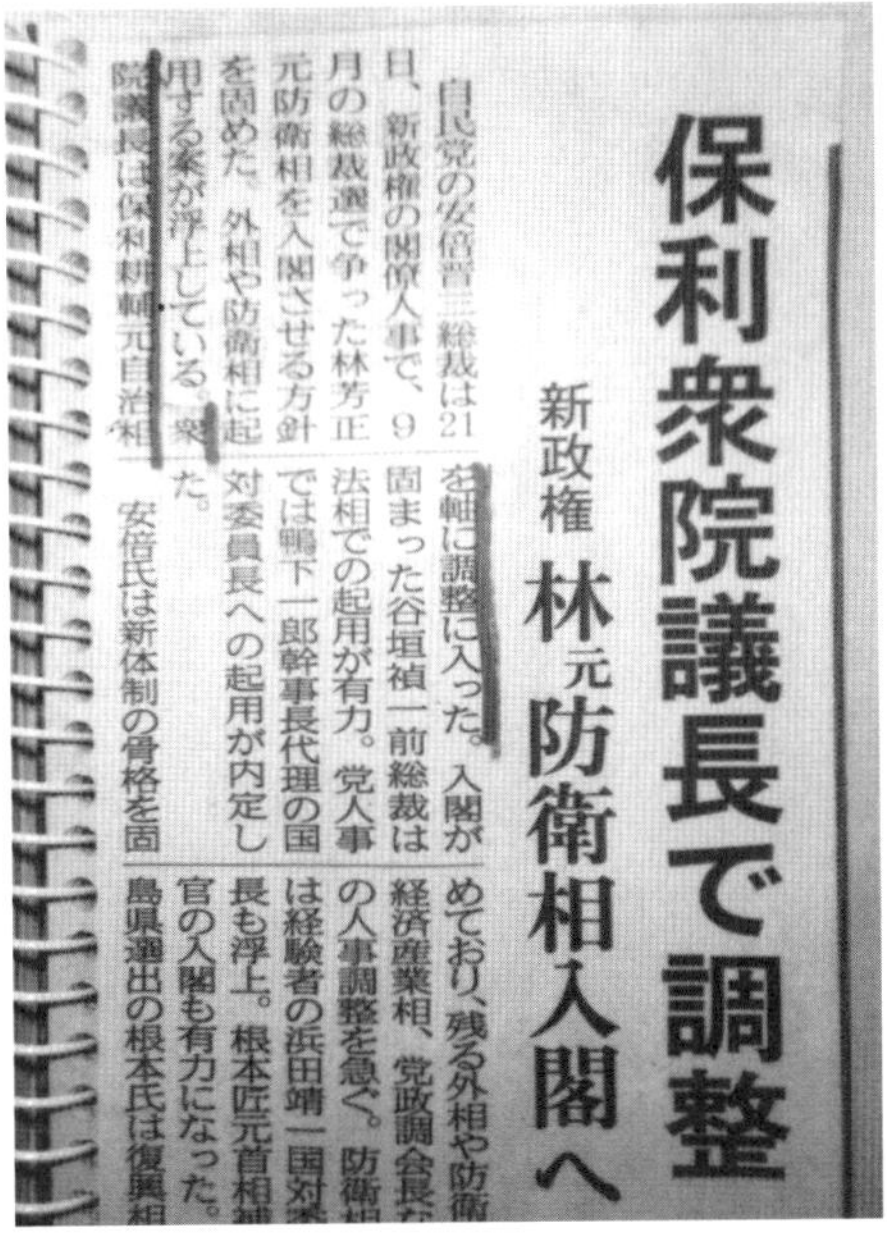
保利衆院議長で調整

新政権 林元防衛相入閣へ

自民党の安倍晋三総裁は21日、新政権の閣僚人事で、9月の総裁選で争った林芳正元防衛相を入閣させる方針を固めた。外相や防衛相に起用する案が浮上している。衆院議長は保利耕輔元自治相を軸に調整に入った。入閣が固まった谷垣禎一前総裁は法相での起用が有力。党人事では鴨下一郎幹事長代理の国対委員長への起用が内定した。

安倍氏は新体制の骨格を固めており、残る外相や防衛相、経済産業相、党政調会長などの人事調整を急ぐ。防衛相は経験者の浜田靖一国対委員長も浮上。根本匠元首相補佐官の入閣も有力になった。福島県選出の根本氏は復興相

平成24（2012）年12月22日付の佐賀新聞

ところで改正案そのものはどの政党からも提出されておらず、従って各党の発言は意見開陳の域を出ず、隔靴掻痒《そうよう》の感があった。それと参議院との調整もあり、衆参合同の審査会も模索する必要性を感じていた。自民党の改正案を提出する場合、誰が提出者になるのか、誰がやるのか、答弁者は誰か、賛同者の人選など難しい問題に悩み続ける毎日であった。

解散迫る　憲法審査会は真摯に審議

第2次安倍政権下で、私は憲法審査会会長として淡々と審議を進めた。一方、安倍晋三首相はデフレ克服、円高是正、外交問題、安保問題など、内政、外交共に困難な問題に取り組まねばならなかった。さらに平成25（2013）年7月には参議院選挙があったが、自公で過半数を得て「ねじれ国会」を解消することができた。

次第に厳しさを増す国際情勢に対応するため政府は従来の「国際法上は保有しているが憲法上は行使が許されない」とした集団的自衛権の解釈を変え、限定的な行使容認を閣議決定した。これは緊迫しつつある国際情勢から国民の生命と財産を守るため、また国際社会の平和を維持するため同盟国と連携することを可能にする措置であった。

また国内の経済状況を考慮し、平成26年4月に8％に引き上げた消費税率を27年10月に10％に引き上げる予定のところ、29年4月まで1年半先延ばしにする決定をした。進行する少子高齢化に対応するための社会保障の財源は必要であるが、経済状況に配慮したものであった。

平成26年11月に入ると解散の噂《うわさ》が出始めた。11日、読売新聞朝刊1面トップに「来週中の解散浮上」と大見出し。「選挙は12月14日が軸」と出た。各社も夕刊で後追いをした。こうなれば解散は決定的だ。消費税の10％への税率引き上げの先延ばし、それに集団的自衛権の政府解釈の変更等がテーマである。私自身にとっては政治活動からの引退を意味する。先の選挙からまだ2年たっていないので、はさみで「チョン！」と切られたような感じがした。

解散は当初11月19日と報じられていたが、結果は21日となった。野党各党は日程変更などに抗議し、委員会への出席を拒否した。しかし憲法審査会は17日に盛岡での地方公聴会を予定していたので、そのまま実施した。19日の公聴会報告のための憲法審査会も国会が混乱し開催が危ぶまれたが、「憲法は別です」と野党もそろって出席してくれた。武正公一民主党筆頭理事による「地方公聴会報告」が無事終了した。

閉会を宣言した後、私は立ち上がって発言した。

「本審査会は野党、与党協力のもと公正、公平かつ真摯《しんし》に審議をしていただきました。深く感謝の念を捧げます。私は近く予定される選挙には立候補致しませんがこの審査会で真剣な論議を続けていただきますよう願っております。ありがとうございました」。与党、野党から大きな拍手が湧いた。

憲法審査会長として最後のあいさつ

衆院解散、政治活動終了　最後に議場退出、感慨無量

平成26（2014）年11月21日、いよいよその日になった。衆議院解散の日である。午前10時、党本部で九州代議士会、九州の比例代表について協議した。佐賀県は解散後に行われる選挙で従来の3区制から2区制になり、1議席減るので比例代表で配慮してもらうよう話し合った。

午後1時、本会議のベルが鳴った。皆、議席に着いたが、民主党は入って来なかった。やむを得ず伊吹文明議長が開会を宣言し、各委員会から上程された4法案を採決し、いずれも成立させた。採決が終わったところで扉が開き、民主党議員が入場し着席した。

やがて議長席後ろの扉が開いて、紫の袱紗《ふくさ》に包まれた解散召書を菅義偉官房長官が捧げて入場し議長に渡した。議長は召書を広げて読み上げた。「日本国憲法第7条により衆議院を解散する。御名御璽《ぎょめいぎょじ》」。全員「万歳」を叫んだ。この瞬間、私の35年と40日に及ぶ政治活動は終了した。

「万歳」を終えた議員は本会議場から出て行く。私はその瞬間、「最後の一人になるまで議場に残ろう。そして一人になってから退出しよう。もう本会議に入って来ることは二度とないから」と考えた。

最後まで議場に残り、以前、父が座っていた議長席を見上げていた。そして「お父さん、これで良かったかなぁ、僕にお鉢が回ってくることないだろうね、と聴いた時、『馬鹿《ばか》

者！』と叱られたけど、許してもらえるかな」と議長席の方を見ながら心の中で思っていた。全員が退出して完全に一人になったところで起立し、議長席に向かって一礼して退出した。感慨無量であった。

その直後、両院議員総会が院内で開かれ首相、幹事長によって選挙への出陣の檄《げき》が力強く行われた。私は異例のことだが、その場で発言を求めた。「私は父子二代、70年にわたって過ごしてきた国会を去ることになりますが、皆さまには大変お世話になりました。選挙に臨まれる皆さまには必ず勝ってまたこの場に戻って来てください。私自身選挙の応援に力の限りを尽くします。自民党の永遠の勝利を願っております」と短く強く発言し壇を降りた。

それから、ＮＨＫ、朝日、共同通信、西日本および佐賀新聞など各社のインタビューを受け「私は時の流れの一瞬に存在し、仕事をさせていただいた」などと話した。35年、長いようで、あっという間に過ぎた短い夢のような時であった。議員バッジを外すことになったが、私には重大な仕事が待っていた。私の後継者の当選を確実なものにしなくてはならない。

議場に最後まで１人で残った（ＮＨＫテレビより）

後継者決定　古川前知事にバトン

平成26（2014）年11月21日、衆議院は解散され、私は政界から引退することになった。私は既に80歳を超え体力、気力ともに衰えを感じるようになっていた。私は迷うことなく引退を決意した。それは次の世代に交代すべきだという私の気持ちでもあった。

ところで誰が私からバトンを受け取るのか。県政界の話題であったが、幸い現職の古川康知事が3期半ばで辞め、立候補してくれることになった。知事の辞職願を巡って県議会はもめたと聞いている。しかし、それもどうにか乗り越えて出馬が決まった時は「ホッ」とした。

しかし、もう一つ問題があった。昭和54（1979）年、私の初出馬の時は中選挙区制だった。佐賀県は「全県一区、定員5名」で、自民党の候補者同士が相争うという形だった。その制度で私は6回の選挙を戦い、平成8年の橋本龍太郎政権での選挙からは「小選挙区比例代表制」になり、佐賀県は1区、2区、3区に分割されて、選挙が行われるようになった。

私の7回目の選挙からで、私は3区から自民党の唯一の公認候補として他党の候補者と戦うことになった。つまり私は6回の中選挙区制と6回の小選挙区制のもとで計12回選挙を行ったのである。

ところが古川候補の時から「1票の格差」の問題で、佐賀県は3区制から2区制に、1区と2区の東西2選挙区に変わった。簡単にいえば1区も2区も選挙区が広くなった。新しい

2区は旧3区と旧2区の一部とで構成された。

従って古川候補は私の時に比べより広い選挙区で戦うことになり、支援組織の構築など新たな問題に取り組まなければならなかった。さらに、この新2区には現職の今村雅弘議員がいて、古川候補と今村候補のどちらが小選挙区の党公認候補になるべきかという問題もあった。

自民党佐賀県連や自民党本部の選対本部などの協議を経て、古川候補が小選挙区佐賀県第2区の自民党公認候補、今村候補が九州地区の純粋比例代表候補と決定した。しかし、今村候補は小選挙との重複立候補者30人の次のランク、つまり31位にランクされたのは意外であった。

12月14日投票の結果、2区では古川候補が11万4074票で、また今村候補も比例代表で当選、1区では岩田和親候補が重複立候補の比例で当選した。古川候補は夜8時の段階で当選確実が出て、支援者一同、候補を囲んで高らかに万歳と叫んだ。私のバトンは確実に古川候補に渡った。

初当選が確実となり、支持者とともに万歳する古川康氏（中央）。左は保利耕輔前衆院議員＝2014年12月14日、唐津市の唐津シーサイドホテル

人生最大の岐路　思い出す出馬の決意

古川康衆議院議員が誕生したことにより私は名実ともに引退することになり、昭和54（1979）年10月7日に初当選して35年余の衆議院議員としての活動を終わった。その間、休むことなく私を支え続けてくれた佐賀県有権者、特に支援者の皆さまに心から感謝の気持ちをささげたい。

特に他界する前の父から「そんなことを考えるんじゃない。自分の仕事をしっかりやれ。馬鹿者《ばか》ッ！」と強く言われていた中で、当時の瀬戸尚唐津市長が何度も上京して熱心に立候補を勧められたこと。また父の後援会長だった金子勝商氏からもしぶる私を「君がやらなくて誰がやるのか」と説得されたこと、父が眠る万徳寺の本堂で「上場開発青年同志会」を中心とする地元青年部の皆さんに出馬するよう強い要請を受けたこと―などが昨日のことのように思い出される。

一方、私の妻は、その時点でバカロレア（大学入学資格試験）受験中の長女と共にパリにとどまっていたが、電話で私が出馬要請を受けている旨を伝えると「私は嫌です。政治家と結婚したつもりはありません！」と言っていた。

そんな中、断れば断るほど地元からの要請は強くなり、ついに自民党本部も動き始めた。ある日、自民党幹事長室に呼び出され、幹部の先生方に取り囲まれ説得を受けた。それでも私は首を縦に振らなかった。

その後、金丸信先生が何度もおいでになり「上場開発はどうするんだッ。松浦川の改修は誰がやるんだ！お父さんがやりかけた仕事だよ」と熱心に口説かれる。私は「今、日本精工の社員です。今里廣記会長は許してくれません」と言うと、先生は「それなら私が行ってお願いするから君が案内しなさい」と丸の内の会社に出掛けた。

今里氏は話は聴いたが「うん」とは言わなかった。あとで聴くと「保利君のようなおとなしい人をあのドロドロした政治の世界に放り込むわけにはいかない」というお考えだった。今里氏は当時「財界の官房長官」といわれるほどの政治通で父とも親交のあった方である。

ところが一方、日本精工の長谷川正男社長は、仕事での私の思い切った活動ぶりをご存じで「やったらいい」と私の立候補に賛成だった。

日本精工の今里廣記会長。私の出馬に消極的だった

そんなある日、まだパリにいた妻から電話で「あなたが本当にやると言うのならおやりなさい。皆に言われて仕方がないからやると言うのならやめなさい」と言ってきた。

私は一晩、寝ずに考えて、ついに「やろう」と決意した。私の人生における最大の岐路であった。妻の言葉の裏には、当時東京にいた次女が私の苦境をそれとなく伝えていたことがあるらしい。

うたかたの思い　戦争経験、人生のひととき

「ゆく河の流れは絶えずして、しかももとの水にあらず。よどみにうかぶうたかたは、かつ消えかつ結びて久しくとどまりたるためしなし」

私はいつの間にか82歳になり、静かにわが人生を顧みる時の心境はこの「方丈記」の書き出しに近い。

時の流れの中にいくつもの泡が浮かび、そして消えた。まさに「うたかた」の人生である。大きな「うたかた」、小さな「うたかた」がいくつも流れていく中で、目立った「うたかた」は何だったたか。静かに考える時、やはり戦争を幼いながら経験したことだろう。

戦争が始まったのは昭和16（1941）年12月8日だった。「帝国陸海軍は本8日未明、西太平洋上において米英軍と戦闘状態に入れり」との臨時ニュースが終日流されていた。当時、私は国民学校1年生だった。戦争が激しくなった昭和19年1月、佐賀県唐津市に縁故疎開した。

34歳だった母は私以下4人の子供を連れて唐津市へ移った。父は東京に残った。母は4人の子供を育てるのに一生懸命だった。世の中は「鬼畜米英」「撃ちてしやまむ」「頑張りましょう、勝つまでは」の時代で、男の子は「予科練に行って少年航空兵になる」のが第一の希望だった。

しかし戦況は次第に悪化した。ついに日本はポツダム宣言を受諾し、無条件降伏し戦争は

終わった。昭和21年8月15日、玉音放送を聴き、国民学校5年生の子供ながらに「これから日本はどうなるのだろう」と少し不安になった。しかし大人たちは割合、平気な顔をしているので不思議に思った。

今思うと、少しでも戦争時代を経験した世代と、そうでない世代とはどこか世の中に対する感覚が違うのではないかと思うのは私一人であろうか。流れに浮かぶ泡沫（うたかた）が、ある時は生まれ、ある時は消えるのが人の世だと思う。私の世代は戦争という「うたかた」を人生のひととき見たのだと思う。

戦争が終わり一家は再び東京に戻り、旧淀橋区（現新宿区）諏訪町に父が手配して居を構えた。そこから私は文京区大塚にある中学・高校に通った。戦後の復興が始まった時代で、新しい家が建ち始める一方、まだ焼け跡のバラックに住んでいる人たちもいた。

学校に行く時、市ケ谷の軍事法廷に通う進駐軍の車列が東条（英機）さんらを乗せジープに守られて通るのをいつも見ていた。胸を張って出陣学徒を見送る戦時下の東条さんと、窓に網を張られた車に乗せられて軍事裁判所に連れられて行く東条さん。二人の東条さんを思い複雑な気持ちをもった。

昭和20年夏、父（右端）は東京から唐津に戻っていた。その際、唐津市大名小路の庭で

第二の故郷、フランス　家族4人の貴重な体験

私の人生で全く考えていなかったことがある。昭和33（1958）年、日本精工に入社し、営業畑で無我夢中で働き、結婚し、2人の娘をアパート暮らしの中で育てていた。その頃を考えると、その後、輸出関係に転じてもなお思ってもみなかったフランス駐在を申し渡されたことは、全く想定外のことだった。昭和49年のことで、古い手帳を見ると4月26日、エールフランスで旅立っている。当面、単身赴任で、しばらく安ホテル暮らしだった。

日本精工は当時、既にNSK・FRANCE・SAという現地法人を設立していて、私はその2代目社長としての赴任であった。社長であるから支店長と異なり、独立したフランス法人で会社としてのバランス・シートを持っていた。

また社長はプレジデント・ディレクトール・ジェネラルと称し、略してPDG（ペー・デー・ジェイ）と言われていた。通常外国人に求められる労働ビザは必要がなく、カルト・ド・コマルサン（商人手帳）を取得すればよかった。つまり社長はフランス人などを雇って働かさせるのであって、自ら働くのではないという解釈のようであった。

やがて、初代の社長はロンドンに移り、そのアパートを譲り受け、そのうち、妻と2人の娘もやって来た。子供たちの学校はフランス人の学校に通うことにしたが、手続きなどは全て妻が処理してくれた。

仕事にも、生活にも慣れ、必需品である車も比較的安いフィアットを買い、週末は家族4

人でドライブに出掛け、美しい田園風景を楽しんだ。夕焼け空を背景に浮かぶように立つシャルトルの尖塔、海の中にその美しい姿を浮かばせるモンサンミッシェル。芸術家が好んで訪れるオンフルール。大西洋に面したエトルタの海岸、ゆっくりと流れるロアール川のほとりに点々と建つ古城の数々。

また夏の休暇には、マッターホルンやアイガーを訪れ、リヒテンシュタインの小さな宿屋に泊まり、南ドイツのノイ・シュバン・シュタイン城に登ったりした。これらの美しい風景は一生忘れることができないほど目に焼きついている。

そうした貴重な経験を経て、代議士になってから、日欧や日仏の友好議員連盟の会長として活動し、多くの友人を得ることができた。友好議員連盟の活動や貿易、交渉の仕事もあり、訪欧の機会も多かったので、私の生涯に占めるヨーロッパ、フランスの比重は非常に重く、まさに「第二の故郷」になった。フランスでの生活は家内も苦労したと思うが、一人の絵描きとしては貴重な経験だったと思う。

夕景を背に美しいシャルトルの尖塔

友人、フィッシェラー氏

貿易交渉で深めた親交

長い議員生活の中で知り合った人は多い。その中にはアメリカの人もいる。中国の人もいる。しかしやはりヨーロッパの人が多い。特にガット・ウルグアイ・ラウンド交渉がヤマ場を迎えている頃は、私が自民党の農林水産物貿易対策委員長をしていたこともあり、絶えずジュネーブやブリュッセルに出張し、交渉での日本の立場を説明して歩いていた。

当時のEUの農業委員（日本流に言えば農相）はフィッシェラー氏でオーストリアの出身であった。欧州は農産物については大きな輸出国だったが同時に大量の輸入国でもあった。その彼と何度も会ううちに次第に親交を深めていった。

当時、農産物貿易交渉を巡って5カ国農相会議が時々開かれていた。5カ国とは米国、カナダ、豪州、EU、日本で、最初の3カ国は輸出国、EUは半輸出・半輸入で、日本は純輸入国であった。

ある時フィッシェラー委員が私に尋ねた。「時々5カ国農相会議をやっているが、これにブラジルとアルゼンチンが入れてほしいと言って来ている。保利さんはどう思うか」。私は即座に「駄目だ。輸出国ばかりが増えて輸入国の立場がますます弱くなる」と答えた。すると彼は「その通りだ。自分は2国が加わる事に反対する」と言ってくれ、結局5カ国から拡大されることはなかった。

私はある時、「日本は土地が狭い。特に山間地域の農地は狭い。そのような所でも農業をやっている日本の実態を見てほしい」と言うと、「よし行こう」という事になり、程なく彼は日本に来てくれた。私は彼を長野県更埴市の「田毎の月」で有名な千枚田に案内した。彼は長靴を履いて約30分、千枚田を歩いた。

その後、今度は私が彼の出身地オーストリアのチロル地方を訪れ、山岳地帯での農業を紹介してもらった。道もない山を軍隊のジープで登り、やっと3軒ほどの小屋にたどり着き、夏の間の放牧と乳搾り、チーズ作りを見せてくれた。

その後、彼といろいろと話をしたが、立派なあごひげをはやした彼が私より12歳年下の戌《いぬ》年だと分かった。さらに驚いたことに誕生日が9月23日、ピタリ同じということに2人ともびっくりした。

彼は私に「保利さんの知恵が欲しい」と言うので、「私はあなたの若さが欲しい」と返した。彼は今頃どうしているだろうと思う昨今である。彼こそは「ぜひ、もう一度会いたいと思う友人であり、フィッシェラーさん元気でいてくれよ」と願うのみである。

チロルの山中、農民の家でフィッシェラー氏と談笑

叙勲、そして連載終了　県民に支えられ活動、感謝

平成27（2015）年に入って間もなく、内閣賞勲局から叙勲についての通知があり、4月29日に公式に「旭日大綬章」受章の発表があった。私にそんな資格があるのかと考えたが、長い間私を応援していただいた佐賀県民の皆さまに与えられたものだと考え、お受けすることにした。

5月8日、皇居正殿松の間で天皇陛下から直接「旭日大綬章」を頂き、勲記を総理大臣から手渡された。そのあと受章者10人は夫人共々集合し、天皇陛下からお言葉を頂き、受章者を代表して最年長の石原慎太郎氏がお礼の言葉を述べた。そして庭で記念撮影をして退出した。わが生涯で最も名誉ある日であった。

さて、平成28年4月1日に始まったこの連載は今日をもって終了する。長い間お読みいただいた佐賀新聞愛読者の皆さまには心からの感謝の念をささげたい。極めて稚拙な文章で恥ずかしい次第だが、何とかここまでたどりつくことができた。しかし書き出してみると慣れない私の筆は進まず苦労した。

当初は政治活動を中心にと思ったが、いろいろ考えて一生を通じての回想の形を取り、やや冗長となったかもしれない。文章とともに難しかったのは1回ごとにそれに見合った写真を集めることであった。中には「こじつけ写真」や文書から取ったものもあり、ピンボケのものもあった。

参考にした資料もいろいろあり、平成10年1月1日から始まる私の日記帳から抜き出したものもある。年代などを調べるのには自民党の「自由民主党のあゆみ」を最もよく使わせてもらった。日記帳は今日まで分厚いノートが70冊たまっている。これは老後の楽しみに読みたいと思う。

それにしても長い議員活動を支えていただいた佐賀県有権者の皆さまに何と言ってお礼申し上げたらいいのか言葉もない。深く頭を下げて「ありがとうございました。おかげで幸せな人生を送ることができました」と申し上げるのみである。私は既に82歳、病気もせず健康であるがあと何年の命か分からない。しかし生ある限り人に迷惑を掛けることなく、しっかり生きていきたい。

この連載を終えるにあたり、最後までお読みいただいた皆さまに重ねてお礼申し上げ、紙面を提供頂いた佐賀新聞社と編集にあたっていただいた辻村圭介記者他の皆さま、また原稿やゲラの整理に協力してくれた宮下礼子秘書にお礼を申し上げて筆を収めることとする。長い間ありがとうございました。

㊤皇居で大綬章の親授式を終え、記念写真の合間に石原慎太郎氏（右）と言葉を交わす保利耕輔氏＝2015年5月、宮殿・東庭
（写真提供：共同通信社）
㊦長年書き続けている日記帳

付記　松浦文化連盟会報より

わが青春の一投

昭和29年春、1年間の浪人のあと憧れの慶応大学に入学した。終戦から8年あまり経た世相はやや落着きを取りもどし、戦後復興の槌《つち》音がきかれた頃である。

慶応といえば品川近くの三田山上を思い浮かべるが、入学後の2年間は渋谷と横浜を結ぶ東横線の日吉で教養課程の勉強をする。法学部政治学科に入学した私はドイツ語コースのJ組に所属した。

休み時間は思い思いに過ごしたが、午後の授業はさぼって麻雀《マージャン》に、玉突きにうつつを抜かす者たちもいたが、大部分の学生は食堂などで時を過ごした。

日吉のキャンパスの入り口には銀杏《イチヨウ》の大木の並木があり、その右側にはちょうどすり鉢の様な土手に囲まれた陸上競技のトラックがあった。中学、高校時代、陸上選手をしていた私にはこれこそ憧れのトラックであった。しかし、大学の体育会は、全国から選び抜かれた選手が集まるところであり、実力のない者が参加することはできないだろうと諦めざるを得なかった。休み時間になるとグラウンドの観覧席に腰をかけて、高校時代の激しい練習など思い浮かべながら、トラックの白線を見ていた。

そんなある日、体育の時間があり体力検定が行なわれた。800㍍を走り、腕立て伏せの回数をかぞえた。さらに砲丸投げの記録も取ることになった。日吉のグラウンドの周囲は大きな樹木に囲まれていて新緑が目にしみる程であった。私の番が回ってきた。

「先生！危ないからもう少し後ろにさがってください」と叫んだ。「なにっ。いいから投げてみろっ」と先生。ほとんどの学生は7《メートル》か8《メートル》の記録だった。その先生はご存じなかったが私は高校時代、砲丸投げとリレーの選手だった。たとえ1年間の浪人時代を送ったとはいえ、私にはその自負があった。

私は黙って砲丸を持ち、円の中に入った。本格的な構えから「エイッ！」と力いっぱい投げた。最後の指先のスナップもうまくきいて、鉄の砲丸は空中高く舞い上がった。数々の試合に出た時の感触そのままにうまく投げられた。砲丸は先生の頭上を越えてはるか先に落ちた。

すべてが終わったあと、先生に呼びとめられ私の経歴について質問を受けた。数日後、先生は私を体育会競走部（慶応では陸上競技部とは言わず伝統的にこの称を使っている）に推薦した。かくして私は大学に入って再び選手生活を送ることになったのである。

思えば、あの砲丸投げの一投によって体育会への入会を許されたのであり、第二の入学試験に完全に合格したもののように思えた。憧れのグラウンドは私のものとなった。誰に断ることもなく走り、跳び、投げることによりわが青春の全てをぶつける場を得たのである。

競走部の部長は当時、日本陸上競技連盟の会長でもあった医学博士、浅野均一先生であった。部内の規律は厳しく、酒、たばこは一切ご法度であった。また階段は踵をつかず昇ること、合宿などで下駄は一切はかぬことなど教えこまれた。おかげで、今もって私は酒、たばこが駄目である。

もし、あの一投なかりせば、私の人生は別のものになっていたかもしれない。事実、入学当初、もう大学に入ったのだから、これからは勉強に精を出そうと決心していた。しかし体育会に入ったことによって7分・3分くらいの割合でスポーツに打ち込むことになったのである。その結果、体力と精神力が養われたことは当然であるが、その他にも本当に一つ釜の飯を食べた友人たちを多数持ち得た事は私の人生にとってありがたいことであった。

試合のための旅行、明石や新潟の柏崎、札幌、天理などでの合宿、厳しい訓練でへなへなになってもなお、いたずらに精を出す、数々の思い出。それらのことはいずれ、ご紹介したいと思う。

思えば私の人生に大きな影響を与えた若葉の中の貴重な一投であった

平成4（1992）年8月10日発行

戦時下の日本　子供の目から

私が物心がついたのは昭和14年ごろ、大体4歳から5歳の時である。「耕輔ちゃんはいつから学校にあがるの？」と親戚の人たちに尋ねられると必ず「再来年からだよ」と答えていたことを思い出す。子供にとって「再来年」という言葉は難しいのだが母が教えてくれた言葉だと思う。

昭和12年7月7日、盧溝橋事件があり、日本と中国の間で軍事衝突が始まり、この戦闘は中国全土に拡大した。当時、日本では日中戦争とは言わず、「支那事変」と呼んでいた。上海が陥落したり、連日のように渡洋爆撃隊が出陣したり、勇ましいニュースが新聞やラジオで伝えられていた。

しかし一般庶民はまだまだ平穏で静かな毎日を過ごしていたし、子供たちは石けりや戦争ごっこをして楽しく遊んでいた。そして昭和15年には皇紀紀元2600年の祝典が国を挙げて行なわれ街には何台もの花電車が華やかなイルミネーションをつけ、派手な装飾が施されて走っていた。私は父母に連れられて見物に行ったのを覚えている。

この記念すべき年に歌われていた歌が、NHKが一般から公募して国民歌謡となった「紀元二千六百年」であり子供ながらに歌詞を覚えて歌っていたものだった。つまり・・・「金鵄輝く日本の、栄ある光、身にうけて、いまこそ祝えこの朝、紀元は二千六百年、ああ一億の胸はなる」という歌で5番まである。つまり言ってみれば「日本賛歌」である。

明くる年、昭和16年、私は父に連れられて、小学校の試験を受けに行った。もっともこの年から従来の小学校の呼び名は改められ国民学校となっていた。私は東京高等師範学校附属国民学校の試験を受けた。その内容は全く覚えていないが、大きな体育館の中で、幅跳びを何回もやった事だけはよく覚えている。中国の蒋介石軍との戦闘は続いていたが、日本国内はまだまだ穏やかな日々が続いていた。

附属国民学校への入学を晴れて許され昭和16年4月、今の文京区大塚窪町にある学校へ電車での通学を始めた。幼稚園に通ったことのない私にとって学校が始めての集団生活の場であった。国語の時間は「あかい、あかい、あさひ、あさひ」で始まった。他に算数、修身、音楽、工作など楽しい学校の生活が続いた。

その年の12月8日は月曜日であった。いつものように授業があり、1年生なので午前中で終わり、電車に乗って帰宅した。電車から降りて家までぶらぶらと歩いて帰る途中、いつものように子供のためのおもちゃや小さなお菓子を売っている駄菓子屋の前を通ると店の中から異様な物音がする。思わず立ち止まって聞いているとラジオから流れて来る臨時ニュースのチャイムの音だった。「ピンピンポーン」というような音で緊張した男の声が内容を伝えていた。「臨時ニュースを申し上げます。臨時ニュースを申し上げます。大本営陸海軍部発表、帝国陸海軍は本8日未明、西太平洋上において米英軍と戦闘状態に入れり」というニュースであった。私は店のおばさんに「アメリカと戦争になるのォ」と聞くと、おばさんは「坊ちゃんも早く大きくなって戦争に行かなくちゃ」と言う。私は「すごいね。勇ましいね」と言って家に帰った。

その後、日本軍の華々しい戦果が伝えられた。ハワイの真珠湾攻撃ではアメリカの軍艦が次々と沈められ、またマレー沖海戦では英国が誇る不沈戦艦プリンス・オブ・ウェールスやレパレスが日本空軍の攻撃であえなく沈没した。英国が誇る東洋の要塞シンガポールは猛将山下将軍の手によって陥落した。東洋の石油地帯パレンバンには日本の落下傘部隊が降下して「空の神兵」として報道され歌にまでなった。子供たちも「藍より青き大空に大空にたちまち開く百千の真白き傘の花模様・・・」と歌詞を覚えて歌っていた。

当時、父親は福岡県大川市出身の山崎農林大臣の秘書官をしていて東京でのお邸は飯田橋近くにあり母親は小さな私を連れて大臣のお屋敷に行き、花をいけるのが仕事だった。大臣の奥さまは私をとてもかわいがってくださり「耕ちゃん、はい羊羹《ようかん》をお食べ」と言ってお茶と一緒にくださった。そして「もう少しすると南洋からゴムがたくさん入ってくるからね、そうしたらゴムまりを買ってあげるよ」と私を喜ばせた。

戦争が始まって約4カ月後の昭和17年4月18日、アメリカの空母を発進したB26爆撃機16機が東京、横浜、名古屋、神戸などに来襲し焼夷弾を落として中国大陸へ飛び去って行った。私は2年生になったばかりであったが、アメリカの軍用機の名称などは知っていた。午後の下校時、電車の駅の方へ歩いて行くと目の前を大きな飛行機が地上すれすれに超低空で飛んで来た。「いやに低く飛んでるな」と思って見ていたが、すぐ近くまで来てその胴体にはっきりと米空軍のマークがついているのを見てびっくりし思わず「空襲だあ、空襲だ、アメリカの飛行機だあ」と叫びながら停留所の方へ向かって駆け出した。乗員の顔が見えるくらいの低い所を飛んでいたので本当にびっくりした。その時はそれで終わったが、あとで早稲田の学校には焼夷弾が落ち、それを学校の小使いさんが拾って校庭に投げたという話が伝わって来た。その時は空襲警報も全く鳴らなかったと記憶しているがそれほど唐突な本土来襲であった。

ほんのジャブ程度の空襲であったが、その後、米軍の反撃が始まった。その年の6月にはミッドウェー海戦があり日本は空母4隻、重巡洋艦1隻、航空機332機を失ったのだが、そのことは報道されず逆に日本軍は米軍と戦って大戦果をあげたと報道された。昭和18年に入ると戦況は悪化し、4月18日には山本五十六連合艦隊司令長官がソロモン群島上空で戦死されたとの公表があった。子供心にも山本長官を失ったことは残念なことだとつくづく感じていた。

昭和18年5月29日、千島列島アッツ島を守備していた2500人の山崎守備隊は全員玉砕したとのニュースが報道された。

そしてその年の10月21日、秋雨の降る神宮外苑競技場で出陣学徒の壮行会が行なわれた。私の家に下宿して早稲田大学に通っていた親戚の学生さんはこの壮行会に参加して、ずぶぬれになって帰って来たのを覚えている。

国民は戦況の不利を少しずつ感じながらも日本軍の戦果の報道に日本は強い、絶対に負けないと信ずる者は多かった。学校でもそう教えていて島伝いに反撃して来る敵を、「引き寄せて撃つ」と生徒たちに話していた先生もいた。しかし昭和19年に入ると東京は危ないからと学童疎開が始まった。私一家は佐賀県の親戚を頼って縁故疎開をした。小雪の舞う中を母と子供4人は友達と別れ懐かしい牛込区喜久井町をあとにして九州へ旅立って行った。その家はその後、爆撃で完全に焼失してしまった。近所の子供たちともばらばらになり、その後、消息も全く絶えてしまった。でも時々「今頃、庄ちゃんはどうしているかな、岡本君は元気かな、双子のかわいい女の子はどうしているかな」と思い出す昨今である。

九州では佐賀県唐津市の大名小路に家を借り疎開生活が始まった。食料が極端に不足し、まだ30代だった母親は必死になって4人の子供を育てた。父は東京に残って仕事をしていてまさに母子家庭であった。庭は可能な限り掘り返してナス、カボチャ、キュウリ、トマト、エンドウ豆、甘藷《かんしょ》、里芋などを植えて飢えをしのいだ。祖母やお手伝いさんも加え私も一生懸命にわか農民をつとめた。

しかし戦況は日増しに悪くなり昭和19年10月には神風特別攻撃隊が編成されたが、同月のレイテ沖海戦では戦艦3、空母4、巡洋艦9を失った。昭和20年に入ると3月9日東京は大空襲に見舞われ23万戸が焼失、4月には米軍が沖縄本島に上陸した。そして7月26日にトルーマン米大統領、チャーチル英首相、蒋介石中華民国総統の三者によって対日ポツダム宣言が発表された。「ポツダム宣言」という名称はあとになって知った言葉だった。このポツダム宣言を日本が受諾するか否かはこの戦争を終らせるのか、あくまで本土決戦に持ちこみ徹底抗戦するのかどうかの分かれ目で政府としてもなかなか決定ができなかった。

そうこうするうちに8月6日広島に、9日には長崎に原子爆弾が投下され遂に8月14日の御前会議で受諾することが決定された。8月15日は夏空の広がる暑い日であった。ラジオでは「ただ今から重大放送があります。ラジオを切らずにそのままお待ちください」と繰り返し流していた。既に昭和19年12月の佐賀選挙区の衆議院補欠選挙で当選し、代議士として活動していた父も夏の休暇で唐津に戻っていてこの重大放送が始まるのを家族や近所の人たちと一緒にラジオの前で待っていた。

やがて重大放送が始まり、天皇陛下のお声でのいわゆる『玉音放送』が流れた。父は一生懸命メモをとっていた。雑音の入る当時のラジオでは良く聴き取れなかったが「耐えがたきを耐え忍びがたきを忍び・・・」というお声は子供の耳にも重く響いた。今になってこの文章を調べて見ると次のようなものであった。その一部を引用する。
「朕は時運の趨く所、堪え難きを堪え、忍び難きを忍び、以って万世の為に太平を開かむと欲す。・・・確く神州の不滅を信じ、任重くして道遠きを念い、総力を将来の建設に傾け、道義を篤くし、志操を鞏くし、誓って国体の精華を発揚し、世界の進運に後れざらむことを期すべし。爾臣民、其れ克く朕が意を体せよ。」
これで戦争は終わった。放送を聞いて父は「とうとう敗けたか」とつぶやくのが私の耳にも聞こえた。5年生の夏のことであった。

後　記

今、私は自民党の憲法改正推進本部長の職にある。勉強をしていくうちに、現行憲法の基本理念はポツダム宣言の後段にある戦後の日本に対する占領政策の記述にあることを学んだ。その占領政策に基づいて作られたのが世にいうマッカーサー草案である。昭和27年4月28日講和条約の発効と共に占領政策は終わり日本は真の独立国家となった。平成24年4月28日はそれからちょうど60年の節目の年にあたる。私はそれまでに真の独立国家にふさわしい憲法改正草案を作りたいと念願しつつ作業を進めている。

平成23（2011）年8月10日発行

父と子

父が77歳と2カ月余りで他界して35年になる。私も馬齢を重ね80歳になった。既に父や母の歳を超え、その晩年と同じような歳になった今、父が言った言葉や母に叱られた事などをよく思い出すのである。

父は晩年衆議院議長を務めていたが肝臓癌《がん》を患い、昭和54年冒頭の通常国会での大平総理の施政方針演説に対する各党の代表質問が終了した時点で議長を辞任した。

父の晩年暮から正月にかけて私は妻と娘をつれて赴任先のパリから一時帰国し病気療養中の父を議長公邸に見舞った。大みそかは目黒祐天寺の家に戻りこたつに入ってテレビを見ていたが、ベートーベンの第九交響曲が始まると終始目を閉じて一言も言わず黙って聴いている姿が印象的で、私も横に座って父の姿を見ていた。

おそらく歓喜の合唱を聴きながら苦労の連続だった長い人生を回顧していたのだろう。終始黙って聴いていた父の姿に言葉で語る以上の気持ちを察する事ができた。明けて昭和54年1月4日、父の古い手帳には「美萠、順子巴里へ。」そして1月8日の欄には「耕輔巴里へ。」と記されている。これが父とのこの世での最後の別れとなった。そして3月4日苦難に満ちた一生を終えたが私はパリで父の訃報に接した。


思い出すと私の人生の記憶は昭和14年くらいに始まる。私は昭和9年の生まれだから4、

5歳の頃だったと思う。当時、わが家は早稲田大学の近く、漱石ゆかりの夏目坂にある牛込区喜久井町にあった。父は当時福岡県大川市出身の山崎達之輔農林大臣の秘書官を務めていて毎朝黒塗りのフォードが迎えに来ていた。

ある朝、幼い私は玄関を出ようとする父にすがりつき「ねえ、剣つき鉄砲買ってよう。マーちゃんが持っているのとおんなじのが欲しいよう。ねえ、お父さん」と言って足をばたつかせて泣きながら必死に頼んだ。父は一瞬立ち止まって怖い顔で私をにらみながら、「ダメだ」と言って車に乗り込んでしまった。

私はそれでも足をばたつかせて「お父さん買ってよう」と泣き叫んでいた。私の人生最初の陳情活動だった。母は近くでニコニコしながら私の方を見ていた。

父の帰りは遅かった。幼い私は「剣つき鉄砲欲しいよ」とぶつぶつ言いながら寝てしまった。翌朝、母親が「耕輔、早く起きなさい」と起こしに来た。起き上がって居間に行ってみると父が新聞を読んでいた。母が「おまえがあんまり泣くもんだからお父さんが剣つき鉄砲買って来てくれたわよ。見てごらん」と指す方を見ると、部屋の片隅みに細長い立派な箱が立てかけてあった。私は父に「ありがとう。うれしいよう」と言うと父は新聞を見たまま、たばこの煙をたゆませながら「ウ」とだけ言った。今思えば母がそっと買って来てくれたのではないかとも思うのである。

買ってもらった剣つき鉄砲を担いで鉄兜《かぶと》をかぶって下駄ばきで近くの騎兵連隊の門番の兵隊さんのところへ行って小さな手で敬礼をする「コウスケちゃん」はさぞかわいかったであろうと勝手に想像する昨今である。

ある時、父は父の友人の招待で寿司《すし》をごちそうになりに幼い私を連れて行った。何を食べたかほとんど記憶にないが子供ながらに握り寿司をたくさん食べた。当時あまり寿司屋には行かなかったがその日は父と一緒によく食べた。

家に帰って夜中に下痢の症状が出て近くの病院に担ぎ込まれた。医者は「これは疫痢です。何かにあたりましたね。すぐ入院してください。」と言う。それからすぐ入院して浣腸《かんちょう》などの処置をし、しばらく入院することになった。当時は今のような薬はなくひたすら寝いて重湯だけの毎日でふらふらして立ち上がるのも容易ではなかった。

そんな中、父は仕事の帰りに毎日見舞いに来てくれた。そのたびに講談社の絵本を1冊ずつ買って来てくれた。退院するまでにはたくさんの絵本がたまった。子供ながらにそれらを読んでいろいろな事を覚えていった。源義経、八幡太郎義家、楠木正成に始まって徳川家康、二宮金次郎、西郷隆盛、東郷元帥、爆弾三勇士、家なき子など多くの本を読んだ。これらは見舞いと同時に学校にあがる前の教育でもあった。父のこうした配慮で歴史上の人物を覚えやがて昭和16年に国民学校にあがった。

4月国民学校1年生になった。戦争が始まる直前だったが日常生活は特に変わった事はなかった。父はうれしそうに私の登校姿を見ていた。時には学校にも来て授業を見ていた事を思い出す。息子の成長が楽しみでもあり心配でもあったのだろう。

市街電車を乗りついで元気で学校に通っていたその年の12月8日、戦争が始まったが世の中はまだ平和でのんびりしていた。

ただ開戦のニュースを聴いた父がつぶやくように言った言葉は忘れられない。それは「とうとうやったか」のひとことであった。戦争に負けた時の言葉も「とうとう負けたか」のひとことと対比して永遠に私の脳裏に焼きついている。

私が幼い頃の父は大臣秘書官という忙しい身でありながら同時によき家庭人でもあった。日曜日などは私を連れて散歩に出掛け、神楽坂を通って市ヶ谷の外濠にあるボート場まで歩きボートに乗せてくれ幼い私にオールを持たせた。小さい私にはまさに手におえないオールだったが父は後ろの席にどっかと座ってたばこをふかしていた。終わるとボート小屋でサイダーを飲ませてくれた。

両国の国技館に連れていってもらい双葉山や男女ノ川の相撲も見せてくれた。また、しばしば近郊の高尾山にも連れていってもらった。そんな時必ず登りは徒歩で、下りはケーブルカーだった。そしてウグイスの鳴き声が出る竹の笛を買ってもらった。

父は時々、九州から私の祖父や祖母を東京に呼び寄せていた。東京駅に博多発の特急列車が着くのを父は私を連れて迎えに行った。ホームで待っていると客車の横腹に赤い帯状の線が入った三等車に私のおばあちゃんが襟に白いハンカチをつけてちょこんと座っているのが見えた。

おじいちゃんは孫の私のため竹とんぼの材料になる竹を切って持ってきてくれ、竹とんぼの作り方を教えてくれた。おばあちゃんはメリケン粉をこねて伸ばし手打ちうどんを作ってくれた。また近所のお寺に私を連れて行きお地蔵様に向かって手を合わせ「なんまんだぶ、なんまんだぶ」と唱えることを私に教えた。
いずれも懐かしい幼い頃の思い出である。その後のことは別の機会に譲りたい。

平成26（2014）年8月11日発行

松浦文化連盟とは

戦後間もない昭和23（1948）年、唐津に帰郷していた作家笹本寅らが中心となり、地域に根差した文化運動団体として設立した。文人の詩歌碑・記念碑建立、「五足の靴」短歌大会開催など幅広い活動に取り組み、文化祭や文連ニュース発行など70年にわたって文化の灯をともし続ける。

わたしと保利さん

安倍　晋三／麻生　太郎／大島　理森
北側　一雄／武正　公一／茂木友三郎
井上　克己

仰ぎ見る存在でした

内閣総理大臣　安倍　晋三（62）

尊敬する保利耕輔先生が地元の佐賀新聞に連載した「回顧録」を出版されると伺い、お父上の保利茂先生の足跡を含め、貴重な政治史になると確信しています。

大先輩の保利先生は35年にわたり、衆議院議員として昭和・平成の激動期を闘い抜かれた国士であります。文部大臣、自治大臣、自民党政調会長、党憲法改正推進本部長など内閣・党の要職を歴任され、大きな業績を残されましたが、若輩の私にとっては仰ぎ見る存在でありました。同時に、何事にも誠実に対応される先生のお人柄に敬服しておりました。

今回の連載に当たっては「真意を伝えるため、自分で書く」と言われ、新聞記者に任せることは無かったと聞いております。保利先生の誠実さを彷彿とさせるエピソードです。

さて第一次安倍内閣の重要課題として取り組んだのは教育基本法改正でした。郵政選挙で離党された保利先生が復党した時期ですが、基本法改正実現に向け保利先生と意見交換したことがあります。先生が切々と改正の必要性を語られたことが思い出されます。

また先生は私と同様、憲法改正を大きな政治目標として掲げ、常々「現行憲法は連合軍による戦後の占領政策を色濃く反映している。そこからの脱皮を意識し、日本にふさわしい、日本らしい憲法にしたい」と表明されてこられました。その意志を我々がしっかりと受けとめなければならない、と決意を新たにしているところです。

民主党から政権を奪還し、第二次安倍内閣が誕生した際、党の重鎮である保利先生は「政治家はポストに執着するのではなく、何をなすべきかを考えなければならない」という姿勢を貫き通されました。保利先生の揺るぎない誠実な態度に、あるべき政治家像を見ることができました。

政界を引退されましたが、今後とも、保守のリーダーとして大所、高所からご指導、ご鞭撻いただければ、幸甚です。

この人にはかなわない

副総理兼財務相　麻生　太郎（76）

保利先生とは昭和54年10月の第35回衆議院選挙で初当選した同期だった。同じ同期で佐藤栄作の次男の佐藤信二氏や船田中の孫の船田元氏らと宴会をしたんだけど、終わって外に出た時、保利先生が外の落ち葉を見て「太郎ちゃん、マロニエの葉だよ」と言われて、保利先生とマロニエのイメージが一緒にならなくて、おかしかったなあ。とても印象に残っているよ。

麻生政権の時、自民党の政調会長を引き続きやってもらったんだけど、政策の大きな判断は自分でやって、個別の交渉などは園田博之政調会長代理に任せるやり方で、経営者だなあと感じていた。とにかく詰めはきっちりやる人だった。

２００８年秋のリーマンショック後、金融サミットで国際通貨基金（ＩＭＦ）に外貨準備から1千億ドルを貸し出すと言ったら、「いい決断だ」と党で最初に言ったのは保利先生だった。道路特定財源を一般財源化する際も党でもめたが、うまく調整してもらった。

憲法改正について谷垣禎一総裁の時、保利耕輔、伊吹文明、福田康夫、麻生太郎なんていうメンバーで議論したけど、意見が違うんだな、みんな。そういった時にしゃんとしていたのが保利先生だった。

まっとうな保守だ。もし現役でいたら副総裁とかやって、天皇陛下の退位特例法や皇室典範の話の頭は保利先生だろう。誰にも文句を言わせない雰囲気がある。教育基本法改正でも公明党全部を納得させたからね。逐条改正をやって、とてもじゃないけどこの人にはかなわないなと思った。

言葉は少なかったけど、一言ばさっという。ストレートな人だった。物事をすごく真面目に捉えているね。オレの正反対みたいなところにいる人で、すごく頼りになる人だった。

保利先生、憲法改正はきっちりやります。期待しているところまで最初の段階でいけるかどうかは分かりませんが、それが出来上がるまで元気で待っていてくださいね。

筋曲げず「堅忍果決」貫く

衆議院議長　大島　理森（70）

最初に保利先生の人柄に触れたのは1997年、橋本内閣で国対委員長をされていた時で、私は次席という立場でお仕えした。政党が分裂したり、誕生したりする激動の時代だった。手練手管をなさらず、野党の意見もよく聞くが、筋は曲げない委員長だった。

思い出深いのは、教育基本法改正の議論だ。保利先生は郵政解散で信念を貫き自民党を離れた。私が保利先生の後を継いで検討会の座長を任されたが、森喜朗氏から「この問題は保利先生抜きには進められない。自民党の一員として参加してもらうよ」と託された。

自公の与党案で最後の課題が「愛国心」をどう表現するかだった。会議の後、保利先生と公明の太田昭宏氏と私とで何度か会合を持って結論を出した。

教育基本法も憲法も国対でも、保利先生は深く研究し、相当の勉強をして一つの方向性を胸の内に秘めながら事を進めていく。忍耐強く耐えるが、一気に決断する。「堅忍果決」という言葉を体現する政治家だ。

保利先生はあまり言葉を発する人ではない。多様な意見にひたすらじっと耳を傾ける。そして最後に保利先生が発する言葉は周囲に「これでいくしかない」と思わせる、微動だにしない力強さがある。政治家は言葉に固い決意と責任を持つという、われわれが学ばなければならない姿勢を終始貫かれていた。

あれは最後の一つ前の選挙だったか。「大島君、ちょっと佐賀に来ないか」と地元の講演会に誘われた。そこで保利先生は有権者に向かって憲法の話を1時間ほどされる。あまりないことで、えらいことだと感心した。ポピュリズムとは一番遠いところにいる政治家だった。そんなにうけるテーマではないが、まさに正面から説明責任を果たそうとされていた。

日本の骨幹に関わる難題に正面から取り組み、努力されてきた。最近も衆院議長公邸で昼食をご一緒し、意見を聞いた。バッジは付けていなくても、大先輩。「これはちょっとおかしいぞ」という時はいつでもお叱りをいただきたい。健康に十分気をつけて、豊かで実りある人生を送っていただくことを願っている。

与野党超えて厚い信頼

公明党副代表　北側　一雄(64)

保利先生とは教育基本法改正の与党検討会でいろんな議論をしたことが思い出深い。改正を成し遂げた一番の功労者と思っている。

改正法成立は保利先生の人柄があってこそだろう。教育への情熱はすごかった。自分の意見をしっかり持った上で、前面に出してやるのではなく、異なる意見も我慢強く聞かれる。非常に時間をかけて議論し、合意形成に導かれた。議員の考え方はそれぞれあって、その中で意見の違いを乗り越えてまとめられた。野党も保利さんだから信頼があった。いつも謙虚で誠実で尊敬している。

憲法改正の前提となる国民投票法改正の議論でも同様にみんなの意見をよく聴かれた。憲法審査会長として忍耐強く傾聴され、大きな仕事を成し遂げられた。共産、社民以外は改正法案の共同提出者となり、圧倒的多数で可決、成立している。法の不備が解消され、抽象的だった憲法改正が現実論、具体論として議論できるようになった。

丁寧な人で、すぐに憲法改正だとはいかず、憲法の復習から始められた。条文を一つずつ読み込まれた。本来なら与野党が激突するような案件だが、野党も巻き込んでうまく合意形成された。結果として急がば回れで、とても大事なことだ。

教育基本法改正といい、国民投票法改正といい、両方とも歴史に残る仕事だった。しっかりと状況を見極めながら、一歩一歩前へ進めていく。地道にかつ継続的に進められる。「保利さんだからしゃあないな」となる。自民党の政治家では珍しいタイプでしょう。与野党超えて信頼感は大きい。強いリーダーシップも必要だが、それだけでうまくいくとは限らない。政治は結果を出さないといけない。常にゴールを見て、どうあるべきか、そこへ持って行くまでのプロセスをとても大事にされていた。

議員バッジを外されたことで、手かせ足かせなく、自由に発言できる立場になられたと思う。ぜひ、憲法改正についても先生の見識をいろいろな場で示していただければと思う。

民主主義の成熟の歩み刻む

衆院憲法審査会の野党筆頭幹事（民進党）　武正　公一（56）

年1回集まる慶應大の出身国会議員の会合でお目にかかることはあったが、本当に親しくさせていただいたのは2012年12月に保利先生が衆院憲法審査会の会長に就任されてからだ。私が野党筆頭幹事として会長代理を務めた。当時、維新の党が「会長代理を民主党から選ぶのはおかしい」と異論を述べたが、保利先生は「野党第1党から選ぶ」と一切ぶれずに指名された。

憲法審査会は保利会長の下、与野党で丁寧な議論ができた。安倍首相のさまざまな発言で審査会も影響を受けたが、保利先生は政党の大小にかかわらず発言の機会を確保し、与野党が協力して審議を進めることを大切にされていた。

第1次安倍内閣当時の07年、憲法改正に必要な国民投票法が成立したが、成人年齢などの「18歳以上」への引き下げや、公務員の自由な改憲論議を可能にする政治的行為の制限緩和など手つかずとなっていた、いわゆる「三つの宿題」を解決したのが保利先生だ。

これが、18歳選挙権の公選法改正にもつながったわけで、民主主義の成熟の歩みを刻む保利会長の大きな功績だと思う。

憲法審査会では13、14年と欧州を視察した。これが現在の審査会での議論にも非常に役立っている。保利先生が視察団長で私が副団長を務めた。ハードスケジュールだったが精力的に動かれ、相手国の要人にも堂々と対応されていた。

保利先生は日本精工フランス現地法人の社長を務められた経験があり、食事の時は料理の選び方やうんちく、時折まぜるジョークも素晴らしかった。

憲法審査会では、私が首相の解散権の乱用を指摘した際、保利会長が衆院議長だった父、茂氏の「7条解散の乱用は許されるべきではない」との発言に触れられたのを思い出す。

普段は温厚でゆっくりと話され、決して感情的になることはない。それでいて物腰に重みがあり、知識も経験も素晴らしい。野党からの信頼も厚く、保利会長の最後の憲法審査会でのあいさつは大きな拍手に包まれた。

今、憲法改正が大きな政治テーマになり、首相サイドからさまざまな発言が飛んでいる。国会の独立性を重んじていた保利先生ならどうされるかな、と思う。

社会経験と国際経験十分な政治家だった

キッコーマン株式会社取締役名誉会長
取締役会議長
茂木友三郎（82）

保利耕輔君と私は、昭和33年3月に慶應義塾大学法学部を卒業した同期の仲間である。保利君は学生時代には体育会競走部に所属し投擲《てき》の選手として活躍していた。

保利君が国会議員であった時には、同期の仲間が十数人集まり彼を激励する会を開いていた。現在も有志の会として時々集まり、昔話をしたりいろいろ議論したりしている。

保利君は清潔な政治家であったと思う。毎週末選挙区に帰ると、事務所の裏にある部屋に自分でふとんをしいて寝るという話を聞いたことがあるが、「質実剛健」を地で行くような生活であった様である。議員生活25周年を祝う会を開くまで、資金集めのパーティをやるから券を買ってくれと頼まれたことは全くなかった。毎年何回もパーティを開く人達には、保利君の爪の垢でも煎じて飲ませたいくらいだ。

真面目で筋を通し、おだやかだがぶれない人である。文部大臣そして自治大臣兼国家公安委員会委員長、党の政務調査会会長、衆議院の憲法審査会会長などの要職を務めた時には、私達友人の眼からしても、本当に真剣に仕事に取組んでいた。２００５年7月に郵政民営化法案の採決に反対票を投じたが、真面目で筋を通す彼の人柄によるものだったと思う。

　十分な社会経験と国際経験を持つ安定感のある政治家だった。日本精工（株）に20年以上勤務しフランスの子会社の社長も経験している。近年、社会経験の乏しい若者が当選し、非常識なことを云ったり、問題を起したりしているのとは大違いである。

　だから、地元の信頼も厚かった。郵政民営化問題で離党せざるをえなかった直後の選挙でも自民党公認を敗っているし、２００９年に自民党が大敗し政権交代が行われた選挙でも他候補に大差をつけて当選している。

　これからは、長年苦労をかけた夫人と人生を楽しみながら、一方では日本のため社会のためいろいろな面で引きつづき貢献されることを期待している。

裏表ない真面目さ 誇り

保利耕輔育成会会長　井上　克己(80)

私の父が先代の茂先生をずっと応援していた。茂先生が亡くなり、衆院議員の後継者がなかなか決まらず、青年部として一生懸命に耕輔さんにお願いした。金丸信先生にも説得をしていただいた。立候補を引き受けられると、私は青年部長として決起大会を唐津市民会館で開き盛り上げた。必死だった。10万票を獲得して初当選が決まりホッとしたよ。でも7カ月後にまた衆院が解散し、あ然としたね。まいった。

茂先生の時代から選挙資金は潤沢でなく、「保利選挙は県議の選挙より金がかからない」なんて言われてね。代々公明選挙だった。汚職なんかにひっかかる人じゃないから、担いだ神輿《みこし》が失敗することがないのが誇りだった。だから最後まで担いだわけでね。とにかく真面目だった。

保利先生は議員生活25年を節目に考えられていたようで、「もうよかろう、引退して」と二言目には言われていた。ところが2005年の郵政選挙で状況が変わった。初めて無所属で選挙を戦われ、私たちも一緒に離党して、「刺客が来ても負けるもんか」と結束して勝った。苦労した中選挙区時代の後援会主導による選挙の下地が生かされたと思う。残り10年は体にむち打って頑張ってもらった。

何度か茂先生に続き親子2代の衆院議長になる寸前だったが、ひっくり返されたりしてそれがかなわなかったのは残念だった。12回連続当選した保利先生であっても山あり谷ありで順風満帆だったわけではない。政治は一寸先は闇というのが如実に分かった。

国会一の真面目人間といわれた。最初から最後まで裏表がなかった。郵政選挙で自民党を離れて先生自身も変わったね。酒がそんなに飲めないから宴席はあまり出ていなかったが、車座になって飲んだりね。ゴルフでも私との勝負では、勝つと飛び上がって喜んで。そんな話をするとみんなが意外な顔をしたよ。

保利家が親子2代、70年にわたって佐賀の「保守王国」を守ってきた。大きな業績を残された。

（医療法人松籟会会長　唐津市鏡）

編集後記

親子2代にわたり70年間築いてきた保守王国を、当事者の言葉で記録したい―。東京支社勤務（2006年4月～2010年3月）で日常的に佐賀県選出の国会議員を取材するようになり、報道では知りえない政治の中枢の場で何が起きていたのか、舞台裏をぜひ語ってほしいと思っていた。東京を離れる際に永田町で会食した時、保利耕輔氏に、「引退されるときは佐賀新聞で聞き書きをさせてほしい」と内々に申し入れた。今思えば、まだ引退表明する前の現職国会議員にかなりぶしつけだったかもしれない。ただ、後進に道を譲る思いの一端を聞き、思わず出た言葉だった。

13年末、引退を表明された後、正式に依頼すると、憲法改正の仕事がひと段落して引き受けたいと承諾を得た。15年秋、取材の段取りをつけようと話し合った際、条件が付いた。「自分で書きたい。新聞社に聞いて書いてもらうのでは、真意が伝わらないことがある」。強い意志だった。

加えて、政治家としてだけではなく、サラリーマン時代を含めてつづりたいと言われ、タイトルも政治色を抜いたものを要望された。茂氏の時代も息子の目を通して描き、「保利王国」70年を克明に刻むつもりだったが、議員になる前の経験も政治家としての「保利耕輔」を形作ったという思いを尊重した。

20年前の国会対策委員長時代から欠かさず日記をつけられているとはいえ、その記憶力には驚くばかりだ。表現を巡り議論した際は、翌日には「新聞社の判断に任せる」と返答されることもあった。

連載は16年4月に始まり、当初100回程度を想定していたが、17年3月まで計161回に達した。35年間の国会議員生活を中心に、昭和、平成の激動の時代を駆け抜けた軌跡は、歴史の側面を知る機会となった。茂氏の時代から引き継いだ上場開発や西九州自動車道整備をはじめ佐賀県内のさまざまな事業に尽力する姿もうかがえた。

出版にあたり保利氏との思い出を語っていただいた方々の言葉からも厚い信頼と責任感の強さが浮かび上がる。茂氏も好んだという「百術は一誠に如かず」。回顧録でその言葉を体現された歩みに触れ、多くのことを学んだ。

佐賀新聞社編集局報道部長　辻村　圭介

年代	保利耕輔年譜	国内外の動き
1931年（昭和6年）		9月18日　満州事変
1932年（昭和7年）		5月15日　五・一五事件で犬養首相暗殺
1934年（昭和9年）	9月23日　保利茂、豊子の長男として誕生	
1936年（昭和11年）		9月18日　二・二六事件
1937年（昭和12年）		7月7日　盧溝橋事件
1939年（昭和14年）		6月1日　唐津市の松浦橋が開通 9月　第2次世界大戦始まる
1941年（昭和16年）	4月　東京高等師範学校附属国民学校入学	12月8日　日本が真珠湾攻撃、太平洋戦争始まる
1944年（昭和19年）	4月　唐津市に疎開し唐津国民学校に転校 12月22日　父茂氏が衆院選佐賀県第2区補選で初当選	
1945年（昭和20年）		8月5日　佐賀空襲 8月6日　広島に原子爆弾投下 8月9日　長崎に原子爆弾投下 8月15日　終戦

1946年（昭和21年）	9月	東京教育大学附属国民学校に復学		
1947年（昭和22年）	4月	東京教育大学附属中学入学	5月3日	日本国憲法施行
1949年（昭和24年）			2月18日	佐賀県庁火災、庁舎全焼
			5月31日	佐賀大学開学
			10月1日	中華人民共和国成立
1950年（昭和25年）	4月	東京教育大学附属高校入学	6月25日	朝鮮戦争勃発
	6月	父茂が吉田内閣で労働大臣に就任		
1951年（昭和26年）	12月	父茂が吉田内閣で官房長官に就任	9月8日	日米安全保障条約調印
1952年（昭和27年）			4月28日	サンフランシスコ講和条約発効
1953年（昭和28年）	3月	東京教育大学附属高校卒業	6月25～28日	佐賀県内で「28年の大水害」
	6月	父茂が吉田内閣で農林大臣就任		
1954年（昭和29年）	4月	慶應義塾大学入学	3月1日	第五福竜丸、ビキニ米水爆実験で被災
			7月1日	自衛隊発足
1955年（昭和30年）			8月22日	名護屋城跡と陣跡が国特別史跡に
			11月15日	保守合同で自由民主党結党

年代	保利耕輔年譜	国内外の動き
1956年（昭和31年）		10月19日　日ソ共同宣言、国交回復 12月18日　国連総会で日本の加盟を承認
1957年（昭和32年）		2月　佐教組事件 2月25日　岸信介内閣発足 3月30日　北山ダム完成
1958年（昭和33年）	3月　慶應義塾大学を卒業 4月　日本精工に入社	
1959年（昭和34年）	3月17日　鈴木美萠と結婚	
1960年（昭和35年）	6月17日　長女順子誕生 7月　父茂が自民党総務会長	6月23日　新日米安保条約発効 10月12日　浅沼稲次郎社会党委員長刺殺
1963年（昭和38年）	3月29日　次女祐子誕生 11月　第30回衆院選で父茂が落選	11月22日　ケネディ米大統領暗殺
1964年（昭和39年）		10月10日　東京オリンピック開幕
1965年（昭和40年）		12月18日　日韓基本条約発効

1967年（昭和42年）	1月	第31回衆院選で父茂が返り咲き当選		
	11月	父茂が佐藤内閣で建設大臣に就任		
1968年（昭和43年）	11月	父茂が佐藤内閣で官房長官に就任		
1969年（昭和44年）			11月21日	佐藤・ニクソン共同声明で1972年沖縄返還を表明
1970年（昭和45年）			3月14日	日本万国博覧会開幕
1971年（昭和46年）	7月	父茂が自民党幹事長		
	10月	父茂が周恩来中国首相宛の書簡を訪中する美濃部都知事に託す		
1972年（昭和47年）	4月	父茂が勲一等旭日大綬章受章	5月15日	沖縄県が本土復帰
			7月7日	田中角栄内閣発足
			9月29日	日中共同声明、国交正常化
1973年（昭和48年）	11月	父茂が田中内閣で行政管理庁長官就任	10月6日	第4次中東戦争。オイルショックへ
1974年（昭和49年）	4月	日本精工フランス現地法人社長に就任	12月1日	椎名裁定で三木武夫氏を田中氏後継に指名、9日に内閣発足
1975年（昭和50年）			9月2日	松生丸事件
			10月	玄海原発1号機が営業運転開始

年代	保利耕輔年譜	国内外の動き
1976年（昭和51年）	12月　父茂が衆院議長に選任される	6月25日　河野洋平氏ら新自由クラブ結成 7月27日　東京地検、ロッキード事件で田中前首相を逮捕 8月19日　自民党内に挙党体制確立協議会発足 10月24日　佐賀国体開催
1978年（昭和53年）		8月12日　日中平和友好条約調印
1979年（昭和54年）	2月　父茂が衆院議長辞任 3月4日　父茂が死去、享年77 6月　日本精工を退社 10月　第35回衆院選初出馬、佐賀全県区（定数5）で当選	12月27日　ソ連がアフガニスタン侵攻
1980年（昭和55年）	6月　第36回衆院選で2回目当選	5月16日　衆院本会議で大平内閣不信任案可決 6月12日　大平正芳首相死去 7月19日　モスクワ五輪開幕、日本など約60カ国不参加 9月22日　イラン・イラク戦争開始
1981年（昭和56年）	6月　米国務省招待で全米視察	
1982年（昭和57年）		11月27日　中曽根康弘内閣発足

1983年（昭和58年）	12月	第37回衆院選で3回目当選	4月1日	二丈・浜玉有料道路開通
			10月12日	ロッキード事件で田中元首相に実刑判決
1985年（昭和60年）	12月	農林水産政務次官に就任	2月7日	田中派の竹下登グループが創政会結成
			9月22日	ドル高是正協調介入合意（プラザ合意）
1986年（昭和61年）	7月	第38回衆院選で4回目当選	4月26日	チェルノブイリ原発事故
1987年（昭和62年）	11月	自民党農林部会長就任	3月27日	国鉄佐賀線廃止
			7月4日	自民党竹下派が経世会結成
			11月6日	竹下登内閣発足
1988年（昭和63年）			6月18日	リクルート事件の第一報
1989年（昭和64年 平成元年）	1月2日	母豊子死去	1月7日	昭和天皇崩御
			4月1日	消費税3％スタート
			8月9日	海部俊樹内閣発足
			11月9日	ベルリンの壁崩壊
			12月29日	株価3万8915円の史上最高値
1990年（平成2年）	2月	第39回衆院選で5回目当選、第2次海部内閣で文部大臣に就任	3月15日	ソ連初の大統領にゴルバチョフ氏
			5月	吉野ケ里遺跡が国史跡に

年代	保利耕輔年譜	国内外の動き
1990年（平成2年）	12月　自民党文教部会長	8月2日　イラクがクウェート侵攻 10月3日　東西ドイツが統一
1991年（平成3年）	11月　自民党農林水産貿易対策委員長 12月　ガット・ウルグアイラウンド関連でスイス出張	1月17日　湾岸戦争始まる 6月3日　雲仙・普賢岳で大火砕流 9月14日　台風17号が佐賀県直撃、コメ大凶作に 11月5日　宮沢喜一内閣発足
1992年（平成4年）		6月15日　国連平和維持活動（PKO）協力法案成立 10月21日　佐川献金疑惑で金丸信氏が議員辞職
1993年（平成5年）	7月　第40回衆院選で6回目当選 8月　自民党政調副会長	6月18日　宮沢内閣不信任決議案可決 8月9日　細川護熙首相の非自民連立政権誕生、55年体制崩壊
1994年（平成6年）	7月　自民党政調会長代理	1月29日　政治改革関連法成立 6月30日　村山富市内閣発足（自社さ連立政権）
1995年（平成7年）	12月　自民党文教制度調査会長	1月17日　阪神淡路大震災 3月20日　地下鉄サリン事件 11月19日　全国注視の参院佐賀選挙区補選で自民議席死守

1996年（平成8年）	11月	第41回衆院選で（佐賀3区）7回目当選、第2次橋本内閣で農林水産政務次官	1月11日　橋本龍太郎内閣発足 7月19日　世界焱の博覧会開幕
1997年（平成9年）	9月	自民党国会対策委員長	4月1日　消費税が5％に 4月14日　諫早湾干拓事業で潮受け堤防閉め切り 4月22日　ペルーの日本大使公邸占拠事件、特殊部隊が人質救出 6月28日　神戸の小6男児殺害で中学生逮捕 8月31日　英国のダイアナ元皇太子妃がパリで交通事故死
1998年（平成10年）			2月7日　長野冬季オリンピック開幕 7月28日　佐賀空港開港 7月30日　小渕恵三内閣発足
1999年（平成11年）	10月	小渕第2次改造内閣で自治大臣・国家公安委員長就任	1月1日　欧州単一通貨ユーロに 1月14日　自自連立政権発足 2月28日　脳死移植初の実施 9月30日　茨城県東海村で国内初の臨界事故 10月5日　自自公連立政権誕生
2000年（平成12年）			4月1日　自由党が連立解消

年代	保利耕輔年譜	国内外の動き
2000年（平成12年）	4月　森内閣で自治大臣・国家公安委員長再任 6月　第42回衆院選で8回目当選 12月　西九州自動車道推進議連会長	4月2日　小渕首相が入院 4月5日　森喜朗内閣発足 5月3日　西鉄バスジャック事件 5月14日　小渕氏が死去
2001年（平成13年）	1月　衆院法務委員長	1月6日　中央省庁再編スタート 2月9日　宇和島水産高の実習船えひめ丸がハワイ沖で米原潜に衝突され沈没 4月26日　小泉純一郎内閣発足 9月11日　米国で同時多発テロ
2002年（平成14年）		9月17日　初の日朝首脳会談、拉致被害者5人が10月に帰国
2003年（平成15年）	6月　与党教育基本法改正に関する検討会座長 11月　第43回衆院選で9回目当選、自民党政治倫理審査会会長	3月20日　米英軍がイラク攻撃開始 4月23日　古川康氏が佐賀県知事に就任
2004年（平成16年）		5月22日　小泉首相が再訪朝し拉致被害者家族が帰国 10月23日　新潟県中越地震
2005年（平成17年）	9月　第44回衆院選（郵政選挙）、無所属で出馬し10回目当選 10月　自民党離党	10月1日　道路関係4公団が民営化

2006年（平成18年）	1月	与党教育基本法改正に関する検討会顧問	9月26日　第1次安倍晋三内閣発足
	4月	日本学生陸上競技連合会長	
	12月	自民党に復党	
2007年（平成19年）	4月	衆院教育再生特別委委員長	4月3日　年金記録漏れ5000万件判明
	9月	自民党総合農政調査会長	7月16日　新潟県中越沖地震
	12月	与党教育再生検討会座長	9月25日　福田康夫内閣発足
			10月1日　日本郵政公社が民営化
2008年（平成20年）	8月	自民党政務調査会長	9月15日　米証券リーマン・ブラザーズ破綻
			9月24日　麻生太郎内閣発足
2009年（平成21年）	8月	第45回衆院選で11回目当選	1月20日　オバマ氏が米大統領に就任
	10月	自民党憲法改正推進本部本部長	5月21日　裁判員制度がスタート
			8月30日　民主党が衆院選で圧勝、9月に鳩山由紀夫内閣発足
2011年（平成23年）			3月11日　東日本大震災、福島第1原発事故
2012年（平成24年）	12月	第46回衆院選で12回目当選、衆院憲法審査会会長	12月16日　衆院選で民主党惨敗、26日に第2次安倍内閣発足
2013年（平成25年）			9月7日　2020年の五輪・パラリンピックの東京開催が決定

年代	保利耕輔年譜	国内外の動き
2014年（平成26年）	11月　衆院解散、議員活動を終える	4月1日　消費税が8％に 7月22日　政府が佐賀空港へのオスプレイ配備要請 9月27日　御嶽山が噴火 12月14日　古川康前知事が衆院選佐賀2区で初当選
2015年（平成27年）	4月　旭日大綬章を受章	

略　歴

保利　耕輔（ほり・こうすけ）

1934（昭和９）年９月23日生まれ。58年、慶應大学法学部政治学科を卒業し日本精工入社。74年、フランス日本精工社長。79年、衆議院議員初当選。85、96年に農林水産政務次官。90年、文部大臣（第２次海部内閣）。97年、自民党国会対策委員長。99年、自治大臣兼国家公安委員長（小渕第２次改造内閣、第１次森内閣）。2009年、自民党政調会長。12年、衆議院憲法審査会長。14年、12期35年間務めた衆議院議員を引退。15年、旭日大綬章受章。

信条…誠実、清潔、責任、信頼

趣味…囲碁、ゴルフ

わが人生を語る
保利耕輔 回顧録

平成29年８月27日発行

著　者　保利　耕輔

発　行　佐賀新聞社
制作販売　佐賀新聞プランニング
〒840-0815　佐賀市天神3-2-23
電話　0952-28-2152（編集部）
印　刷　佐賀印刷社

定価（本体1,800円＋税）